法 学 热 点 追 踪

（第一辑）

李占荣 主编

童志锋 唐 勇 李海龙 副主编

浙江工商大学出版社
ZHEJIANG GONGSHANG UNIVERSITY PRESS

·杭州·

图书在版编目（CIP）数据

　　法学热点追踪. 第一辑 / 李占荣主编；童志锋，唐勇，李海龙副主编. — 杭州：浙江工商大学出版社，2022.12

　　ISBN 978-7-5178-5078-6

　　Ⅰ. ①法… Ⅱ. ①李… ②童… ③唐… ④李… Ⅲ. ①法学－中国－文集 Ⅳ. ①D920.0－53

　　中国版本图书馆 CIP 数据核字（2022）第 152397 号

法学热点追踪（第一辑）
FAXUE REDIAN ZHUIZONG(DI-YI JI)

李占荣　主编

童志锋　唐　勇　李海龙　副主编

责任编辑	熊静文
责任校对	何小玲
封面设计	朱嘉怡
责任印制	包建辉
出版发行	浙江工商大学出版社
	（杭州市教工路 198 号　邮政编码 310012）
	（E-mail：zjgsupress@163.com）
	（网址：http://www.zjgsupress.com）
	电话：0571－88904980，88831806（传真）
排　　版	杭州朝曦图文设计有限公司
印　　刷	浙江全能工艺美术印刷有限公司
开　　本	710mm×1000mm　1/16
印　　张	19.5
字　　数	235 千
版 印 次	2022 年 12 月第 1 版　2022 年 12 月第 1 次印刷
书　　号	ISBN 978-7-5178-5078-6
定　　价	82.00 元

特别说明

本书是浙江财经大学法学院研究生精选论文的第一辑。

2020年春,学院决定组织编辑出版在校研究生的精选论文集。一方面,可以为研究生提供一个学术交流、观点碰撞的平台;另一方面,也期待论文集的出版能够活跃研究生的学术气氛。

2020年底,征稿截止,共收到论文30余篇,剔除与导师合作的、已经发表的、质量达不到基本要求的作品,选定19篇作为拟录用论文。作者在导师指导下进行了细致修改。最终确定18篇论文入选本书。其中,围绕"新兴技术"和"新《证券法》"展开论述的各有4篇论文,形成两大主题。

从征文到付梓历时2年有余,部分论文引证或讨论的法律法规也经历了修订编纂,特别是《物权法》《担保法》等民事单行法被《民法典》取代。为了保持作品的原样,编者对失效法条的引证未做进一步调整,但会以脚注形式进行注解。读者在使用时,宜与相关现行标准或规范核对。特此说明!

2022 年 8 月

序

  浙江财经大学法科人才培养始于 1998 年经济法本科专业的招生，2002 年学校成立法学院，2005 年获得经济法学二级学科硕士学位授予权，2010 年获得法学一级学科硕士学位授予权，2019 年法学院成为浙江省法律与社会工作专业教学指导委员会秘书处单位。目前法学院设有法学理论、宪法学与行政法学、民商法学、经济法学、国际法学等 5 个学术硕士学位点和法律硕士、社会工作硕士 2 个专业硕士学位点。学院面向外国留学生开设了"中国法"硕士项目，同时与中南财经政法大学法学院、黑龙江大学法学院等兄弟单位联合培养宪法学与行政法学和法律史学方向的博士研究生，迄今已有 12 届毕业生。学院师资力量雄厚，共有专业教师 65 人，其中教授 14 人，副教授 21 人，博士生导师 2 人，硕士生导师 33 人。

  研究生教育开办以来，浙江财经大学法学院硕士研究生的招生人数从最初的 5 人逐步增长到 80 多人。研究生在校期间积极开展学术探索和社会实践，参与导师主持的国家社科基金项目以及教育部、司法部、中国法学会、国家民委、浙江省哲学社会科学规划项目等课题。多名研究生主持了浙江省教育厅专业硕士科研项目等课题，部分成果发表于《浙江学刊》《宏观经济研究》、*Biotechnology Law Report* 等国内外学术期刊，学生获得全国法科学生写作大赛一等奖、全国财经高校大学生法律职业技能大赛一等奖、创青春中国青年互联网创业大赛全国铜奖等重要奖项。毕业的研究生除继续攻读博士学位外，绝大多数进入司法机关、律师事务所、政府机构和大中型企业从事法务工作。

在浙江财经大学法学院建院 20 周年之际,为培养研究生钻研学问、探索创新的精神,展现研究生的学术成果,浙江财经大学法学院、浙江省地方立法与法治战略研究院(省新型高校智库)和浙江工商大学出版社合作,编辑出版研究生论文集。期盼该书的出版能够为我校法学研究生的成长提供新的助益。

浙江财经大学副校长 李占荣

2022 年 5 月 4 日

目 录

第一章

新兴技术的法治问题研究

技术、法律与信任：区块链对金融市场和法律的影响

胡　斌①

摘　要：区块链技术是金融科技发展的典型代表，开创性地建构金融交易的新范式，为新金融生态系统的形成与出现提供了可能。也正因为如此，区块链技术冲击了传统金融行业，其衍生的金融产品如加密货币和ICO甚至对现有支付业、银行业造成了"大规模破坏"。不同于传统中心化金融市场，出于对隐私保护的渴望以及现有金融市场无法摆脱中心化的束缚和普遍诚信的缺失，区块链技术在金融领域的应用改变了中心化金融市场格局，对提高金融行业的效率、降低金融行业的运行成本风险和促进金融行业多元化发展具有重要意义。不仅如此，区块链技术的出现同样对法律造成了冲击。突出表现在算法共识对法律权威的冲击和区块链技术本身对法律秩序的冲击上。

关键词：区块链技术；技术信任；金融市场；金融法律

金融市场的发展历久弥新，互联网金融等新型金融模式的出现增加了金融市场的活力。也正因为如此，传统金融机构的地位日益受到冲击，并导致了资金分配的分散。互联网金融机构在盘活金融活力的同时，也为企业融资带去了便利。但是，这些金融机构本质上是中介，中心化问题的存在会引发一系列金融风险，这也是传统中心化金融信任机制本身的缺陷。以区块链为核心的金融科技变革，可以彻底改变现状。值得注意的是，金融科技

---

①　胡斌，浙江绍兴人，2018级经济法学硕士研究生。

的发展必将改变传统金融市场的发展轨迹,对现行法律带来冲击。为适应变革,金融法律制度必须作出根本性修正,并对新金融科技予以法律上的承认。

一、中心化金融市场的形成

(一)主体间信任障碍

对市场经济进行多维解读,其所体现的本质必将有所区别。从经济法角度而言,市场经济是法治经济,市场调节机制本身具有唯利性、被动性和滞后性,为维护市场经济结构的协调、稳定和发展,国家需要介入经济活动,而国家经济调节一旦产生,即是国家权力的扩张,这必须要有法律的授权与规制[①];从经济学角度而言,市场经济是信用经济,信用的缺失会导致市场调节自身失灵,严重的则会导致市场经济运行困难。多角度解读市场经济为保障市场经济发展构筑起坚实的壁垒,即信用是市场经济的基础,法治是市场经济的保障,两者缺一不可。

法律行为的核心在于意思表示,双方合意的达成才能最终促使交易的完成,而交易合意的达成基础在于交易主体之间的信任。碍于信息交互不对等等客观因素,交易主体之间的信任并不是一蹴而就的。市场主体的有限理性决定着在没有中心化市场格局的时候,交易主体之间的信任积累是缓慢的,或是根本无法取得交易对方的信任的。加之市场机制自身对于信息的干扰,更加剧了不信任现象的发生。以 P2P 网络借贷机构为例,借贷双方主体若无借贷公司作为中介,单一主体也就无法确认借款人的还款能力和信用状况。当然,这并不否认借贷公司的存在就没有法律风险,只是相较而言减少了法律风险。因此,主体间的信任障碍迫使市场需要信任机制的出现。

---

① 漆多俊:《经济法》,北京:高等教育出版社,2014 年,第 8—10 页。

（二）信任机制的形成

上文提到，市场经济从法学角度而言是法治经济，而法治经济的核心在于诚实信用。诚实信用原则作为民商事法律中的基本原则，在市场经济的发展过程中发挥着无与伦比的作用。以诚信为主导的市场经济，将大幅降低市场交易主体之间的交易成本。相反，交易主体双方则需要预料诸多交易风险并签署复杂合同予以提前规制。然而，依托于诚信而衍化的市场信任机制并不是单一的。若将社会划分为生人社会和熟人社会，那么信任机制也将随之区分为人身性信任机制和制度性信任机制。熟人社会中，成员之间长久相处，维系以情感和利益为基础的关系，彼此之间的无意识行为会转化为一种人情规范。因此，以情感为基础，纯粹的诚实守信在熟人社会中得以确立，即人身性信任关系。而生人社会则与之不同，由于缺少长久的相处，直接信任在交易主体间难以直接形成，因此需要第三方机构对交易主体进行信用评级，甄别对方，同时以严格的合同来规范，以便于寻求法律的救济，即制度性信任机制。商业银行是存款类金融机构的重要组成部分，同时也是制度性信任机制的中心。通过存贷款业务，商业银行可以获取客户的专有信息，从而为选择合适的借款人、降低借款风险做准备。

（三）中心化金融市场格局形成

金融机构是金融市场的主要构成要素，同时也是中心化金融市场格局形成的关键。现代化金融机构体系主要分为存款性金融机构和非存款性金融机构。以银行为代表的存款性金融中介机构，利用其基本职能，日益在传统金融交易领域占据垄断性地位。[①] 第一个是信用中介功能。作为商业银行最基本的功能,其主要是通过银行自身的负债业务吸收社会上的闲散资金,再利用资产业务将资金进行投放,赚取利润差。简而言之,就是银行通过自身进行存贷款之间的资产转化以获取收益。第二个是信用创造功能。利用转账结算等不提现或不完全提现的方式,商业银行通过贷款业务,形成了大量的派生存款。可以说,商业银行通过信贷活动,创造活期存款以供应贷款市场,以实现负债流通的目的。而以保险公司、证券公司为代表的非存款性金融机构同样也在金融市场中发挥着重要的作用。保险公司在具有经济补偿功能的同时,利用保险费收取和保险金给付的时间差所获取的资金重新投入社会再生产,进行投融资活动。证券公司以其证券经纪商的地位居间买卖股票,同时还可以以承销商的地位上市发行股票。如是而言,不论是银行、保险公司还是证券公司,它们都在进行信息代理,通过中介的地位,平衡资金供给和使用双方的诸多差距,以控制和降低风险,日益形成完备的中心化金融市场格局。

二、中心化金融市场法律调整逻辑

(一)传统金融法律关系调整逻辑

金融关系是金融法的调整对象。在现代市场经济国家中,金融活动是资金供求双方在金融市场上,以信用为条件,以金融机构为中介,并在国家管制和调控下进行的。因而,金融关系依据主体不同分为平等主体间的金融交易关系和不平等主体间的国家金融监管和调控关系。[②] 可以说,金融法律关系不仅仅涉及私

---

① 汪青松:《信任机制演进下的金融交易异变与法律调整进路——基于信息哲学发展和信息技术进步的视角》,《法学评论》2019 年第 5 期,第 82—94 页。

② 漆多俊:《经济法》,北京:高等教育出版社,2014 年,第 306 页。

人利益,同时还涉及公共利益。而正是由于其公私兼顾的特殊性,难以将其单一地归入某一部门法领域进行调整。在公法私法化和私法公法化进程中,以社会为本位的经济法必将与社会法属性相连,独立于公法和私法之外,归属于第三法域。当然,作为宏观调控法重要组成部分的金融法也将属于第三法域。正如金泽良雄所言,"经济法正是跨于公法、私法两个领域,并也产生着这两者相互牵连以至相互交错的现象"①,因此,运用公法、私法等多种法律调整手段进行综合调控是作为经济法重要组成部分的金融法的一个显著特征。具体而言,传统的金融法律关系调整逻辑有以下几个方面:

一是公法规制重于私法救济。违反法律义务会导致否定式法律后果。这种否定式法律后果与法律责任息息相关。金融法归属第三法域,身处公私法交融的中心,规制手段理应公私法并重,并兼具经济法的责任制度和实施机制。就事实而言,传统金融法律规范中,刑事责任和行政责任大量存在,但是民事责任略显不足,三者共同整合成经济法责任,并具有独立性。然而,纵观经济法责任,无不是公法规制重于私法救济。以《中国人民银行法》为例,第四十六条规定了第三十二条所列行为违反的相关法律责任,主要是以行政处罚为主,严重者追究刑事责任。而对负有直接责任的董事和高级管理人员仅有警告、罚款的规定,并未有财产责任、经济行为责任等方面的规定。

二是国家调控重于市场调节。市场调节机制并不是万能的,是有缺陷的。国家调节机制的介入,对克服市场缺陷和市场失灵具有重要意义。但是,我们应当注意到,即便国家调节进入市场经济,对于市场经济而言,仍应当以市场调节为基础,国家调节与

---

① 金泽良雄:《经济法概论》,满达人译,兰州:甘肃人民出版社,1985年,第33页。

之相互配合。针对金融市场而言，我国传统法律调整逻辑却并非如此。金融市场实行严格的准入控制，对金融机构的设立需要经过有关机构的核准。在银行业市场准入监管方面，《银行业监督管理法》第十六至第二十条详细规定了银行业的市场准入监管归属于银保监会；在保险业市场准入监管方面，《保险法》第六十八条规定了保险公司的设立应当由国务院保险监督管理机构批准；而在证券业市场准入监管方面同样如此，《证券法》第一百二十二条将证券公司或经营证券业的准入核准权交予国务院证券监督管理机构。当然，国家调节不仅仅局限于市场准入监管，还涉及业务监管等诸多领域。如《商业银行法》等法律法规对银行业业务监管作出规定，而《股份制商业银行风险评级体系（暂行）》等大量部门规章和规范性文件对银行业风险监管作出规定。可以看出，目前金融市场中市场调节发挥作用的空间仍然不足。

三是风险防控重于鼓励创新。金融行业作为整个社会经济发展的重点，涉及范围广，风险防控若出现问题，势必会影响经济社会发展大局，甚至影响社会安定。正如《银行业监督管理法》第一条开宗明义指出，"防范和化解银行业风险"，上述国家调控在市场经济中的种种手段，正是将风险防控放置在首位的体现。然而，过度重视风险防控则使金融业创新有所不足，因为新事物的出现必将带来风险，这与风险防控所期待的结果有所不同。以比特币为例，比特币作为区块链技术第一个大规模应用性成果，流通广泛。但是，作为区块链技术的一项创新性成果，其利用点对点传送的方式，可以轻易地规避主权国家对它的监管，加之区块链的匿名化特征，导致对比特币的司法管辖权较为模糊。[①] 正是由于其法律风险较大，因此我国在《关于防范比特币风险的通知》

---

① 邓建鹏：《区块链监管的法治进路》，《衡阳师范学院学报》2020 年第 1 期，第 27—35 页。

中明确比特币并非货币,只是一种虚拟商品。又如 P2P 网贷机构,其是互联网金融的缩影。虽然《关于促进互联网金融健康发展的指导意见》中明确鼓励创新,但是国家监管的缺失,使得 P2P 网贷乱象丛生,违法现象层出不穷,投资者遭受重大损失。鉴于此,各地纷纷在风险可控的前提下,加快 P2P 网贷机构的退出和转型。

(二)现有调整逻辑下金融市场的缺陷

首先是市场调节不足。市场在资源配置过程中起决定性作用,表明了国家干预经济应当后于市场调节,充分尊重市场,以达到国家谦抑干预的最终目的。[①] 谦抑之于经济法类似谦抑之于刑法,刑法的谦抑性是对民法、行政法等法律的补充,并充当最后手段,而国家调节的谦抑性在于对市场调节的补充和充当最后手段。具体而言,国家的谦抑干预主要表现为三种情况:一是不先行干预,即市场失灵情况未出现时,国家不得干预经济;二是辅助干预,即市场失灵情况发生时辅助市场调节;三是及时退出干预,即市场失灵情况好转时,国家调节要及时退出。然而,我国的谦抑干预却与理想有所偏差,国家干预经济难以做到必要的克制。正如在金融领域,国家大规模干预金融市场势必会导致金融市场自身调节的不足。

其次是中心化市场格局下主体地位不平等。金融科技的进步和金融行业混业经营现象的深化,导致金融机构与金融消费者之间的地位越发不平等。这种原本应当是平等的金融交易关系,受信息障碍的影响,不平等的比重在逐年增加。一是由于金融机构体系呈现垄断的趋势,特别是在金融行业混业经营下,"一站

---

① 刘大洪、段宏磊:《谦抑性视野中经济法理论体系的重构》,《法商研究》2014 年第 6 期,第 45—54 页。

式"金融服务更是加剧了集团化金融机构的形成。① 相较于金融消费者，金融机构由于在财力、专业和信息收集等方面的优势，势必处于强势地位。二是金融消费者专业知识缺乏，应对金融商品的日益复杂化能力略显不足。在创新过程中，金融商品往往通过资产证券化进行重组和反复组合。加之信用债券等虚拟化金融商品的存在更是加剧了双方主体地位的不平等。三是金融中介机构的信息误导。受利益影响，金融中介机构往往提高金融商品的评级而促使其发售。可以说，不管是金融机构体系的垄断化趋势，还是金融商品的复杂化倾向，抑或是金融中介机构的信息误导，它们最终指向的依旧是主体间信息障碍。

最后是我国金融市场的发展受限。金融科技与时俱进，日益成为金融行业发展的根本助力，同时也颠覆了现有金融监管模式。可以说，中心化的监管模式在去中心化金融市场中掣肘了金融市场经济的发展。以银行为例，作为传统金融体系中的重要成员，银行通常以资本监管为主，利用存款准备金等监管手段力图降低银行的系统性风险。不仅如此，货币政策作为国家宏观调控的主要手段之一，也主要经银行之手展开。国家通过银行等一系列金融中介机构，对企业进行授信，以达到经济调控的目的。然而，货币调控也出现了去中心化现象，即国家越过银行，利用常备借贷信贷等货币政策工具，直接向市场投放资金，调控贷款利率。② 随着金融科技去中心化的发展，金融行业已经逐步脱离中心化监管框架体系。而金融市场若没有了监管体系的制约，则会最终导致金融市场的发展缓慢。加之传统金融行业分业经营模式虽然降低了行业风险，却导致了金融机构业务拓展缓慢，进一步阻碍了金融市场的发展。

---

① 杨东：《论金融法的重构》，《清华法学》2013 年第 4 期，第 128—143 页。
② 沈伟：《金融科技的去中心化和中心化的金融监管——金融创新的规制逻辑及分析维度》，《现代法学》2018 年第 3 期，第 70—93 页。

三、区块链对金融市场和法律的冲击

(一)区块链创造技术信任

通过计算机代码构筑起虚拟的信息网络空间,信息文明得以产生。其作为一种社会有机体,必将依靠现代信息技术并且作用于人类社会经济活动。特别是当互联网经济时代到来,信息网络空间本身更加商业化。线上交易的蓬勃发展,更加需要信任作为铺垫。信任作为人与人之间经济交易活动的基石,不可忽视。人身信任、制度信任、技术信任,不同的信任方式使市场交易效率各有不同,而区块链所创造的技术信任可以说是市场发展过程中的一次新的变革。

1. 去中心化技术发展的缘由

首先,摆脱中心化的桎梏。20世纪90年代末,约翰·佩里·巴洛(John Perry Barlow)提出将互联网视为一种破坏监管的去中心化产物,排除统治权,并紧紧抓住网络解放运动精神,致力于摆脱国家法律限制运行互联网。该运动的支持者不仅包括国家权力怀疑者,而且包括一些法律专家和技术人员。互联网的存在,改变了市场经营交流活动中的客观限制,拉近了空间距离。交易主体在互联网中利用对中介机构的信任开展商业活动,促进了社会经济的发展。然而,互联网空间虽然是虚拟的,但是依旧能容纳法律体系,将网络与监督完美融合。正因如此,在互联网高速发展的今天,国家中心化控制日益加强,甚至在互联网内部都出现了垄断的大型企业。这些企业对互联网用户信息的非自由化控制,催发了在现有网络框架体系内对去中心化的向往,因此区块链应运而生。

其次,对隐私保护的渴望。互联网体系的形成,加快了信息的流动,特别是移动互联网设备的广泛应用,为快速而又简便地连接互联网提供了基础。也正因为互联网连接的易用性,互联网

经济活动日益繁荣。尽管互联网活动已是大势所趋,但是针对互联网社交活动、经济活动所产生的个人数据隐私保护问题却是不可忽视的存在。大量的活动在互联网上开展,由此引发了大规模数据的储存和传播,极大地提高了数据泄露的概率。以淘宝隐私协议为例,淘宝作为消费者与服务商之间沟通的媒介,通过构建制度化信任,在用户不知情的情况下大量收集用户浏览、搜索的数据信息,经由大数据分析,使用、处理这些数据,为自己谋利,增加自身的用户黏性。实践中,淘宝用户会明显感到如果之前浏览过某个商品,在后续浏览中,会有同类商品被持续性推送。虽然这在一定程度上方便用户消费,但是过度的使用以及对用户知情同意的不尊重会导致用户对中心化控制机构产生逆反心理。当然,淘宝隐私协议仅仅是一方面,更严重的是将个人数据信息进行滥用,甚至是用于违法犯罪活动。鉴于对隐私保护的渴望,源代码和加密要求在一些国际跨境数据贸易中被应用,但是其极容易导致新型贸易壁垒的出现。[①] 因此,构建一种公开、公信,并且具备匿名化处理的机制显得尤为必要,它的出现将一改有限理性人的信任判断,将信任转交由技术进行处理。

最后,普遍诚信的缺失。区块链是金融科技发展的代表,它在诸多领域为去中心化的形成努力。但是就其速度和效率而言,只能谓之潜力巨大。因为比特币每秒交易数量理论上仅能完成7笔,而信用卡每秒交易量能高达10000笔。那么,在速度和效率上毫无优势可言的区块链为何能得到发展?在普遍诚信缺失的时代,区块链所构造的技术信任机制具有独特的优势,行为主体无须对有联系的对方产生信任,即可完成交易。加之信任的传递是需要基础的,一旦行为主体增多,那么在不直接联系的主体之

---

① 戴龙:《论数字贸易背景下的个人隐私权保护》,《当代法学》2020年第1期,第148—160页。

间,信任在没有熟知的基础下是无法传递的。传统成队结构化的金融模式由于银行之间需要建立信任,使得交易效率低下且成本上升。区块链独特的信任机制,创新性地改变了传统交易记录的储存和更新方式,大规模减少了核对等费用,为技术信任下普遍诚信的建立奠定了基础。

2.技术信任的形成及表现

传统信任机制下,不论是人身信任机制还是制度信任机制,都或多或少会出现欺骗或欺诈的问题。区块链是一种记录电子信息的新机制,trustless system 曾多次在相关文献中出现。当然,并不能将区块链理解为"不能信任的系统",而应该将它理解为"不仰仗个人和组织的信任也能安心交易的系统"[①],即由区块链所构造的基于代码而形成的共识性信任机制,也可以称其为技术信任。这种独特的信任机制主要表现在以下两个方面:

一方面是共识性信任机制下的"拜占庭容错"问题的解决。在传统司法公信力下,法院通过审理以明确案件事实真相,最终据此做出判决书,这是法院公信力输出的一种表现形式。当然,这是以社会成员对法院普遍性行为规范的信任为基础的,而这种信任则又是以社会成员对法院的外在信息进行分析而产生的。但是,区块链的技术信任有别于传统的信任机制,其并不依靠外在信息的收集、分析而产生信任。区块链的技术信任完全是依靠自身的非对称加密、共识技术等手段用以形成具有公开公信的分布式账本。对区块链上数据进行篡改并非易事,因为链内验证节点的行为并不受束缚,任何数量少于 1/3 的不诚实节点会被其他节点所否决。[②] 然而,我们并不会因此否认有些主体控制大部分

---

① 野口悠纪雄:《区块链革命:分布式自律型社会出现》,韩鸽译,北京:东方出版社,2018 年,第 1 页。

② 刘乃安、陈智浩、刘国堃等:《一种面向区块链验证节点的声誉证明共识机制》,《西安电子科技大学学报》2020 年第 5 期,第 57—62 页。

节点进行数据篡改的可能,只是鉴于区块链链内节点众多,且参与网络的计算机都能获得节点,大规模篡改数据的可能性微乎其微,刘乃安等学者甚至对此仍不放心,提出声誉证明共识机制以完全解决此顾虑。因此,区块链就近乎完美地解决了"拜占庭容错"问题,即在行为主体无信任基础的前提下依旧可以进行交互,且完全不需要担心此消息泄露的问题发生。

另一方面是追溯机制下的源头化信息控制。区块链独特的追溯机制,可以在保证链上信息源头真实性的同时进行分布式共享。上文已经对追溯机制的具体运作过程进行了阐述。可以说,追溯机制的存在,使得信息在大面积分布的同时可以确保其真实性,为技术信任奠定基础。以保险为例,一旦数据保存在区块链上,那么任意节点上的保险信息都将具有准确性和一致性。因为追溯机制的存在,任何保险信息的造假都将通过该机制最终被发现,使得造假毫无意义。可以说,经由区块链所构造的技术信任,创造了"区块链即信用"的新信任模式,大幅增加了保险领域的业务效率,降低了保险公司的风险。

(二)区块链改变中心化金融市场格局

首先是提升金融行业的效率。区块链的智能合约功能,实现了交易的自动和自主执行,通过编写代码,即可在特定条件下执行电脑指令,以实现双方交易的结果。当然,具体的代码需要双方主体合意。以保险业为例,区块链的自动和自主执行作为该行业应用区块链的最大亮点,在飞机延误险上发挥着重要的作用。安盛保险(AXA)推出 Fizzy 的区块链保险项目,若航班延误,且延误的时间已经超过 2 小时,那么保险公司利用智能合约将自动进行赔付。不仅如此,区块链保险联盟 B3i(Blockchain insurance industry initiative)在欧洲五大保险巨头的领导下还积极开展智能合约简化再保险业务的销售和理赔,为进一步提高保险业的行业效率做准备。

其次是降低金融行业的运行成本和风险。传统中心化系统的手续费和记录成本很高，而由于区块链实行分布式账本技术，各个节点的记录账本，既可以是总账本，也可以是分账本，因此大幅减少了中心化金融交易模式下数据被反复记录所产生的时间成本和金钱成本。不仅如此，区块链还可以避免在中心化模式下服务器崩溃或是被黑客控制所带来的不利局面。以以色列企业Wave利用区块链技术改造国际海运为例，传统国际海运中一般利用提单作为提货的凭证，若仅有发货人和收货人之间的关系其实并不复杂。但是传统国际运输中涉及保险公司、银行和海关等多方主体，且人数越多，它们所造成的混乱、诈骗等情况所出现的可能性就越大，最终导致法律纠纷不断，并相互指责因处理不当所造成的提单纰漏。① 区块链技术为解决此种情况提供了可能，即所有有关该次海运的支付和文件都需要所有参与主体同意并进行电子签名，经由去中心化的分布式网络连接各方，以达到降低风险和成本的目的。

最后是金融行业多元化发展。网络空间是开放的，诸多领域都可汇聚于此，利用信息技术的发展进行创新。近年来，金融科技的长足发展，冲击了以银行为首的传统中心化金融市场。互联网企业利用科技，不断开拓创新，开发出一系列诸如ICO、比特币ETF基金等新融资方式和金融产品。以ICO为例，作为未来某一区块链系统使用权所进行的货币化手段，其既解决了区块链初创企业融资难问题，又能使投资者在未来获得高收益。虽然目前ICO等乱象不断，法律风险较多，在我国已经被监管部门叫停，但是作为众筹领域的新方式，其仍然促进了金融行业的多元化发展，为金融市场注入了活力。

---

① 杨东：《链金有法：区块链商业实践与法律指南》，北京：北京航空航天大学出版社，2017年，第87—89页。

(三)区块链算法共识对法律权威的冲击

针对"法律为何"这一法律界争论的核心议题,众多法学流派做出了回答。不管是法律实证主义所认为的法律是立法机关所制定的规则,并通过法官将之适用,还是德沃金所认为的法律是社会成员共同解释的结果;[①]法律必将通过国家的形式,让统治阶级借助国家力量使之成为社会异己力量,从而实现对社会强有力的规制。[②] 但是,法律必根植于社会,在社会共识下对社会进行调整并以此维护人民的利益。可以说,法律与人民是内在一致的。因此,在国家法律体系之下,人民将权力授予国家各级权力机关,通过各级国家权力机关在人民与其他公权力机关之间构建一条权力运输通道,用国家权力确保法律的顺利运行。如是而言,国家法律权威依靠外在强制力和内在说服力两相统一,在社会规制上发挥着重要的作用。

但是,区块链的治理方式与法律截然不同。区块链独特的共识机制有效地解决了数字化系统共识的通病,即"女巫攻击"和"拜占庭将军问题"。在中本聪利用密码和博弈论相结合的观点解决"拜占庭将军问题"后,"女巫攻击"成为主要问题。因为如果不诚信问题难度低却回报高,即使会受到其他节点的抵制,那么也依旧会有人铤而走险。工作量证明机制的出现,极大地增加了验证难度,巨大的计算能力使"女巫攻击"成为不可能。当然,工作量证明机制并非唯一,权益证明、瑞波共识协议都能达到相应的效果。可以说,区块链构筑起一种新的算法权威。特别是太坊等第二代区块链项目将智能合约予以应用,开始在各个行业领域间普及,不存在任何政府可以操纵和拦截的中心化节点已经开始

---

① 高鸿钧:《德沃金法律理论评析》,《清华法学》2015 年第 2 期,第 96—138 页。

② 周祖成:《法律与权力关系的调整及其社会化发展》,《中山大学学报》(社会科学版)2005 年第 6 期,第 96—101、139—140 页。

挑战围绕国家所建立起来的法律权威。但是经过多年实践,去中心化组织者发现政府很难被架空,取代法律并不会那么简单。因此,以后算法权威将与法律权威并存,共同在金融等其他领域发挥作用。

虽然区块链算法共识权威对现有法律权威造成了一定程度的冲击,但是我们不能否认区块链技术本身对法治建设所产生的积极意义。一方面,从技术角度而言,区块链的公开公信机制利于实现全网信息共享,从而让政府指导下的社会共治成为可能。以疫苗管理为例,《疫苗管理法》第三条明确将社会共治作为疫苗管理的基本原则,同时《疫苗管理法》第七十五条明确疫苗信息共享机制的建立,为管控疫苗、保证疫苗的安全奠定了基础。但是,受到我国疫苗生产领域环节多且产业集中化程度小等影响,上述机制的实施具有很大的困难。而"区块链＋法律"则可以根据《疫苗管理法》,利用区块链对于信息的全节点共享,真正实现《疫苗管理法》所说的社会共治。另一方面,区块链可以改革现有证据形式。随着区块链在国际商事交易活动中的不断开展,依托其所存在的数字货币势必会影响国际商事诉讼。传统证据形式如证人证言、电子数据等在匿名化的数字货币网络中无法发挥真正的作用。若使用鉴定意见等证据,由于其依靠国家权力,那么就会与去中心化格格不入。因此,若将区块链作为国际商事诉讼中的证据载体,利用区块链提供和分析案件事实,并自证其真,必将为诉讼提供证据支撑。可喜的是,杭州互联网法院已经在案件审理过程中逐步确立了区块链证据自证其真。[①]

(四)区块链技术对法律秩序的冲击

法律规范作为社会规范的一种,与道德、习惯等其他社会规范一起调整人们的社会关系,并对他们的行为予以规制。作为国

---

① (2018)浙 0192 民初 81 号和(2018)浙 0192 号民初 9655 号。

家制度化信任中的重要工具,法律规范相较于其他规范而言是一种底线性规范,由国家强制力保证实施。因此,法律规范需要对社会上的新事物及时作出回应,以确保人民的利益不受侵害。特别是科技领域的发展,区块链等新事物的出现对目前社会中心化体系造成的冲击,已经远远超出其现有的调整范围,因此亟待进行新的立法,予以法律上的承认与规制。自区块链技术从比特币发展以来,大量区块链项目的出现从多维角度对法律秩序造成了冲击。

1.法律规制范围的扩张:以数字货币为例

从职能出发,货币的本质为一般等价物,这决定了货币能在市场上自由流通。但是这并不能解释货币能充当一般等价物背后的逻辑问题,于是有学者认为货币的本质是所有者之间关于交换权的契约。不管是一般等价物还是契约,货币必然是与信任息息相关的。只有社会公众对货币保持共识,才能使货币发挥出应有的价值。但是货币的信任机制并不是一成不变的,在货币的演进过程中,从自然货币到人工货币再到机制纸币,货币的信任关系逐渐从个体信用向国家、政府信用转变。时至今日,一旦受到金融危机等因素的影响,金融体系中心化的银行信用缺失,那么该国货币就将遭受打击,不被公众所信任。第一代比特币区块链正是为替代现行中心化的货币结构而产生的。[①]

随着比特币的诞生,此后大量区块链项目的落地实施,为各种数字货币的诞生提供了沃土。大量数字货币为奖励"矿工"而出现并进入交易所,由此形成以比特币为主、多币种共存的数字货币市场。但是由于数字货币为洗钱等违法犯罪活动提供了便捷的渠道,严重扰乱了市场秩序,加之数字货币作为未来区块链

---

① 郑观、范克韬:《区块链时代的信任结构及其法律规制》,《浙江学刊》2019 年第 5 期,第 115—123 页。

系统的通行证,受市场认可程度、数字货币数量等多种因素影响,价值不稳定。2013年,我国多部门联合发布《关于防范比特币风险的通知》,对比特币的货币属性予以否认。相反,在日、美等国,比特币的货币属性已经被承认,并颁布监管法律予以规制。实际上,无论是否认比特币的货币属性,还是承认比特币的货币属性,都是从法律手段出发对本国现有货币体系的保护。可以说,数字货币的出现是对传统货币制度的革新,相应法律规范制度应当随之予以扩张。

2.法律救济手段的增加:以智能合约为例

现代社会,一般民商事纠纷中,权利受侵害主体原则上需要寻求公力救济,不允许自力救济。我国《人民法院组织法》第二条和第四条明确了人民法院是国家审判机关,保护个人和组织的合法权益,且人民法院独立行使审判权,不受行政机关、社会团体和个人的干涉。但是,法院对于审判权的垄断并不就意味着私力救济的无效,特定情形下,私力救济有其存在的空间。一般而言,私力救济包括自助行为和自卫行为。相较于公力救济,私力救济要求在情况紧急的时候行使,且在一定程度上弥补了公力救济的滞后性。

智能合约最初由尼克·萨博(Nick Szabo)提出,其作为计算机编码,在区块链技术的发展下得以应用,并且拓宽了传统法律的救济手段。具体而言,它是预先设定违约条件的编码,若一方经由计算机验证违约,那么智能合约就能自动执行救济,弥补受侵害方的损失。当然,智能合约作为一种去中心化的私力救济,只是合约的履行方式,并不排除司法救济手段的存在。若智能合约在金融交易中使用不当,则会出现不利的后果。最为重要的就是智能合约的可撤销问题。智能合约虽然杜绝了违约情况的发生,但是并不能排除合约创立伊始所存在的重大误解等情况,一旦发生误解,想要撤销合同几乎不可能。因为区块链本身存在不可篡改机制,除非有 50％以上的节点同意撤销该合约,在较大算力的支持下建立新的分叉区块,才有可能成功。

上述均提到区块链技术对于法律的影响,但是法律也会反作用于区块链,即法律承认问题。当然,这里的法律承认指的是承认利用区块链技术所产生的法律效果和有效性。一旦无法得到法律的承认,那么区块链所应用的领域就将缺乏稳定性。以提单为例,以色列企业 Wave 利用区块链技术试图替代海运提单的功能,若是区块链技术没有被法律承认,那么仅仅根据区块链的记录,其所拥有的类似提单的法律效果并不会产生。换句话说,交易主体在使用区块链技术的时候,没有得到法律承认的区块链记录将使收货人、承运人在内的交易主体缺乏对自己权利义务的预测可能性,即收货人拥有接受运输品的权利,却并不能接受运输品的交付,或者承运人将运输品交给收货人,但是其也有可能并不会被免责。当然,这种法律授权问题并不局限于区块链技术,在一种新技术出现并且试图代替现有法律规定的手段时会经常发生。

四、结　语

共识机制可以说是区块链的核心机制,它为区块链的平稳运行和共识信任机制的形成提供了技术支持。作为一种群体化理念,区块链链内共识以应用规制和方式达成一致为前提,成为交易的基础。而随着区块链的优势显现,区块链的外在社会共识已经逐渐达成,并受到社会各界的广泛认可。正因为如此,作为目前区块链的应用领域和应用范围,互联网的区块链化正在逐步扩展。诚然,真正形成区块链下的去中心化分布式市场还为时尚早,一方面是虚拟资产的支付体系并没有完全建立,另一方面是各个领域中还尚未普及区块链,区块链仍有待发展。但是区块链依旧在悄然改变现有中心化的金融市场格局,使得金融市场中平等的金融交易出现变异。而在法律方面，若区块链技术未得到法律认可，则会带来法律不稳定性，从而使商业交易面临重大法律风险，一旦法律予以禁止，就会遭受重大损失。若是单纯就区块链而言，由于电子记录已经被现有法律所认可，那么将其解释为电子记录就会被法律认可，而且无须采取特别的法律措施；或者通过合同来确立区块链技术的法律效果，以达到约束合同双方当事人的目的；也可以通过立法，在法律上予以承认。

央行发行法定数字货币的法律探析①

杨梦月②

摘　要:随着金融科技的迅速发展,依托于区块链技术,衍生出一种新的货币形式——数字货币(Digital Currency/Electronic Payment,简称 DC/EP)。2014 年,中国人民银行数字货币研究所成立,正式展开针对数字人民币(e-CNY)的一系列前瞻性研究。而在法律层面,为增强立法的合理性,探究发行数字货币所面临的法律问题并寻求相应的解决思路是必要的。而法定数字货币发行的可行性分析是研究展开的先决条件,从平台、技术和法律条件三个方面来看,我国央行对法定数字货币的发行是具备可行性的。在此基础之上,继而思考如何规范建立系统的法定数字货币的法律法规体系,讨论主要集中在关于明确数字货币作为法定货币的地位及其法偿性的问题;制定数字货币的流通和保护规则,包括确定发行模式、货币标识和对假币的定性并建立相应的反假币机制;最后是有关货币权属登记和所有权流转及相关法律原则在数字货币上的适用。本文通过借鉴我国关于纸币流通的一系列法律法规,比较纸币与数字货币本身和外在情况的不同,从而找到构建法定数字货币法律体系的合理性思路。

关键词:法定数字货币;货币法;权属登记;反假币机制

---

①　本文系 2020 年校级课题"央行发行法定数字货币的法律问题的研究"成果。
②　杨梦月,浙江杭州人,2019 级国际法硕士学研究生。

近年来,数字货币逐渐跃入各国的视野,但各国对数字货币的态度不尽相同。譬如,英国金融行为监管局(Financial Conduct Authority,简称 FCA)、欧洲中央银行(European Central Bank,简称 ECB)、欧洲银行业管理局(European Banking Authority,简称 EBA)、美国国税局、加拿大税务局和日本国会等对虚拟货币以及数字货币持积极态度。相反,俄罗斯认为数字货币的活动没有国家实体支持,投机性强,将其列为违法行为。[①] 但无可置疑的是,数字货币的发展和对现有金融体制的影响研究已成为众人关注的焦点。

自研究计划开展以来,我国对数字人民币的技术性研发日臻完善。2020 年 4 月 17 日,中国人民银行数字货币研究所承认,DC/EP 已开始进入测试阶段,从技术层面来看,基本完成顶层设计、标准制定、功能研发等工作,并表示将相继在深圳、苏州、雄安等地进行内部封闭试点。[②] 此后,在 4 月 22 日,雄安新区召开了DC/EP 的试点推介会。[③] 在我国,针对数字人民币的研发成果已逐渐落地,与此同时,构建数字人民币法律规范体系的工作迫在眉睫。欲解决该问题,我们仍需从法定数字货币的概念辨析和央行发行数字人民币的可行性分析入手。

[①] 于文菊:《数字货币的法律界定与风险防范》,《北方金融》2017 年第8 期,第 51—54 页。

[②] 彭扬:《数字人民币研发正稳妥推进》,2020 年 4 月 18 日,https://baike. baidu. com/reference/23731940/721b4R3C3qjRHSt7kKXqtbjUpAyu2Gn5MwfgJ7WuGb0sSCTEFL_qd7BXycV1WERTimCANiOscZyA90G2b7xNSX5hOvEmZ5qhjOAsHoXdeFh07cT4EkPO,2020 年 8 月 20 日。

[③] 《雄安召开法定数字人民币试点推介会 参与名单出炉》,2020 年 4月 24 日,https://finance. sina. com. cn/xiongan/qy/2020-04-24/doc-iirczymi8055747. shtml,2020 年 8 月 20 日。

一、法定数字货币的概念辨析

各方学者、各国银行和组织都对数字货币的定义做了注解。起初数字货币仅仅是指利用数字技术承载的交易媒介,在此概念基础上,衍生出了加密货币(Cryptocurrency,又称密码币),成为目前数字货币的主流概念。[①] 以哈希算法为核心的区块链技术出现以后,人们开始探索将货币以加密邮件形式进行点对点传送的可能性,由此产生了"数字货币"[②],比如比特币等。从一般意义上来看,以分布式记账技术作为其分类标准,包括加密和不加密,通常认为其不受监控,不是法定货币,没有任何货币当局为其担保。

而央行发行的数字货币,特指主权数字货币,不同于不稳定的私人数字货币。根据各方学者、政府和央行对法定数字货币的定义:数字货币是指由货币当局发行、存储于电子设备、具有流通特性,并能够逐步替代现金和银行账户相关联的记账式货币的价值载体,即"法定电子现金"。[③] 它是由中央银行或其授权的商业银行发行,以区块链等技术为依托,并以数字化信息形式存在的法偿货币。[④] 与传统的准备金或结算账户中的余额不同,央行数字货币是中央银行货币的数字形式,基于分布式记账技术、采用去中心化支付机制的虚拟货币。笔者认为,法定数字货币的基点是国家信用,通过依赖区块链、分布式记

---

① 李建军、朱烨辰:《数字货币理论与实践研究进展》,《经济学动态》2017年第10期,第115—127页。

② 国世平、杨帆:《货币革命:我国创发数字货币的金融效应、风险与挑战》,《深圳大学学报》(人文社会科学版)2019年第5期,第69—76页。

③ 王永红:《数字货币技术实现框架构想》,《中国金融》2016年第8期,第14—16页。

④ 柯达:《论我国法定数字货币的法律属性》,《科技与法律》2019年第4期,第57—65页。

账等技术,经过特有的计算方式衍生的特殊货币形式,在现有
技术的支持和配套法律规范的约束下,可以替代现有货币作为
市场流通和交换的媒介,拥有与现存实体货币相通的法律属
性。并且,随着大数据时代的到来,法定数字货币会成为一种
必然的趋势。

二、央行发行法定数字货币的可行性分析

目前,央行发行数字货币的时机已经成熟:一方面,从央行的
职能来看,其具备法律所赋予的发行法定货币的权力和职能,并
且就纸币的流通而言,我国立法已有一套完整的法律体系,规范
货币的流通及保护等问题,维护金融市场的稳定;另一方面,技术
上的研究和发展也为数字货币的发行提供了条件。

(一)平台上的可行性

中国人民银行是在国务院领导下的,根据相关规范执行其职
能的机构,其行动与国家经济金融市场的发展和安全息息相关。
根据《中国人民银行法》第二条的规定①以及第四条第三款所规
定的其具有"发行人民币,管理人民币流通"的职能。央行发行的
数字货币作为法定货币,具有与人民币相同的法律属性,可以代
替人民币,成为流通于市场上价格交换的媒介。因而,在法律赋
予中央银行发行货币的权力时,新的法定货币的发行一定是通过
中国人民银行在国家政策和法律的指导下进行的,同时也是中央
银行针对经济市场进行宏观调控和执行国家货币政策、维护金融
稳定的重要手段之一。

---

① 《中国人民银行法》第二条规定:中国人民银行是中华人民共和国
的中央银行。中国人民银行在国务院领导下,制定和执行货币政策,防范和
化解金融风险,维护金融稳定。

(二)技术上的可行性

数字货币本身是以区块链技术(以哈希算法为核心)为中心,采取分布式记账的方式,能实现点对点传输的新的货币形式;是产生于大数据和先进的计算机技术背景下的具有划时代意义的货币革新。随着各种支付软件和线上平台的出现,传统货币交易转变为电子交易逐渐成为一种主流趋势,并且与传统的货币相比,线上交易更加方便迅捷,它能支持更大数额的货币交易,账户信息和资金也更安全。同时对于洗钱、逃税等涉及金钱的犯罪活动,数据的易追踪性也为打击这类犯罪提供了技术上的帮助。2019 年,Facebook 联合世界多家商业巨头创建了名为 Libra 的"超主权货币",每一个数字货币的发行都由美元、欧元等一揽子世界主流货币背书。Libra 的产生在由私人数字货币向国家主权数字货币过渡中具有深远的意义,其向世界各国展示了央行法定数字货币推行在技术上和应用上的可行性。[1] 由此可知,在技术上,一方面,我国拥有严密成熟的技术条件来支撑数字货币运行;另一方面,微信、支付宝等平台在我国普及和流行,民众的满意度也很高,启用以来现金交易量大幅度减少,说明我国有稳定的群众市场和较丰富的经验,这些都能成为之后法定数字货币推行和流通的基础。而截至 2019 年 8 月 21 日,我国数字货币研究所已申请了涉及数字货币的专利共 74 项。[2] 我国在技术研究方面已经取得了一定的成果并且申请获得了自己的专利。

(三)法律上的可行性

虽然目前法律上并没有一套完整的规则来针对法定数字货

---

[1] 国世平、杨帆:《货币革命:我国创发数字货币的金融效应、风险与挑战》,《深圳大学学报》(人文社会科学版)2019 年第 5 期,第 69—76 页。

[2] 张姝欣、程维妙、陈鹏:《央行 20 天三次发声谈数字货币 这地或首吃"螃蟹"》,2019 年 8 月 22 日,https://news.sina.com.cn/c/zj/2019-08-22/doc-ihytcitn0935078.shtml,2020 年 8 月 20 日。

币的性质和流通等相关问题进行规范，但根据现有的《中国人民银行法》《人民币管理条例》《支付结算办法》《中国人民银行假币收缴、鉴定管理方法》，以及最高人民法院出台的相关问题的解释，国家有一系列调整货币发行和流通问题的法律文件。对于数字货币而言，可以结合数字货币的特点，选择对已有法律规范进行修改或是制定专门的法定数字货币的法律文件来对法定数字货币的相关问题进行定义，包括明确发行主体、货币地位、货币的交付、对虚假数字货币的认定和惩罚机制等。这在法律上是可行的，同时也是在使用法定数字货币的过程中所不可或缺的。

三、现存的法律问题

目前的法律规范并没有对发行数字货币的相关问题做明确的规定。这是法定数字货币的立法中尚待完善的部分，具体来说，体现在以下几个方面：

（一）数字货币的法定货币地位及其法偿性未明确

现行的《中国人民银行法》第四条第三款规定央行职能之一是"发行人民币，管理人民币流通"，以及第十六条[1]、第十八条规定[2]，都强调了纸币的法偿性及印制和流通标准。

依照上述规定，人民币是经我国法律认可的通用货币，包括纸币和硬币两种形式。对于数字货币，尚没有一个法律规则去肯定数字货币的法定地位及其法偿性，去肯定其同人民币一样具有价格交换和偿还债务的作用。

---

[1]　《中国人民银行法》第十六条规定：中华人民共和国的法定货币是人民币。以人民币支付中华人民共和国境内的一切公共和私人的债务，任何单位和个人不得拒收。

[2]　《中国人民银行法》第十八条规定：中国人民银行发行新版人民币，应当将发行时间、面额、图案、式样、规格予以公告。

（二）数字货币流通和保护的规范未建立

《中国人民银行法》第十九条①、第二十条②，《人民币管理条例》第二十五条③、第二十六条④以及第三十条⑤，对人民币的伪造、变造以及走私等行为做了违法性规定。再者，《人民币管理条例》第三十八条规定"人民币有下列情形之一的，不得流通：（一）不能兑换的残缺、污损的人民币；（二）停止流通的人民币"，进而明确了可流通人民币的常规标准。

可以看出，对于人民币的发行及流通过程中可能遇到的问题，我国在《中国人民银行法》《人民币管理条例》中有一套完整的规范进行规制，包括对流通的人民币标准的规定，对假币的认定、销毁以及相对应的制裁手段。同样，若是数字货币作为法定货币流通，也需要对数字货币的可流通标准和禁止流通的货币类型等问题以及相应配套的惩罚机制做具体的规定，这也是数字人民币在流通前所需做的必要准备。

――――――――――

① 《中国人民银行法》第十九条规定：禁止伪造、变造人民币。禁止出售、购买伪造、变造的人民币。禁止运输、持有、使用伪造、变造的人民币。禁止故意毁损人民币。禁止在宣传品、出版物或者其他商品上非法使用人民币图样。

② 《中国人民银行法》第二十条规定：任何单位和个人不得印制、发售代币票券，以代替人民币在市场上流通。

③ 《人民币管理条例》第二十五条规定：禁止非法买卖流通人民币。纪念币的买卖，应当遵守中国人民银行的有关规定。

④ 《人民币管理条例》第二十六条规定：禁止下列损害人民币的行为：（一）故意毁损人民币；（二）制作、仿制、买卖人民币图样；（三）未经中国人民银行批准，在宣传品、出版物或者其他商品上使用人民币图样；（四）中国人民银行规定的其他损害人民币的行为。前款人民币图样包括放大、缩小和同样大小的人民币图样。

⑤ 《人民币管理条例》第三十条规定：禁止伪造、变造人民币。禁止出售、购买伪造、变造的人民币。禁止走私、运输、持有、使用伪造、变造的人民币。

（三）数字货币的支付结算规范未制定

数字货币的支付，也就是货币所有权转移的问题。数字货币在形式上与纸质及硬币不同，因此它的交付方式以及如何认定其所有权转移的规范也会有所不同。

首先，从立法上明确占有人对数字货币的所有权。根据央行所发布的策略，数字货币的持有多以电子钱包的方式线上持有，对于个人电子账户里的数字货币，持有人应享有法律上的所有权，并且依照《物权法》①第三十九条规定："所有权人对自己的不动产或者动产，依法享有占有、使用、收益和处分的权利。"但是现在的立法中并未明确。

其次是数字货币所有权转移的方式。根据《物权法》第六条"动产物权的设立和转让，应当依照法律规定交付"以及第二十三条"动产物权的设立和转让，自交付时发生效力，但法律另有规定的除外"，可以得出，普通动产的所有权转移以交付为要件，船舶、航空器等特殊动产交付作为所有权转移的标准，但需登记才可对抗善意第三人。另外，有关善意取得，主要体现在《物权法》第一百零六条②，并且纸币属于不特定的内容物，在认定中会采用"占有即所有"的标准。

因此对于货币而言，占有即获得其所有权，经交付转移，并且不可对抗善意第三人。但是对于数字货币而言，其本身的形式和

---

① 2021年1月1日，《物权法》被《民法典》替代。

② 《物权法》第一百零六条规定：无处分权人将不动产或者动产转让给受让人的，所有权人有权追回；除法律另有规定外，符合下列情形的，受让人取得该不动产或者动产的所有权：（一）受让人受让该不动产或者动产时是善意的；（二）以合理的价格转让；（三）转让的不动产或者动产依照法律规定应当登记的已经登记，不需要登记的已经交付给受让人。受让人依照前款规定取得不动产或者动产的所有权的，原所有权人有权向无处分权人请求赔偿损失。当事人善意取得其他物权的，参照前两款规定。

占有方式同纸币并不相同,故而在实践中不能完全参照纸币的相关规定。法律仍需针对数字货币,结合其特殊性,对其交易过程中所有权的设立和流转制定相符合的规范,以达到有效规制的、推进货币流通和使用的效果。

(四)个人信息保护制度不完善

如果数字货币开始流通,对个人数据和账户信息的保护就尤其重要,因为会牵涉个人的财产安全。目前根据全国人大法工委发布的信息,个人信息保护法正在研究起草中,目前草案稿已经形成,汇集多方意见后,将按照立法委的安排,尽早提请全国人大常委会议审议。[①] 笔者认为,在法定数字货币成为趋势的时候,个人信息保护法不仅限于对网站上客户信息等的保护,还可以将个人的电子账户数据信息保护纳入其中,从法律上严格规范保护的方式和力度以及相对应的惩罚机制,以避免信息泄露给公民带来的财产方面的损失。这不但需要法律规范的支持,而且需要技术的配合,但信息保护对于数字货币流通来说是极为重要的一方面。

综上,通过研究针对现有人民币流通、保护以及市场规制的相关法律规范制度,将其作为借鉴的模板,结合数字货币的内在条件和外在情况的特殊性,为构建数字人民币法律规制体系找到合理化的路径。

四、完善相关法律制度的建议

目前学界讨论的几个立法途径主要是:一是对《人民币管理条例》进行修订,或者出台国务院决定;二是以全国人大发布特别决定的形式,对数字货币发行和使用中的相关问题作出规定;三

---

① 《个人信息保护法草案稿已形成》,2020 年 5 月 15 日,http://finance.eastmoney.com/a2/202005151486806998.html,2020 年 8 月 20 日。

是对数字货币发行和使用涉及的《中国人民银行法》《物权法》《反洗钱法》等多部法律进行逐一修改；四是通过颁布专门的《数字货币法》，来解决有关数字货币流通和交换的一系列法律问题。[①]

　　笔者认为制定专门的《数字货币法》是必要的，而其中涉及发行主体和货币地位的问题可以在《中国人民银行法》中做适当修改；涉及所有权和权利流转的问题可以在《物权法》《合同法》等相关法律规范中增添；而与数字货币相关的可以定性为犯罪的行为规范及其惩罚的规定可以在《刑法》《反洗钱法》中做修改。也就是说，在针对数字货币流通及保护的问题制定专门法的基础上，对其他涉及货币发行和所有权流转问题的法律进行适当修改。

　　具体来说，央行发行数字货币所面临的法律问题及对其解决方法的探讨主要有以下几点。

（一）明确数字货币的法定货币地位和其法偿性

　　通过《中国人民银行法》的规定，强调央行数字货币作为法定货币的权威地位，其具备与纸币同等的法偿性特征。参照法律中对于人民币的相关规定，可以选择设立专门的条例来规定有关数字货币的一系列问题，其中就包括承认其法偿性，也就是明确可以用数字货币支付中国境内一切公共的和私人的债务，任何单位和个人不得拒收。

　　有学者提出应设置货币法偿性例外条款，避免因缺少设备而导致无法使用数字货币的情况发生；但也有学者认为，例外条款不利于维护法定货币权威，可以规定对特定情形下拒收的行为免于处罚。笔者认为，基于数字货币的特殊性，也许会出现技术和设备无法支持支付的情况，无论是设置例外条款还是免责事由，确实需要在法律中针对可能出现的情况进行规定，若是设备或者

[①]　刘向民：《央行发行数字货币的法律问题》，《中国金融》2016 年第 17 期，第 17—19 页。

网络等不可抗的因素导致无法支付或者无法收取的情况,应当免除相关人的责任,这也是完善数字货币法偿性的一个方面。

(二)构建数字货币流通和保护的法律规范体系

1."中央银行—商业机构"双层运营体系

所谓"中央银行—商业机构"双层运营体系,即人民银行通过其他银行或者运营机构,完成对数字人民币的发行。这样可以避免对现有金融体系带来额外的冲击,比如改变现有的二元账户结构,可能对商业银行的业务产生冲击,以及出现"金融脱媒"的现象等。选择不改变二元化的结构,用数字货币替代部分人民币,不但提升了支付的便捷性和安全性,还增强了国家通过货币政策进行宏观调控的能力,并且数字货币易追踪和监管的特性也给制裁经济类犯罪和维护公民财产安全提供了便利条件。

同时,在法律层面上,可以通过法律规定对这种发行和运营模式进行强调,确立其合法地位,以及避免私人或者其他机构通过非法途径发行和伪造数字人民币造成市场金融秩序的紊乱。

2.规范可流通的数字货币的标准

通过立法规定由央行发行的且在官方平台上进行支付和转账的数字货币才是可流通的法定数字货币。杜绝其他私人数字货币的流通以免扰乱金融市场的稳定。个人可以根据身份代码信息识别和绑定其所有的数字货币。

《人民币管理条例》中有列举出禁止流通的人民币类型。涉及数字货币特殊的形式和流通方式的问题,可以参照规定的明确禁止流通的货币情形,如系统无法识别的或是之后发行中停止流通的数字货币类型。

3.伪造、变造虚假数字货币行为的认定及配套惩罚措施

一是明确虚假数字货币的定义。《中国人民银行假币收缴、鉴定管理办法》(2003 年)、《最高人民法院关于审理伪造货币等案件具体应用法律若干问题的解释(二)》(2010 年)对伪造和变

造货币做了明确细致的规定①,但是数字货币与纸币不同,其本质上是线上虚拟货币,因而在实践中会出现不同于纸币的伪造和变造数字人民币的违法行为,可能是在数据网络上通过技术和平台操作私人数字货币或者进行虚假交易的行为以及在技术发展的过程中出现的其他行为。所以从立法上明确规定制造、伪造虚假数字货币的行为范围是之后制止买卖虚假数字货币的犯罪所必须的。

要避免这类情况发生,首先需要成熟的技术条件,包括硬件设备和软件的支持,能保证覆盖全国所有区域,凡是使用数字货币进行支付结算的个人都有运行官方软件和平台的设备条件。其次是保证用数字货币进行的每一笔交易都能在严密的安全机制保护下,保证每个账户的资金和信息安全。也有学者提出相对于现今的伪钞技术,央行数字货币有加密技术作为安全保障,而支付宝、微信支付等类似于电子账户,依靠的是账户安全体系。②

二是反假币机制的建立。依照中国人民银行数字货币研究项目组的意见,考虑加密货币的特点,采取传统记账方法或以密码算法为基础的纯数字货币的方式,可以利用安全芯片载体来保护密钥和算法运算过程。运用先进信息技术手段来建立严密的安全保障机制,有效防止数字货币的伪造和篡改,维护公民财产安全。

从法律上来看,《人民币管理条例》第三十三条③所规定的对

①　伪造是指仿照真币的图案、形状、色彩等制造假币、冒充真币的行为;变造是指对真货币采用剪贴、挖补、揭层、涂改、移位、重印等方法加工处理,改变真币形态、价值的行为。

②　徐远:《央行数字货币成人类货币体系新纪元》,2020 年 4 月 24 日,http://www.shubeiqkl.com/article/7_213.html,2020 年 8 月 20 日。

③　《人民币管理条例》第三十三条规定:办理人民币存取款业务的金融机构发现伪造、变造的人民币……数量较少的,由该金融机构两名以上工作人员当面予以收缴,加盖"假币"字样的戳记,登记造册。

于制造假币的认定和管理行为,显然并不适用于数字货币。

有学者认为从主体角度对制造假币的行为界定,即除中国人民银行以外的主体制作数字货币电子数据的行为以及对中国人民银行制作、发行的数字货币电子数据进行篡改的行为均构成变造数字货币。

笔者认为首先从立法上阻绝私人数字货币的合法性,其次从技术上加以防范,数字货币特有的加密技术可以识别其他伪造或是篡改央行发行的法定数字货币的行为,而这都需要技术、设备和各方信息共享合作来达到目的。

三是对伪造、篡改数字货币的配套惩罚机制。参照《人民币管理条例》第五章规定可以对涉案数字货币进行收缴和销毁,对行为人处以没收违法所得和罚款等,严重的追究其刑事责任;以及参照《中国人民银行假币收缴、鉴定管理办法》第四章对相关金融机构的行为规范规定,比如发现假币不上报、不收缴或是私自处理和截留等渎职行为进行警告、罚款等。

(三)法定数字货币所有权转移的问题

目前学者集中讨论的主要有以下几个问题:

1. 物权转移的方式——权属登记

依照现有的《物权法》,普通动产所有权的设立和转移通过交付实现,因此货币通过占有取得其所有权并且通过交付进行转移。但是数字货币与普通纸质货币不同,无法进行直接的现实意义的交付,那么满足什么条件能实现数字货币的权利转移是一个待解决的问题。

根据央行的设计,由法定数字货币登记中心记录货币转移信息及对应的用户身份,完成权属登记。[①] 也就是说,数字货币的

---

① 姚前、汤莹玮:《关于央行法定数字货币的若干思考》,《金融研究》2017 年第 7 期,第 78—85 页。

权利流转可能会适用以登记为原则,通过登记中心的转移信息和用户身份,来确定数字货币所有权的转移。因而,笔者认为,需要针对其特点和技术上的运作,在法律上与之相配合。数字货币是进行线上交易的,如果还坚持交付的原则,显然与传统意义的交付并不符合,因此权利流转的关键点在于数字货币登记中心的交易记录和用户的身份信息,来认定货币所有权在两个账户之间进行转移,所以事实上是以登记为原则,虽然依照相对匿名交易的特征,并不会进行公示,但是每一笔交易在登记中心都是有记录的,并且双方也是知情的。而对于是否能对抗善意第三人的问题,笔者会在下文中进行讨论,认为这并不会影响对抗善意第三人的效力。因此,将权属登记作为货币所有权移转的方式是可行的,也是更切合实际情况的。

2.“占有即所有”原则的变化和应用

有学者认为,法定数字货币的占有和所有是否分离是决定其是否适用“占有即所有”原则的关键。笔者认为该原则适用的目的主要是针对后续认定当事人是否具有返还原物请求权的问题,传统货币同其他普通动产不同,其不具有特殊性,因此会适用该原则,肯定占有人的所有权,那么当事人可能对其货币失去所有权以及不具有返还原物请求权,但仍会保留债权请求权等其他权利。

数字货币占有的方式与传统纸币不同,在网上建立个人资金账户之后,每个账户都有相对应绑定的身份信息,个人通过账户持有货币,则对于他人占有的情况可能需要重新认定。基于占有方式的特殊性,排除了通过捡拾占有的情况,因为仅是捡到设备并不代表对账户内资金的占有。所以数字货币一定是通过转移登记而占有。而对于误操作导致的转让到他人账户的情况,从操作上来说应当需要实名认证身份信息和账户一致才可以进行转账。因此我认为这种情况应该很少发生,如遇到这种情况,需要与银行沟通,法律上可以适用返还不当得利的规则要求他人返还。那么大多数情况下应认定转移的当事人行为与其内心意愿不相符,才会发生他人占有的情况,也就是说,对方通过诈骗、胁迫或是账号盗用的手段才会发生货币的登记转移,而这些行为都属于刑法范畴的犯罪行为,因此不需要适用"占有即所有"的原则来确定所有人是否具有民事上的返还请求权,而是应按照刑法相关规定来处理。并且其中盗用账号进行转账的行为是定性为盗窃还是诈骗金融机构,还需要进一步讨论。

综上,笔者认为,虽然同纸币一样,数字货币同样不具备特定物的属性,但是其占有和权利流转方式的特殊性,使得个人资金安全系数更高,故而原则上他人若是未经所有人同意,一般可认定为非法占有,无论是采用什么手段,都属于刑法管辖的范畴,因此对民事返还原物请求权及其相关原则的讨论失去了意义。

3.适用"善意取得"原则的障碍分析

依据《物权法》第一百零六条,转让人无处分权,受让人主观善意以及以合理价格转让,动产已经交付的,则认为受让人善意取得该动产所有权。因此,原所有人只能根据债权请求权要求无权处分人进行赔偿。

通过上述讨论,笔者认为非经所有人同意发生的数字货币转移而他人占有的情况,从理论上来说一般都属于非法占有的情况。而对于盗窃物、诈骗物等善意第三人是否可以取得该物所有权,仍是一个具有争议性的问题。而笔者认为,盗窃物、赃物等第三人不具有善意取得的权利,也就是说,占有人应当返还赃物,并且具有向无处分权人索赔的权利。因此,除了误操作导致的情况,原则上数字货币的他人占有通常都属于通过诈骗、盗窃和胁迫等非法手段占有的情况,因此第三人并不具有法律上善意取得的权利。

(四)建立和完善个人信息保护机制

从数字货币的储存和交易技术来看,其被携带于数字钱包等工具中,通过移动终端进行线上交易和转移,并且加密数字存储于数字钱包并运行在特定数字货币网络中,才是纯数字货币。因此数字货币是加密的货币,研究组针对加密货币,提出可以利用安全芯片载体来保护密钥和算法运算过程,来作为技术上账户安全的保障机制。

在这基础上,应当同时从法律上去建立完备的信息保护规范体系与之相配合。

大体可以从两个方面来讨论:一是对侵害个人信息和账户安全的行为进行定性,比如通过网络技术手段侵入他人账户盗取身份、密码和卡号等信息或是通过不法途径获取信息之后再出售等行为,应认定为对他人信息的侵犯,严重情况下危及他人财产安全;二是制定相应的惩罚机制,针对不同程度和性质的行为采取相应的惩治措施,比如没收违法所得、罚款等。而对于涉及较大标的额的犯罪行为,可以适用刑法规范来处理,笔者认为在现有刑法条文中增加相关条款比较合适,较轻微的情况可以规定在数字货币相关的专门立法文件中。

五、结 语

一方面,数字货币作为科技发展和社会进步的产物,与传统纸币相比,交易更加安全便捷,提高了资金流通的效率,适应大数据时代的需求,并且更有利于政府通过实行货币政策来进行宏观调控、维护经济环境和金融市场的稳定。同时,线上交易的可追踪性,为打击洗钱和其他恐怖活动类犯罪提供了助力,能有效避免犯罪分子利用现金实施犯罪活动来逃避追查。在税收方面,数字货币的出现使得建立个人征税制度和线上纳税的方式更加便利,同样国家可以借助数字货币的形式直接向家庭和个人投放经济补贴、退税等。

另一方面，随着法定数字货币的发行，制定相关的数字货币法是一个亟待解决的问题，包括从货币的发行运营体系、流通和保护规则、明确法定货币标识和虚假货币的定义并建立相应的反假币机制，以及货币交易中所涉及的个人权利和义务问题。建立完善的法律体系对于数字货币的顺利发行和流通具有重要意义，同时能预防新型的犯罪活动发生，对公民的行为具有指导性作用。除了对数字货币法律规范路径进行探讨，实践经验也很关键，需要发挥法律的灵活性，从实践中吸取经验，从而结合客观情况，不断更新和发展，法律才能适应社会变化，成为保护公民利益和维护社会秩序与安全的有效工具。

智能法律服务小程序助力社区治理

周心宁①

　　摘　要：社区治理是我国社会基层治理的重要组成部分。然而在当今时代下，社区治理工作在解决纠纷的功能上仍然存在较多问题：社区工作人员素质参差不齐、社区问题的多样与复杂、应用措施不切合实际、居民法律意识不足、沟通渠道不畅，这些问题都会给社区在发挥基层自治的作用上带来极大的考验。基于此，我们通过问卷调查、实地采访，对于社区经常出现的问题，设想依托于互联网，对接居民、社区与律所，通过设立 App——"掌上法宝"，给社区解决纠纷提供法律支持，提供相关裁判案例、法律法规，间接地促进居民普法，与此同时也会给律所对接案源。"掌上法宝"的设立可以加强社会的基层治理，完善社会矛盾化解机制，有助于正确处理人民的内部矛盾，也是我国治理体系与治理能力现代化的要求。

　　关键词：法律；社区治理；互联网

　　习近平总书记指出，"社区是基层基础，只有基础坚固，国家大厦才能稳固"②，"社区是党和政府联系、服务居民群众的'最后一公里'"③。社会治理的重心必须落到城乡社区，社区服务和管

---

① 周心宁，浙江温州人，2018 级法学专业本科生。

② 《习近平考察武汉，强调要充分发挥人才优势》，2018 年 4 月 26 日，http://jhsjk. people. cn/article/29953060，2020 年 7 月 10 日。

③ 《习近平在河北唐山市考察》，2016 年 7 月 28 日，http://jhsjk. people. cn/article/28593171，2020 年 7 月 10 日。

理能力强了，社会治理的基础就实了，所以要推动社会治理重心向基层下移，把更多资源、服务、管理放到社区，城乡社区治理在党和国家战略全局中具有重要的地位和作用。因此，我们经学校同意，组织了暑期社会实践小组，主要调研方向为如何以智能法律服务小程序助力社区治理。经过两个多月的访谈调研和小程序设计，我们对互联网批量化法律纠纷处理机制有了深刻认识，在进一步了解了大量侵权、合同等民事纠纷的定损方法和裁判方法后，我们对如何运用互联网批量化法律纠纷处理机制解决社区纠纷有了清晰的方向。我们初步开发了"掌上法宝"小程序——一个用于指导解决民事纠纷的手机软件，致力于打造一个和谐法治高效的社区，鼓励社区居民运用法律知识解决矛盾纠纷，促进全民普法。

一、"掌上法宝"智能法律服务小程序项目的运行机制

我们的项目分为四个业务方向：普法宣传、简易搜索、线上咨询、诉讼服务。普法宣传，是在小程序页面增加一些与社区纠纷有关的案例，并附法条解释、案例分析，或是最新的法律新闻，如《民法典》的修改，从更贴合生活的角度向大众普法，加强法制宣传教育，使大众增强法律意识，遵守法律，学会用法律维护自己的合法权益。简易搜索，是指用户可以在小程序页面搜索常见的社区纠纷类型，在一步步选择自己想要咨询的具体纠纷类型后，系统会自动给出简易的法律咨询结果、对应的法律和相关判例。这也是我们参考电商互联网批量化法律纠纷处理机制的应用。如搜索租房合同，进一步可检索的包括合同效力、押金纠纷、解除合同纠纷等，再进一步搜索合同效力，可以检索到各种合同无效的情形等。用户可以通过阅读，明晰自己当下面临的纠纷解决途径。如果用户阅读后仍有疑问，或认为自己遇到的纠纷较为复杂、不适用基础解决机制时，可以点击在线咨询，转至人工通道，

免费向律师进行初步咨询,如需深入了解或进行仲裁诉讼,则可与律师沟通协商,开展收费项目。如果有诉讼需求,也可以委托小程序上的专业律师,代理用户参加诉讼。"掌上法宝"主要有普法宣传和法律咨询两个主要功能,包括普法宣传、简易搜索、AI咨询、人工咨询四个模块。

普法宣传功能分为普法宣传、简易搜索两个模块。

普法宣传模块的运行机制是:"掌上法宝"小程序会根据用户在注册时提供的信息和法律知识需求,以新闻和推送等方式定时更新和向用户推送法律法规知识,定期采用小知识答题等方式让用户获取社区代币,用以支付社区法律知识答疑或者部分用户发表的有偿法律知识文章的查询等,增加用户的参与度和日常活跃度。

简易搜索模块的运行机制是:用户在登录搜索界面后,可通过输入关键字搜索相关案例的简介以及处理方法等信息,搜索界面配备模糊检索与精确检索,供不同需求的用户检索。如用户仅需了解高空抛物致损的情况,可在模糊检索中输入关键字,系统将检索数据库中对应关键字的案件以及新闻,并按照点击热度排列。如客户需要进一步了解该类信息的法律条文、司法解释、相关判例等信息,可在精确检索中进一步设置检索信息,从而快速查询到所需要的信息。

法律咨询功能主要包括 AI 智能咨询模块和人工咨询模块。

AI 智能咨询模块的运行机制是:当用户通过简易检索获得的法律信息无法解决目前的法律问题时,用户进入 AI 智能咨询模块。程序通过用户咨询的内容自动匹配部分相关的法律问题,以方便用户精确定位所需要咨询的法律内容。如用户检索内容为高空抛物,程序将自动为其匹配高空抛物法律相关条款、高空抛物相关案例、高空抛物事故追责等常用咨询内容供用户选择,或用户通过手动输入问题进行咨询,AI 后台通过关键字向用户发送该纠纷相关的法律条文、司法解释、相关判例,以便用户根据实际情况,对照调整具体解决措施。

人工咨询模块的运行机制是:符合以下条件时,用户可以转至人工通道。(1)用户认为案情较为复杂,不应简单适用常见解决方案;(2)用户认为案情较为严重,需申请人工介入,提请仲裁或诉讼;(3)用户认为需要申请人工介入的其他情况。程序将链接与用户咨询的案例相同领域的在线律师与其进行线上互动,使用户初步了解案情,以便推荐最佳解决方式。人工咨询模块为对接法律救助咨询,将根据用户的需求提供免费的调解、仲裁、诉讼等咨询服务。案情复杂需要提起诉讼的按规定收费标准提供律师法律服务。

二、"掌上法宝"智能法律服务小程序项目的内容

(一)建立基层社会矛盾解决的救助平台

"掌上法宝"从解决社区内的矛盾纠纷出发,对接当事人、社区、律所,提供一个良好的平台让三方能够及时高效地沟通。我们通过与社区的合作,帮助社区解决需要他们调解的纠纷,促进社区和谐法治发展。对于社区中的当事人来说,我们提供了法律咨询的渠道,帮助他们更好地解决社区纠纷。同时我们和律所合作,落实法律救助制度,是一个解决社区纠纷的良好方法。

(二)建立基层社会治理力量的联系平台

加强社区治理与互联网的联系,完善传统的社区纠纷处理模式。将社区治理融入互联网模式,寻求更好的处理方式以至扩大纠纷解决途径和提高社区治理效率。我们作为社区纠纷解决过程中交流的中介,遇到涉及法律问题的纠纷时,需要及时提供解决双方纠纷问题的方式以及这种解决方式所依据的法律,同时对于难以通过对法条简单解读就能得出结论的复杂纠纷,有必要提供专业的律师并由他们给出一定的建议。我们作为居委会、律师

与纠纷双方之间的中间机构,在将典型案例、相关法条以及律师的建议提供给他们的过程中,居委会的工作流程得到简化,同时解决住户纠纷的效率也大大提高。根据前期的走访和材料收集,我们了解了社区中经常发生的纠纷情况,总结了具体的纠纷类型,借鉴了社区工作人员解决纠纷的普遍方法,完善和改进了我们解决社区纠纷的方式,更加全面地列举了社区中目前主要面临的纠纷类型,将解决纠纷的建议进行多元化处理。我们将我们的业务介绍给社区工作人员,在居委会纠纷解决实践中加以运用。居民遇到纠纷求助于居委会时,居委会会将我们的平台介绍给遇到纠纷的居民。居民通过我们的平台查询到有效的解决方式,我们也通过对法条的解释使居民能够更好地理解解决方式。如果纠纷过于复杂,我们提供的判例、法条无法使居民的争议纠纷得到有效解决,那么我们会联系律师,运用更加专业的法律知识帮助居民,提供解决纠纷的建议。

（三）建立基层社区的普法宣传平台

在《民法典》正式施行之后,我们的平台会根据最新出台的《民法典》相关法条对社区普遍存在的纠纷进行分类归纳总结,例如合同编中的商品房屋买卖租赁问题,侵权责任编中的高空抛物伤人、饲养宠物损害责任问题以及物权编中的停车位问题等,在前期尽可能地列举整理各种判例和完善解决方式。此外,在运营和维修方面,我们也会不断加强监督和管理:在信息展示方面,我们保证能够公开透明,并及时更新完善;在宣传方面,我们会联合一些社区,旨在帮助减轻社区工作人员的工作压力,使他们在解决业主纠纷时向业主推广使用我们的平台;同时我们也找到了固定的律所,律所会派出人员来提供建议,帮助纠纷双方解决问题;我们还开设了平台建议与纠正板块,接收用户向我们反馈的使用体验和建议,努力完善和健全平台运行机制,真真切切做到为居民和工作人员服务,为社区和谐尽一份力。

三、"掌上法宝"智能法律服务小程序项目的落实方法

随着互联网的高速发展,各领域的纠纷解决方式都在转型升级,在线矛盾纠纷解决(ODR)机制逐渐发展成为中立的第三方利用网络信息技术在虚拟空间协助当事人解决各种纠纷的平台。"掌上法宝"以高效便捷解决社区纠纷为目标导向,其项目发展借鉴电商批量化、类型化纠纷解决机制,努力做好当事人、社区和律所联系的中间端。社区,不仅是人们学习和工作的地方,还是人们生活的地方。不管一个人从事什么职业,都必须始终在一个特定的社区中工作、生活和居住,因此,社区经常是社会冲突的现场,人们之间存在许多内部冲突和纠纷,社会矛盾和冲突是影响社会稳定的重要方面,所以积极地预防和有效地解决矛盾和纠纷对于创造良好的社会发展环境具有重要的意义。在社区一端,"掌上法宝"与社区工作既相互依赖又相互发展,平台使用前期,主要依靠社区组织进行宣传推广,以吸纳居民注册使用,形成一批稳定用户以维系平台进一步发展。平台投入使用较为成熟后,大部分社区纠纷的处理将基于平台进行,缓解了社区工作人员的调解压力,也促使有限的人力资源能有效地投入除纠纷处理以外的其他社区工作中去。"掌上法宝"积极联络社区,把矛盾纠纷解决在基层、解决在内部、解决在萌芽状态,努力解决社区中的冲突和争端,并要尽一切可能维持社区的稳定。在司法现代化体系中,我们坚持共同治理和共享的思想,并利用互联网建立了新的在线纠纷解决机制,这是体现司法能力现代化的重要标志之一。在律所一端,"掌上法宝"将对接全国各地不同规模、不同专业优势的律所,打破地域限制,更好地发挥不同律所的专业实力以更好地解决当事人的纠纷,维护社会公平正义;平台的服务资源包括咨询师、调解员、仲裁机构以及法院。咨询师大部分都是具有专业知识的律师,调解员资源包括法院特邀调解员、律师调解员、

行业调解员和人民调解员，当事人通过这些资源能够迅速得到解决问题的方式方法，从而帮助他们有效解决矛盾纠纷。另一方面扩宽了律所接收案件的渠道，相对平衡大、小律所间接收案件难度、数量差异大的问题。此外，专业律师团队接入平台，为平台提供了纠纷解决的专业化支撑，增强了用户信任感和纠纷处理结果的公信力。目前，"掌上法宝"暂时服务于城市社区治理方面，在农村治理方面，还需考虑当地经济发展水平、村民文化程度等，相比城市社区治理需考虑的差异性因素较多。但我们相信这样的在线纠纷处理模式是符合信息社会发展趋势的，这种模式在发展的过程中一定会愈发成熟和普及，在未来一定会成为社会治理必不可少的重要依托。

四、"掌上法宝"智能法律服务小程序项目的社会意义

"掌上法宝"应运而生，并非实践的偶然，它源于大数据时代发展下的现实需要，是互联网思维的进一步实践成果，是鼓励充分发挥互联网在社会资源配置中的优化和集成作用背景下的必然产物。"掌上法宝"对接律所、联系社区，用户注册完成后便可形成一个多方联动的高效纠纷解决路径，主要有以下两点意义：（1）通过细分纠纷类型，给予纠纷当事人有针对性和有指向性的法律指引，在保障社区纠纷得到合理化疏解的同时，也促进了普法活动进社区；（2）通过对接律所，一方面打破律所接收案件的地域限制，有利于充分发挥律所专业优势，另一方面对大、小律所接收案件难度、数量有所协调，既有利于大律所培植新人，又有利于带动小律所向专业化方向发展。社区治理是城市建设和社会发展中的重要内容，社会成员在社会生活中扮演多种角色，具有多重身份，但其基础身份出自家庭，而小家与社区之间又具有密不可分的关系。"掌上法宝"服务于社区治理，便是选择将服务面向广大社会成员。

生物安全的立法保护机制与中国因应

王晓波①

摘　要:所谓"生物安全",是指国家有效防范生物危害因子、生物技术滥用等相关活动引起的生物性危害,确保国家安全与利益不受内外危险及威胁的影响并保持持续安全的能力。在全球化大背景下,世界各国生物技术得到了颠覆性发展,但伴随而来的是生物恐怖主义、重大新发突发传染病疫情等生物安全问题的逐渐抬头,生物安全风险不断显现,生物安全威胁正在成为影响国际战略稳定的新兴变量。2020年初新冠肺炎疫情在全球范围暴发,进一步凸显了当前完善国家生物安全治理体系与治理能力建设的重要性。在新冠肺炎疫情防控的大背景下,我国必须加快完善生物安全立法机制,在鼓励和推动生物技术研发创新的同时,要加大信息公开和公众参与程度、完善重大突发疫情等生物安全问题的应急处置机制。

关键词:生物安全;国家安全;新冠肺炎疫情防控;生物安全立法

近年来,随着基因工程和生物试剂等生物科学技术的发展、全球生物多样性的减少以及禽流感等动物源性新发突发传染病疫情的暴发性增长等生物安全问题的陆续暴露,生物安全与国家稳定发展的关系愈来愈密切。2020年初,新型冠状病毒肺炎(COVID-19)在全球迅速暴发,生物多样性和人类健康等生物安

---

①　王晓波,安徽黄山人,2020级国际法学硕士研究生。

全问题再次引起世界各国广泛讨论，生物安全亦被提升到国家安全的高度上。

一、新冠肺炎疫情下的生物安全概述

(一)生物安全的含义

生物安全作为一种概念和战略已在世界各国被广泛采用，联合国粮食及农业组织(FAO)曾对生物安全进行简单定义，从食品安全、植物健康和生命以及动物生命和健康三个部分着手，并将与食品安全有关的食品生产，引进植物害虫、动物病虫害和人畜共患病，引进和释放转基因生物及其产品，引进和安全管理外来入侵物种和基因型等包括在此三部分以内[①]。然而对于"生物安全"(Bio-security)这一概念的具体定义，各国学术界仍众说纷纭。

我国诸多学者致力于对"生物安全"问题进行科学归纳，以期对这一概念进行精准提炼，但至今国内学术界对于"生物安全"之含义尚未达成共识。目前，将"生物安全"进行广义、狭义之分是我国国内比较具有代表性的观点。所谓狭义的"生物安全"，是指人的生命和健康、生物的正常生存以及生态系统的正常结构和功能不受现代生物技术研发应用活动侵害的状态。广义的"生物安全"，则是指人的生命和健康、生物的正常生存以及生态系统的正常状态不受致病有害生物、外来入侵生物以及现代生物技术研发应用活动侵害的状态[②]。

2020 年 10 月 17 日，中华人民共和国第十三届全国人民代表大会常务委员会第二十二次会议通过了《中华人民共和国生物安

---

① Jingjing ZHAO, "Towards State Avoidance of Conflicts between the SPS Agreement and the Cartagena Protocol on Biosafety: A Fresh Perspective", *Journal of World Trade*, Vol. 1(2019), pp. 625-646.

② 于文轩:《生物安全法的基本原则》,《中国生态文明》2020 年第 1 期,第 45—48 页。

全法》。新出台的《生物安全法》第二条对"生物安全"作出定义，并且根据第二条可以得出当前我国"生物安全"之定义至少包含防控重大新发突发传染病和动植物疫情，研究、开发、应用生物技术，保障病原微生物实验室生物安全，保障我国生物资源和人类遗传资源的安全，防范外来物种入侵与保护生物多样性，应对微生物耐药，防范生物恐怖袭击与防御生物武器威胁，其他与生物安全相关的活动等八个方面①。

综合以上关于"生物安全"的相关定义，可以将生物安全概括为：国家有效防范生物危害因子、生物技术滥用等相关活动引起的生物性危害，确保国家安全与利益不受内外危险及威胁的影响并保持持续安全的能力。

(二)新冠肺炎疫情下生物安全面临的挑战

20世纪以来，世界各国为提高生产力水平，陆续将工业化作为本国经济发展的目标。工业化促进生产力发展的同时，也带来了环境污染、生态失衡等重大问题。进入21世纪，全球人口迅速增长，全球气候变化加剧，全球生物多样性遭到严重破坏。前沿新兴生物技术的快速发展似乎为这些问题的解决提供了方向，转基因食品、新型药物等生物技术产品逐渐进入人们的生活并迅速发展成为独立的现代生物技术产业，在解决人口、环境、能源等方面的问题上发挥了重大作用。然而生物体改造方法和工具不断

---

① 《中华人民共和国生物安全法》第二条：本法所称生物安全，是指国家有效防范和应对危险生物因子及相关因素威胁，生物技术能够稳定健康发展，人民生命健康和生态系统相对处于没有危险和不受威胁的状态，生物领域具备维护国家安全和持续发展的能力。从事下列活动，适用本法：(一)防控重大新发突发传染病、动植物疫情；(二)生物技术研究、开发与应用；(三)病原微生物实验室生物安全管理；(四)人类遗传资源与生物资源安全管理；(五)防范外来物种入侵与保护生物多样性；(六)应对微生物耐药；(七)防范生物恐怖袭击与防御生物武器威胁；(八)其他与生物安全相关的活动。

更新,在给人类社会带来机遇与福利的同时也带来新的生物安全和科技伦理挑战与风险①。转基因生物的全球性开发与流通涉及生物多样性、环境、健康和安全、人权和发展等多个方面,其安全性与国际监管能力备受质疑。生物技术实验活动的管理尚未达成全球性共识,生物技术误用、滥用情况层出不穷。再者,世界范围内粮食生产与销售的快速流通以及国际贸易和旅游业的迅猛增长,加快了食源性、动物源性病原体和疾病媒介的流动②。与此同时,生物恐怖主义近年来颇有抬头之势,恶性传染病毒和生物战剂人为使用无疑将造成灾难性后果。生物安全隐患在科技发展与全球化潮流的土壤中扩散,在传统生物安全问题的枝干上开枝散叶,滋生出新的更为严峻的安全问题,当前世界生物安全所面临的是新的多元化挑战。生物安全传统的几乎等同于转基因生物安全的定义,已无法将目前各国所面临的新兴生物安全隐患包含在内。对生物安全问题进行与时俱进的归纳总结,根据新生物安全时代之特性对生物安全定义进行多元扩展与多方精准定位,是当前各国与国际社会需要关注的重点。

新冠肺炎疫情使生物安全迅速上升为全民热议的一个焦点。贸易全球化的深度发展推动了全球性的人口和商品流动,拓宽了病毒传播的渠道,使得此次新冠肺炎疫情在全世界范围内迅速传播,并给各国人民带来了生命健康上和经济上的巨大损失。此次疫情不仅使各国意识到野生动物保护和重大突发动物源性传染病疫情防护等生物安全本身的问题,更使各国进一步从国家安全保障的角度审视生物安全问题。

---

① Bonnie C Wintle, Christian R Boehm, Catherine Rhodes, et al, "Point of View: A transatlantic perspective on 20 emerging issues in biological engineering", *Genes*, Vol. 1(2017), pp. 207-221.

② 张于喆:《高度重视生物安全风险　积极应对未来挑战》,《中国经贸导刊》2020 年第 5 期,第 42—46 页。

新冠肺炎疫情威胁、危害了国民的生命健康安全,也威胁、危害了国家安全体系中的经济安全、社会安全和政治安全,是对国家安全的一次全面挑战。

在新冠肺炎疫情大背景下,为防止疫情在全球、全国范围内的进一步扩散,各国加强了人员流动管制。多个国家宣布禁止人员聚集、全国民众居家隔离甚至调动军队限制当地的人员流动。我国大量企业被要求停工停产,整个国民经济及发展受到严重干扰和损失。在严格管控措施的环境下,商场、餐厅、酒店、电影院等公共营业场所当然被叫停,实体服务业受到严重冲击,商业活动严重收缩。人员流动的限制自然使得人们的消费需求进一步减少,受新冠肺炎疫情影响,2020 年上半年度世界经济安全形势严峻。基于生物安全考量的人员流动管制和商品进出口限制无疑对各国经济尤其是贸易依存度较高的国家造成巨大冲击,并将生物安全和经济运行的天平直接摆在各国面前。我们不能否认疫情紧急情况下严格限制措施的必要性和有效性,相反,从此次疫情中我们应当意识到生物安全是经济发展中不可忽视的一个变量,唯有确保生物安全才能为经济运行创造稳定的国际、国内环境,生物安全系数与经济发展指数应当呈现正相关。

此外,由于经济形势不容乐观,全球许多企业大量裁员,导致国内外就业形势严峻,失业、无业人员大量增加,社会不稳定因素增多,很大程度上冲击着社会安全。就各国国内而言,不安定社会条件必然使国民对政府的信赖度降低,游行示威等群众性活动必然扰乱国内政治稳定。从国际社会角度而言,此次新冠肺炎疫情对国际政治安全亦是一个相当大的挑战,已经威胁、危害到作为国家安全之依托的国际安全[1]。在疫情于全球泛滥的背景下,

---

[1] 刘跃进:《新冠疫情与国家安全治理》,《河南警察学院学报》2020 年第 3 期,第 5—10 页。

对疫情发生责任方的争论、对各国以及国际联合防疫手段的争论在国家之间展开,并逐渐演化为一个更为严峻的国际安全问题,稍有不慎就可能引发重大的国际争端。新冠肺炎疫情引发的生物安全问题使人们更加意识到,生物安全直接影响国家安全,当前推进出台生物安全相关立法及政策、改进生物安全治理的工作迫在眉睫。

二、生物安全的国际立法概况

20 世纪 80 年代,生物安全问题开始得到国际社会的关注,全球生物多样性保护及相关生物安全问题作为一个重要命题在国际法层面被提上日程。1992 年联合国环境与发展大会通过了代表"世界范围内可持续发展行动计划"的《21 世纪议程》,并签署了《生物多样性公约》,首次在国际法层面提出"生物安全"这一概念,为生物安全提供法律上的保障。2000 年,在《生物多样性公约》缔约方大会上,通过了依据《生物多样性公约》相关条款而制定的《卡塔赫纳生物安全议定书》。目前国际法上已形成以 1992 年《生物多样性公约》为基础、以 2000 年《卡塔赫纳生物安全议定书》为中心、以其他国际法文件为补充的生物安全国际法体系。

(一)《21 世纪议程》

1992 年 6 月,在里约热内卢召开的联合国环境与发展大会通过了"世界范围内可持续发展行动计划"——《21 世纪议程》。大会上,与会国首次在国际范围内就生物技术的安全使用和管理等问题展开讨论,在经过多番商讨后最终就生物技术的开发、利用和管理达成初步共识,并在《21 世纪议程》第十六章作出了相关规定。从国际法的角度来说,《21 世纪议程》对各国并不具有法律约束力,作为世界范围内推动可持续发展的行动蓝图,它只是政府之间、政府与非政府组织之间协商制定的有关推动可持续发展的行动计划。但可以肯定的是,它强调了各国在发展生物技术的同时,应当谨慎地、合理地利用,以保障不会对全球性生物安全造成危害。同时,《21世纪议程》提出各国应当通过具体的国际协定,保障生物技术使用与流转过程中的安全问题。

(二)《生物多样性公约》

同样签署于1992年联合国环境与发展大会的《生物多样性公约》(Convention on Biological Diversity,以下称《公约》),是生物安全领域首个重要的国际公约。不同于《21世纪议程》,《公约》是一项对签署国具有法律约束力的国际法律性文件。其就生物多样性保护和可持续利用、遗传资源获取以及生物技术的转让和取得等方面作出了具体规定,从而揭开了生物多样性保护崭新的一页。《公约》通过国际法律规范来调节生物技术对生物多样性的保护和利用、生物技术的安全作用和转让及其生物技术惠益的分配等问题[1]。在生物安全保护领域的费用方面,《公约》考虑到发展中国家基于本国经济发展水平在生物保护中的投入能力同发达国家之间的差距,为签署《公约》的发展中国家提供了条件上的优惠。签署《公约》的发展中国家为保护生物资源而日益增加的费用将由发达国家提供补充资金或补偿,并以更实惠的方式向发展中国家转让技术。1992年11月,我国获批加入《公约》,成为最早批准加入的发展中国家。

值得一提的是,尽管《公约》是具有法律约束力的,但其规定并不是强制的义务性规定,因此这些规定得以实施的程度实际上取决于缔约国。《公约》第八条g款和第十九条规定中,虽然提出缔约国应当制定和采取某些办法,但同时使用了"酌情""考虑"等词汇,实际上将有关生物保护措施的实施空间及程度交由缔约国

---

[1] Robert Black, "Reforming Biosecurity Legislation in Developing Countries: Increasing Market Access or Maintaining Unequal Terms of Trade?", *Journal of World Trade*, Vol. 53(2019), pp. 833-854.

具体决定。① 其中第十九条为 2000 年《卡塔赫纳生物安全议定书》的制定提供了依据。

(三)《卡塔赫纳生物安全议定书》

从国际法的角度来看,《卡塔赫纳生物安全议定书》(以下称《议定书》)是隶属于《公约》的一项法律文书。《公约》生效后,生物安全问题愈加引起国际社会和各国的广泛关注。尽管《公约》给予了发展中国家在生物保护方面的优惠条件,但在处理生物技术产品环境安全方面,其能力明显不足,对于各项新兴生物技术产品之谨慎与担忧更甚。因此,这些国家寄希望于通过一项国际生物安全协议而得到国际法规、资金和技术的支持。与此同时,考虑到转基因生物及其产品的国际贸易,一些发达国家也对《议定书》表示出极大的关注。因此作为《公约》的补充,《议定书》又是一项由发展中国家和转基因生物进口国家推动而成的关于转基因生物越境转移安全的国际法律文件。目前,《WTO 协定》和《议定书》是适用于转基因生物国际贸易的两个主要国际法律文件。

从内容上来看,由于与会各国生物技术发展水平差异较大,且《议定书》内容涉及生物技术产品的贸易和生物多样性保护及人类健康等敏感问题,《议定书》实际上并未达成各方一致满意的观点,经历多次谈判,最终是与会各方讨价还价而作出的一次妥

---

① 《生物多样性公约》第八条 g 款规定,缔约国应制定或采取办法,以酌情管制、管理或控制由生物技术改变的活生物体在使用和释放时可能产生的危险,即可能对环境产生不利影响,从而影响到生物多样性的保护和持久使用,也要考虑到对人类健康的危险。

第十九条规定,缔约国应该考虑是否需要一项议定书,规定适当程序,特别包括事先知情协议,适用于可能对生物多样性的保护和持久使用产生不利影响的由生物技术改变的任何活生物体的安全转让、处理和使用,并考虑该议定书的形式。

协。《议定书》加强了进口商作出事先知情决定和禁止或限制基于环境、健康和安全理由的转基因生物进口的权利，并在涉及事先知情协议程序的核心机制中要求进口商对拟向环境释放的转基因生物的决定必须以经过科学合理的方式进行的风险评估为基础。《议定书》在具体内容、程序上丰富了《公约》下的生物安全法律保护机制。

（四）《实施卫生与植物卫生措施协定》

《实施卫生与植物卫生措施协定》（以下称《SPS 协定》）是达成于乌拉圭回合谈判中的又一项体现国际生物安全立法走向的国际法律文件。区别于上述三个协议，《SPS 协定》隶属于 WTO 多边货物贸易协定，是各国在维护本国生物安全与追求开放式国际贸易之间达成的平衡。相较而言，《SPS 协定》将其清楚地界定在相对狭窄的适用范围之内。《SPS 协定》第一条规定："本协定适用于所有可能直接或间接影响国际贸易的卫生与植物卫生措施。"其中，"卫生与植物卫生措施"（即 SPS 措施）则专指由其附件 A 第 1 条所下的四项定义[①]。也就是说，不同于《公约》和《议定书》涵盖范围的模糊性，由该协定所调整的 SPS 措施其实就是用于防范其列举的四种特定风险的各种生物科学技术措施。

[①] 《SPS 协定》附件 A 的定义：1. 卫生与植物卫生措施——用于下列目的的任何措施：（a）保护成员领土内的动物或植物的生命或健康免受虫害、病害、带病有机体或致病有机体的传入、定居或传播所产生的风险；（b）保护成员领土内的人类或动物的生命或健康免受食品、饮料或饲料中的添加剂、污染物、毒素或致病有机体所产生的风险；（c）保护成员领土内的人类的生命或健康免受动物、植物或动植物产品携带的病害，或虫害的传入、定居或传播所产生的风险；或（d）防止或控制成员领土内因虫害的传入、定居或传播所产生的其他损害。卫生与植物卫生措施包括所有相关法律、法令、法规、要求和程序……

三、生物安全的国内立法——以发达国家为例

随着生物科技的快速开发与流转,生物安全问题越来越受到国家一级的关注,越来越多的国家意识到生物安全甚至直接影响一国政治安全和社会经济稳定。在国内生物安全立法实施风险评估方面,许多国家已经或正在考虑将社会经济因素纳入国内立法。当前一些国家生物安全法律框架不仅从本国生物技术发展的科学方向出发,而且针对《议定书》中要求的转基因生物监管部分,在相关国内法中亦不同程度地纳入了政治与社会经济考量。[①]

(一)美国的生物安全战略

美国在生物科学技术研究以及生物科技产业方面一直处于世界领先地位,作为最早从生物科学技术及产品的开发、流转中获利的国家,美国对本国内生物科技的开发给出了政策上相对宽容的态度。1975年2月在美国召开的阿西洛马会议上,与会各国第一次面向基因工程潜在的生物危害及如何应对展开了讨论;随后在1976年美国建立了世界首部生物技术研究安全管理规定《重组基因分子研究准则》,并由此拟订出确保基因工程安全的志愿性准则。然而秉持着生物技术可能存在的安全风险源于该项技术本身的理念,早期美国生物安全管理的基本政策对生物技术开发和生产过程并未制定严格的法律标准。

21世纪初,经历了"9·11恐怖袭击"事件和"炭疽邮件"事件后,生物恐怖主义威胁成为美国生物安全法制领域关注的重点。为此,美国国家科学院研究理事会于2003年10月发布了《恐怖主义时代的生物技术研究》,首次将生物技术安全纳入国家安全

---

① 陈方、张志强、丁陈君等:《国际生物安全战略态势分析及对我国的建议》,《中国科学院院刊》2020年第2期,第204—211页。

体系①。同时,伴随着全球动物源性传染疾病(如禽流感)的传播,美国意识到国际社会在前沿生物技术监管中存在重大缺失,开始对生物技术监管进行国内法填补。2012 年,美国国家生物安全科学咨询委员会(NSABB)发布《美国政府生命科学两用性研究监管政策》;2013 年,美国白宫科技政策办公室(OSTP)发布《美国政府生命科学两用性研究机构监管政策》;2018 年 9 月,美国政府发布《国家生物防御战略》;同年 10 月,特朗普政府发布《美国卫生安全国家行动计划》,计划调动和部署各部门各机构进行跨越合作的防控活动;2019 年 1 月,美国卫生与公众服务部发布《国家卫生安全战略实施计划 2019—2022》,为加强国家预防、检测、评估、准备、减轻和应对 21 世纪卫生安全威胁并从中恢复的能力作出周密部署②。多领域完善、多方位协调,是当前美国生物安全策略之走向。

(二)欧盟的生物安全法规框架

欧盟是世界上最早将生物科学技术纳入国内法治框架的地区之一。20 世纪 80 年代末,欧盟就建立了生物技术法规框架,并且早期欧盟的生物安全立法就将基因工程等生物试剂开发工作人员的职业安全及生物科技产品的法规包含在内。2003 年 9 月 22 日,欧洲议会通过了世界上最严格的转基因食品立法:《转基因食品及饲料管理条例》(1829/2003/EC)和《转基因生物追溯性及标识办法以及含转基因生物物质的食品及饲料产品的追溯性管理条例》(1829/2003/EC)。欧盟各成员国根据这些条例,结合本国生物安全策略的不同要求,具体制定本国相关法律。

---

① 苗争鸣、尹西明、陈劲:《美国国家生物安全治理与中国启示:以美国生物识别体系为例》,《科学学与科学技术管理》2020 年第 4 期,第 3—18 页。

② 陈方、张志强、丁陈君等:《国际生物安全战略态势分析及对我国的建议》,《中国科学院院刊》2020 年第 2 期,第 204—211 页。

以英国为例,英国政府对生物安全领域的法律规定体现出其对生物安全问题的重视,英国陆续制定了《转基因生物的封闭使用管理条例》《转基因生物释放和市场化管理条例》《新食品和新食品成分管理条例》。2018 年 7 月,为保护本国及其利益免受重大生物安全风险的影响,英国发布《英国国家生物安全战略》。2019 年 7 月,英国国家安全战略联合委员会发起主题为"生物安全和公共卫生:为传染病和生物武器威胁做好准备"的调研活动,以评估政府在生物安全和公共卫生方面的工作情况,协调完善政府处理生物安全威胁的方案。《英国国家生物安全战略》首次将整个英国政府为保护国家及其利益免受重大生物风险损害而开展的工作结合在一起,明确了英国将如何在现有活动的基础上进一步提升减轻和应对风险以及利用机会的能力。

(三)生物安全规制的日本经验

作为亚洲地区生物科技发展的佼佼者,日本在生物安全立法方面也颇有建树。早在 1986 年,日本就颁布了《重组 DNA 工作准则》,针对转基因产品的安全性进行了初步规范。2002 年,日本通过《生物技术战略大纲》,重点将目光集中在强化对核武器和生化武器的防护能力规划上。2003 年,日本通过了《管制转基因生物使用、保护和持续利用生物多样性法》,并将其作为日本生物安全领域的核心专项法律。与此同时,日本政府十分重视本国的生物安全防御能力建设。2009 年,日本政府通过《危机管理特别措施法》,针对大流行疾病的防范工作进行相关规定,使防范工作及其效果得到了显著改善。2019 年 6 月,《生物战略 2019——面向国际共鸣的生物社区的形成》发布,不仅强调了病原体的预防与管理、输入性传染病防治、实验室运营要求等降低生物安全风险的举措,同时将生物安全同政治经济相联系,以期"到 2030 年建成世界最先进的生物经济社会"①。

四、中国的生物安全立法与改进建议

(一)中国生物安全形势分析

生物多样性的减少和外来生物入侵,是我国迄今面临的两大传统生物安全问题。忽视环境保护引起的生态环境退化使我国多个生物物种灭绝或濒临灭绝。而外来物种的入侵,如同一场没有硝烟的战争,不仅对我国生物多样性带来负面影响,而且造成了巨大的经济损失。此外,生物恐怖主义、生物武器以及生物战,近年来亦成为包括中国在内的世界各国面临的严峻课题。一旦恶性传染病毒和生物战剂作为生物技术被不法利用,将造成灾难性后果。最后,全球性自然暴发的传染病是当前中国必须重视的生物安全上的重大威胁。2002 年蔓延全球 20 多个国家的"非典"(SARS),2009 年全球性暴发的甲型 H1N1 流感病毒,以及近年来暴发的禽流感、非洲猪瘟等传染性疾病,都对我国人民生命健康构成严峻的威胁,并在不同程度上引起国民恐慌,对国家安全造成负面影响。2020 年初暴发的新型冠状病毒肺炎更是拉响了我国生物安全建设的警钟,将我国重大生物安全和公共卫生安全风险防控系统的建设推向前线。在抗击新冠肺炎疫情的过程中,我国在公共卫生领域相关法律法规建设方面的缺失以及传染病防治法、野生动物保护法等法律法规急需修改完善等问题也凸显出来。

(二)中国生物安全立法概况

相较于英美等国,中国的生物安全立法起步较晚。近十几年来,在防止生物入侵、保护生物多样性、推动生物遗传资源保护、

---

① 陈方、张志强、丁陈君等:《国际生物安全战略态势分析及对我国的建议》,《中国科学院院刊》2020 第 2 期,第 204—211 页。

促进生物技术研究发展等方面,中国进行了一系列工作并取得了一定的成就①。目前,中国已经制定和实施了一些与生物安全相关的立法。自 1990 年开始,针对基因工程管理工作,中国陆续制定了包括《基因工程产品质量控制标准》《基因工程安全性管理办法》和《农业转基因生物安全管理条例》在内的一系列管理办法;2004 年,针对实验室生物安全的《中华人民共和国病原微生物实验室生物安全管理条例》开始实行;《环境保护法》的相关规定也将生物安全纳入其中,我国生物安全管理专项立法和生物安全管理相关立法有条不紊地推进。然而值得关注的是,这些立法在有关生物安全管理与保护的问题上或是只针对少数具体生物安全问题,或是笼统包括总体生物安全保护方向,在有关生物安全管理的专项立法与相关立法方面仍然存在大范围的缺失。对于当前已提升至国家安全层面的生物安全保护,这些立法已经不能满足法治上的需求。

2019 年 10 月 21 日,我国十三届全国人大常委会第十四次会议上《生物安全法《草案》》首次被提请审议,被提升至国家安全高度的生物安全立法终被提上日程。2020 年 4 月 26 日,第十三届全国人大常委会第十七次会议听取了有关《生物安全法(草案)》修改情况的报告。不同于以往的生物安全相关立法,此次草案规范、调整的范围广泛,具体而言包含了防控重大新发突发传染病和动植物疫情,研究、开发和应用生物技术,保障病原微生物实验室生物安全,保障我国生物资源和人类遗传资源的安全,防范外来物种入侵与保护生物多样性,应对微生物耐药,防范生物恐怖袭击与防御生物武器威胁,其他与生物安全相关的活动等 8 个方面。在管理体制上,为配合草案所涉及的多方面内容,规定实行

①　张于喆:《生物安全法立法提速 主动应对"生物安全"未来挑战》,《中国经济周刊》2020 第 Z1 期,第 126—128 页。

"协调机制下的分部门管理体制",并提出有关各部门在生物安全问题上的协调统筹机制。在充分发挥分部门管理的基础上,对于草案涉及范围内有争议的问题和需要协调的问题,将由协调机制统筹解决。此外,草案建立了如监测预警体系、风险评估体系等通用的生物安全管理制度体系,并明确了海关监管制度和措施。不仅如此,为加强生物安全能力建设,草案设专章提出在生物安全工作方面加大经费投入、加强基础设施建设和人才培养,为生物安全工作提供资金支持和政策扶持。也就是说,此次《生物安全法》一旦出台将为我国当前的生物安全问题提供原则性法律指引。

但是,当前提交的草案内容,在相关生物安全问题的法律责任部分,只针对生物安全防护领域保证依法行使职权而做了对国家公职人员不作为或者不依法作为行为的处罚规定。这也表明总体而言当前的草案以及即将出台的《生物安全法》是一部规制生物安全的原则性、基础性法律,其针对生物安全领域的一些行为只提供了违法的定性,但对这些违法违规行为未提供具体的惩处、规制手段,生物安全许可、环境影响评价等规制手段也未另设特殊规定。那么要使《生物安全法》落到实处,未来仍需加快出台针对具体生物安全问题的一系列行政法规和部门规章,通过大量运用行政许可、行政强制、环境影响评价、行政处罚等规制手段对相关问题进行具体规范管理[1]。

(三)关于加强中国生物安全立法的建议

尽管近年来我国在生物安全规制方面投入大量研究并取得一定成果,但在法律框架范围内,被具体包含的现实生物安全问题并不在多数。不仅如此,我国生物安全规范体系法律位阶较

---

[1] 秦天宝:《〈生物安全法〉的立法定位及其展开》,《社会科学辑刊》2020 第 3 期,第 134—147、209 页。

低,在一些领域,例如基因医学技术领域,甚至还没有法律层级的规范①。因此,加快生物安全立法仍然是当前我国生物安全战略的最关键一步。

首先,就生物安全时代大背景下的国防战略而言,鼓励和推动生物技术的研发与创新是目前我国国防战略的重点内容,而在生物技术研发和应用的过程中,通过立法加以引导和规范,强调科技伦理和生物安全是不容忽视的重要环节②。要在鼓励科研增强生物安全科技支撑,补足生物技术和生物安全防御领域核心关键技术的同时,进一步促进生物科技与社会公共安全防护的深度融合,为生物安全建设创造良好的科技环境。

另外,在生物安全立法的过程中,加大信息公开力度和公众参与程度,有利于提高决策的科学性和可行性,增强公众对决策的理解和落实。一般公众对生物技术和生物安全的了解并不充分,甚至不能认识到相关生物安全违法行为造成的危害及其应承担的法律责任。因此需要通过立法加强生物安全知识与法律法规的宣传普及,树立生物安全相关的法律权威。

同时,国内方面应加强生物安全保护相关人才培养、引进和使用,为生物技术和生物安全提供坚实的人才支撑。国际方面,加强生物安全建设的国际合作,做国际生物安全规则建立的推动者,努力提升我国在国际生物安全规则建立中的话语权,为我国国内生物安全建设创造良好的国际环境。

2020 年新冠肺炎疫情的防控也为我国生物安全法制建设提供了新的宝贵经验。进行封城、封村等强制性管制是我国新冠肺炎疫情扩散得到及时有效遏制但又备受争议的管控措施。封城、

---

① 陈宇学:《立法护航生物技术发展》,《经济日报》2020 年 2 月 25 日,第 8 版。

② 王小理:《生物安全时代:新生物科技变革与国家安全治理》,《国际安全研究》2020 年第 4 期,第 109—135、159—160 页。

封村等封闭式管控过程中显现出的问题,主要在于部分管控行为缺乏充分精确的前置保障措施,未经相关有权部门授权批准构成违法。此类事件警示我们在重大突发疫情等生物安全问题发生时,应当依据配套的应急处理法规,将相关管控权力赋予特定部门,并对生物安全应急程度及处理措施进行分级,将生物安全保护通过行政许可、行政强制等的法规和具体方式落到实处。

此外,确诊者恶意传染医护人员、恶意传播新冠肺炎的现象也初有显现,此种情况下,除受行政法、刑法规制之外,生物安全专项立法也可将此类行为的违法定性及处罚涵盖在内,以特别法实现跨领域的生物安全保护。要完善疫情防控相关立法,加强配套制度建设,进一步完善处罚程序,强化公共安全保障,构建系统完备、科学规范、运行有效的疫情防控法律体系[①]。

最后,我国完善生物安全相关管理体制和机制的立法时,可以参照英美等国的成熟经验。多领域完善、多方位协调,构建综合性指导与协调机构,制定和实施符合经济、政治国情的国家生物安全战略。

生物安全事关人民健康、事关社会安全与稳定、事关国家安全与发展,在国家风险防控和治理体系建设中逐渐占据越来越重要的地位,是当今中国乃至全人类都必须关注的重要课题。如今全球生物安全的严峻形势已为各国敲响警钟,生物安全问题已发展成为现代文明的内源性危机或挑战。正确处理、妥善应对生物安全问题,统筹建立个体、团体、国家和全球多层面的协调治理模式,积极回应国际生物安全大变局,是生物安全时代推动人类和平与发展的必由之路。

---

① 沈跃跃:《坚持以习近平生态文明思想为指导 依法推动打好污染治攻坚战——在全国人大环境与资源保护工作座谈会上的讲话》,《中国人大》2020 年第 15 期,第 9—12 页。

第二章

新《证券法》相关法治问题研究

新《证券法》视阈下投资者保护机构的职权分配

周　刚[①]

摘　要：我国证券市场以自然人投资者为主，投资者保护成为影响证券市场发展的重要因素。新《证券法》提出设立投资者保护机构并规定基本职权对投资者权益进行保护，职权包括征集行使股东权利、先行赔付再行追偿、调解、支持起诉、股东派生诉讼、代表参与诉讼，职权分配略显拼凑感，且与其他既存机构存在部分职权交叉重叠，较难形成相对完善的投资者保护体系。借鉴发达资本市场投资者保护机构相关立法及职权分配经验，我国投资者保护机构职权分配应除去部分职权，部分职权应严格规范，应结合既存机构从投资者教育、投资指导、纠纷解决等方面整体上进行职权分配优化，形成完善合理的投资者保护体系。

关键词：新《证券法》；投资者保护机构；职权分配；投服中心

我国证券投资市场发展迅速，投资规模不断扩大，据《上海证券交易所市场统计年鉴》(2019年卷)，截至2018年底上海证券交易所上市公司总数达到1450家，发行股票数量达到37708亿股，总成交金额达到40万亿元；投资者规模达到21448万户，而其中自然人投资者占21379万户，机构投资者仅占68万户。另据《深圳证券交易所市场统计年鉴》(2018年卷)，截至2018年底投资者规模达到27685.32万户，其中个人投资者27621.26万户，机构投资者仅有64.06万户。从以上数据可以看出我国证券投资市

---

① 周刚，江西玉山人，2018级民商法学硕士研究生。

场发展潜能巨大,但市场以自然人投资者即散户为主,机构投资者占比非常小,因此投资者权益保护问题成为我国证券市场发展的最重要内容。2018年上海证券交易所开始实行科创板注册制股票发行制度改革,通过深化改革,打造一个规范、透明、开放、有活力、有韧性的资本市场,提高上市公司质量,完善交易制度。①一个良好发展态势的资本市场更需加强对投资者权益的保护,在法律制度建设上也应引起重视。

我国《证券法》及与证券市场相关的部门法规所涉及的投资者保护内容较少,其中对投资者进行保护的机构主要有中证中小投资者服务中心(以下简称"投服中心")、证监会投保局、中国证券投资者保护基金公司,三者均由证监会管理。投服中心为2014年成立的证券金融类公益机构,其主要致力于投资者教育、纠纷调解、为投资者提供公益性诉讼等工作,而证监会投保局与中国证券投资者保护基金公司设立较早,职权均涉及投资者保护内容,但并非主要方面,职权范围具有明确针对性。2019年4月《中华人民共和国证券法(修订草案三次审议稿)》公开征求意见,历经8个月,新《证券法》颁布并于2020年3月1日起正式实施。新《证券法》全文变动较大,法律条文数量减少,其中新增"科创板注册制"相关内容和"投资者保护"专章,符合我国资本市场发展趋势。在"投资者保护"专章新增国家设立投资者保护机构的内容,集成多项职权对投资者权益进行保护,其中所设职权相对于目前我国资本市场既存的机构而言略显混乱,机构之间职权存在交叉、重复,更容易出现职权行使规范不足使制度本身产生破坏作用、使投资者权益保护难以得到落实的情况。英美等国发达的资本市场促使其建立较为完善的投资者保护体系,分别设立多个

---

① 《中央经济工作会议在北京举行 习近平李克强作重要讲话》,2017年12月20日,http://www.xinhuanet.com//politics/leaders/2017-12/20/c_1122142392.htm,2020年11月10日。

职权分配明确的投资者保护机构；我国香港、台湾地区在投资者保护上也相对完善，涉及投资者教育、保护基金管理使用、纠纷解决等方面。

资本市场快速发展使投资者权益保护问题日益得到重视。我国长期存在以自然人投资者（散户）为主的证券市场，发行人、证券公司等如实施违法行为，则易造成大规模投资者权益受损，而由于自然人投资者存在缺乏专业知识、职业素养、经济能力等问题，发行人、证券公司等违法行为将导致大量投资者遭受损失且无法及时有效进行维权，更可能引致损失进一步扩大的情形。同时我国又尚未建立实质意义上的集团诉讼制度，相应制度建设的匮乏更是难以保障投资者的合法权益。因此，通过设立发行人与投资者之外的第三方机构——投资者保护机构来保护市场投资者合法权益不失为一项有效举措。

一、投资者保护机构设立的正当性

我国设立投资者保护机构符合目前市场经济发展趋势，众多自然人投资者（散户）参与到证券市场中，难以避免出现大规模的投资者权益受损事件，保护投资者权益亦成为本次《证券法》修改的重要命题。有研究发现上市公司所处的法律环境越好，公司的代理成本越低，代理效率就越高，法律环境改善可显著降低公司的代理成本，可避免公司价值的过度损害，对中小投资者利益保护具有重要意义。[①] 我国现存的公司治理结构难以解决中小股东的权益保护问题，改善法律环境即设立投资者保护机构在证券市场中对中小投资者的保护具备必要性、可行性。

（一）信息不对称与倾斜保护理论

弱者倾斜保护即在遵循市场规律、不改变主体间固有交易规

---

① 叶勇、李明、黄雷：《法律环境、媒体监督与代理成本》，《证券市场导报》2013 年 9 期，第 47—53 页。

则的前提之下,责任的倾斜性配置通过对强者的责任而非弱者的权利进行倾斜性安排的方式,达到保护弱者利益与尊重主体行为自治的二元协调。[①] 乔治·阿克洛夫指出市场交易中卖方即使不揭示产品的优劣信息,利用买卖双方信息不对称,仍然可以同样价格出售产品。[②] 信息不对称使中小投资者处于弱势地位,需要进行倾斜保护,两者核心内容一致。我国证券二级市场长期以自然人投资者为主,自然人投资者缺乏专业投资能力,资金分散,长期处于弱势地位,与资金雄厚的发行人、具备专业投资能力的机构投资者形成鲜明对比,中小投资者自然成为相对弱势方。中小投资者在进行投资时无法及时准确了解公司经营状况、发展前景,对整体投资风险更难有合理的预测。另外,投资者与发行人因其不对等的交易地位,双方在获取交易信息方面也存在地位不对等的情况。发行人掌握公司经营管理第一手信息,机构投资者凭借其专业能力与职业素养,在收集、处理、分析信息能力方面远强于自然人投资者,自然人投资者则处于信息获取最末端,持有上市公司股票的大户投资者与部分机构投资者在信息披露之前便可卖出股票迅速离场,进而降低损失,而中小投资者难以及时获取准确、有效的信息避免损失。[③] 设立投资者保护机构即体现

---

① 吴飞飞:《从权利倾斜到责任倾斜的弱者保护路径转换——基于法经济学视角的解读》,《广东商学院学报》2013 年第 6 期,第 89—96 页。

② George A. Akerlof, " The Market for ' Lemons ': Quality Uncertainty and the Market Mechanism ", *Quarterly Journal of Economics*, Vol. 84(1970), p. 490.

③ 2019 年 7 月 1 日新城控股因董事长涉嫌违法行为而未及时发布公告,至 7 月 4 日才向公众披露,而发布公告前连续 3 天已进行 5 起大宗交易,成交额累计达 7900 万元。大户投资者可及时获取相关信息,提前迅速离场避免损失,甚至大赚一笔,而中小投资者缺乏及时有效的信息,难以避免遭受损失。

出对中小投资者的倾斜保护,保障证券交易实质公平。[①]

(二)经济学理论

中小投资者缺乏专业知识与投资素养,易产生从众心理进行投资而遭受损失,同时高昂的维权成本使维权举步维艰,致使损失进一步扩大。在实践中,中小投资者进行维权所需付出的成本巨大,而最终所获得的收益却微乎其微,与市场规律不符。我国尚未建立证券集团诉讼,对于大规模投资者受损的群体纠纷,法院仍采取代表人诉讼或公益诉讼的方式,与美国自成体系的证券欺诈集团诉讼不可同日而语。制度的缺失直接提高了中小投资者的维权成本,设立投资者保护机构,对投资者维权具有一定的促进作用,投资者保护机构对发行人与投资者之间的纠纷进行调解,支持投资者起诉在一定程度上降低了中小投资者的维权成本;另外,投资者保护机构先行赔付投资者损失起到防止损失扩大的作用,中小投资者可获得高效的赔偿。设立投资者保护机构体现了国家对证券市场中的弱势主体一方的倾斜保护,此种倾斜保护可提高发行人、证券公司的违法成本。当违法成本过高时,居于强势的一方在实施违法行为时会较多考虑违法后果及相对弱势方的利益,违法行为则会相对减少。投资者保护机构的设立将起到威慑作用,相对提高证券交易强势方的违法成本。[②] 投资者保护机构以自身名义提起股东派生诉讼时,不受持股比例、持股期限的约束,即投资者保护机构作为公司股东提起股东派生诉讼是自我维权,具有较高的积极性。从经济学角度设立投资者保护机构可发现在"成本—收益"关系中,投资者保护机构可降低中小投资者的维权难度(成本)并提高相应维权收益。

[①]　袁森英:《证券中小投资者权益保护制度的构建路径》,《暨南学报》(哲学社会科学版)2018 年第 11 期,第 57—66 页。

[②]　吴飞飞:《从权利倾斜到责任倾斜的弱者保护路径转换——基于法经济学视角的解读》,《广东商学院学报》2013 年第 6 期,第 89—96 页。

二、新《证券法》投资者保护机构的职权分配现状

新《证券法》中国家设立的"投资者保护机构"并非一般意义上的投资者保护机构，而是特指"投服中心"。① 实践中投服中心已经在前期试点的基础上持有上市公司股份并行使股东权利。2018 年证监会修订《上市公司治理准则》，在规则层面明确了投资保护机构持股行权的地位，而此次新《证券法》直接在法律层面赋予投服中心新职能。② 我国赋予投资者保护机构具体职权体现在新《证券法》第六章"投资者保护"第九十条、第九十三条、第九十四条、第九十五条 4 个条文共 6 项职权。第九十条规定投资者保护机构可作为征集人，自行或者委托证券公司、证券服务机构，公开请求上市公司股东委托其代为出席股东大会，并代行提案权、表决权等股东权利。第九十三条规定发行人可与投资者保护机构达成协议，由机构对受损投资者先行赔付，再由机构进行追偿。第九十四条分别规定发行人与投资者发生纠纷可选择投资者保护机构作为调解机构，投资者保护机构可支持投资者诉讼，作为股东的投资者保护机构可提起股东派生诉讼。第九十五条规定投资者保护机构受 50 名以上投资者委托，可作为代表人参加诉讼。以上 4 个条文确立的我国投资者保护机构基本职权如下：

（一）征集行使股东权利

一方面，投资者保护机构与上市公司董事会、独立董事以及持有 1% 以上表决权的股东具备同等地位，可作为征集人征集股东权利，公开请求上市公司股东委托其代为出席股东大会，并代

---

① 陈洁：《新〈证券法〉投资者保护制度的三大"中国特色"》，《投资者》2020 年第 2 期，第 3—6 页。

② 郭雳：《作为积极股东的投资者保护机构——以投服中心为例的分析》，《法学》2019 年第 8 期，第 148—159 页。

行提案权、表决权等股东权利。上市公司也应当配合征集人披露征集文件,禁止投资者保护机构以有偿或者变相有偿的方式公开征集股东权利,防止出现权利滥用影响上市公司正常的经营管理活动。另一方面,投资者保护机构违反法律导致上市公司或者其股东遭受损失应当依法承担赔偿责任。通过该项职权投资者保护机构可作为积极股东参与到上市公司治理中,对于促进上市公司内部规范管理有着积极作用。此时投资者保护机构俨然转变为由多数"普通投资者"聚合而成的"机构投资者",通过保护机构确保上市公司经营管理行为符合正常市场规律,保障中小投资者权益。

(二)先行赔付再行追偿

发行人因违法行为给投资者造成了损害,可主动寻求投资者保护机构与受损投资者达成协议,由投资者保护机构先行赔付后再进行追偿,此种涉及发行人、投资者、投资者保护机构的三方关系与合同法中代位求偿权类似。《合同法》第七十三条规定,债务人怠于行使其到期债权,对债权人造成损害的,债权人可以自己的名义代位行使债务人的债权。作为第三方的投资者保护机构与发行人、投资者之间因违法行为产生的债务关系无直接关系,而是通过相应法定或约定的协议进行债权债务关系的移转。投资者保护机构先承担发行人的债务即赔偿义务,之后再享有投资者的债权即求偿权,即投资者将对发行人的债权转移给投资者保护机构,投资者保护机构成为新债权人。投资者保护机构先行赔付损失,可减少因发行人的违法行为对证券市场带来的不利影响,稳定市场秩序,避免投资者进一步扩大受损范围,同时由投资者保护机构再向发行人及连带责任人进行追偿可提高赔偿效率,降低维权成本。

(三)调解

民事调解是我国独具特色的一项制度,通常由第三方介入需调解的双方,以开导、疏解的方式使双方自愿达成调解协议,进而解决纠纷,调解体现出的是基于双方妥协的公平正义价值。[①] 调解在证券市场纠纷中亦具可行性,证券纠纷最终目的在于弥补发行人违法行为导致投资者所产生的金钱损失,即民事赔偿。投资者与发行人、证券公司发生纠纷可寻求投资者保护机构进行调解,同时证券公司也不得拒绝普通投资者提出的调解申请。此种模式下,仍由发行人、投资者、投资者保护机构形成三方法律关系。投资者保护机构作为独立的第三方主体参与到发行人与投资者或证券公司纠纷当中,促使双方达成赔偿协议,解决纠纷。在证券市场中,自然人投资者作为弱势方更易受到发行人、证券公司违法行为导致市场波动的影响,投资者保护机构进行调解符合对投资者权益保护的立法宗旨。

(四)支持起诉

支持起诉并非新概念,指第三方组织针对损害公共利益或个人民事权益的行为支持受损方起诉以及人民检察院针对污染环境、侵害社会公共利益的行为支持有关机关或组织提起诉讼,为《民事诉讼法》的一项基本原则,即支持起诉原则,但该原则也存在一些问题。比如:适用范围小,仅存在于起诉阶段;与民事诉讼基本理念有冲突,可能存有挑讼之嫌;支持起诉功能逐步被法律援助制度所替代;等等。[②] 在证券交易纠纷中,投资者保护机构出于对受损投资者的帮助,可主动支持投资者向人民法院提起诉讼,以平衡自然人投资者在证券纠纷中起诉的不平等地位。司法解释排除适用"人数不确定的代表人诉讼"更使中小投资者在维权过程中处于不利地位,因证券市场投资者众多且分散,难以快

---

① 杨素云:《论民事调解的价值生态合理性》,《政治与法律》2013年第8期,第82—90页。

② 陈刚:《支持起诉原则的法理及实践意义再认识》,《法学研究》2015年第5期,第87—104页。

速确定遭受损失的投资者，"人数确定的共同诉讼"在证券赔偿诉讼中很难有适用空间，投资者保护机构支持起诉利于维护中小投资者利益。

（五）股东派生诉讼

股东派生诉讼旨在保护公司利益不受董事、监事、高级管理人员的侵害，在公司监事会、董事会不起诉、怠于起诉或情况紧急时，股东可以自己名义向人民法院提起诉讼。投资者保护机构为公司股东时，发现公司的董事、监事、高级管理人员履行职务时违反法律损害公司利益，为维护公司利益可以自己的名义向人民法院提起诉讼，不受《公司法》第一百五十一条关于持股比例、持股期限的限制。此种模式事实上扩大了可提起股东派生诉讼的原告范围，投资者保护机构拥有任意公司股份就可作为原告提起诉讼，维护公司利益。新《证券法》第九十四条第三款条文并未明确作为公司股东的投资者保护机构是否需受到以股东名义起诉的前置程序限制，即先请求监事会或董事会进行起诉，若监事会或董事会怠于起诉，方可以股东名义起诉。股东派生诉讼的胜诉利益归公司所有，确保公司利益不受损害，其目的在于维护公司利益，从而维护投资者利益。

（六）作为诉讼代表人参与诉讼

我国尚未建立实质意义上的集团诉讼制度，民事诉讼程序中存有与集团诉讼相似的集体诉讼制度，即"人数不确定的代表人诉讼"制度，而最高人民法院在《关于受理证券市场因虚假陈述引发的民事侵权纠纷案件有关问题的通知（2002）》以及《关于审理证券市场因虚假陈述引发的民事赔偿案件的若干规定》（法释〔2003〕2号）中认为，证券民事诉讼应采取"当事人人数确定的共同诉讼"模式,不宜采取"集团诉讼"的模式。① 此次修改明确投资者保护机构受50名以上投资者委托,可以作为代表人参加诉讼。投资者保护机构作为代表人参与此类群体性诉讼有助于使多数投资者的诉权得以实现,维护其合法权益。但不可忽视的问题是,依新《证券法》第九十五条第二款及第三款表述,相同诉求的投资者登记情形下该诉讼为"当事人人数不确定的共同诉讼",赋予投资者保护机构诉讼代表人职权可能出现与现行司法解释相违背之情形。从法的效力层面解释,新《证券法》作为上位法、新法具有优先适用的效力,但仍应注意进行协调。

三、发达资本市场投资者保护机构职权分配探析

设立投资者保护机构在完善的资本市场中具备重要意义,投资者权益保护能否得到重视与证券市场是否繁荣发展息息相关。2008年次贷危机引起全球金融风暴,美国和欧盟都将原因归结为法律对证券、银行、保险等金融领域个人投资者保护的疏漏,此后便将对个人投资者的保护作为金融改革的重点。② 部分国家立法上将证券市场投资者归于广义上的金融消费者,通过强化对金融消费者保护来维护整个金融市场秩序。设立投资者保护机构并非我国首创,发达资本市场中已有相关实践,在机构职权分配方面可借鉴。

---

① 最高人民法院《关于受理证券市场因虚假陈述引发的民事侵权纠纷案件有关问题的通知》(2002)第四条:"对于虚假陈述民事赔偿案件,人民法院应当采取单独或者共同诉讼的形式予以受理,不宜以集团诉讼的形式受理。"《关于审理证券市场因虚假陈述引发的民事赔偿案件的若干规定》(法释〔2003〕2号)第十四条:"共同诉讼的原告人数应当在开庭审理前确定。原告人数众多的可以推选二至五名诉讼代表人,每名诉讼代表人可以委托一至二名诉讼代理人。"

② 张春丽:《证券交易中的个人投资者保护——以公共利益理念的回归为核心》,《法学》2011年第6期,第126—133页。

(一)美国投资者保护实践

1970 年美国《证券投资者保护法案》(Securities Investor Protection Act,SIPA)设立了一个独立的、非政府性质的机构,称为证券投资者保护公司(Securities Investor Protection Corporation,SIPC),主要包括两项职权:SIPC 基金设立、筹集和使用;SIPC 在证券公司破产清算中的特殊地位、权利和作用以及对投资者的保护。理论上 SIPC 是独立的法人实体,实践中该机构则受美国证券交易委员会(SEC)控制。美国设立 SIPC 的主要目的是维护证券公司破产清算过程中公众投资者的利益,保证投资者在证券公司破产时依然能获得一定的赔偿,由 SIPC 负责证券公司的破产清算工作。① SIPA 实际上属于《美国破产法》的特别法,规定 SIPC 在证券公司破产时有权选择启动直接支付程序或启动一般的清算程序,故 SIPC 在保护投资者方面具有选择权,在证券公司破产清算过程中具有主导权。② 2009 年美国开始金融改革,《多德·弗兰克华尔街改革与个人消费者保护法案》(Dodd-Frank Wall Street Reform and Consumer Protection Act)提出设立"金融消费者保护局"作为一个直接向国会负责的独立的金融消费行为监管机构,为美国的金融消费者提供最大的保护力度,具体职权包括:指导消费者理财;调查消费者投诉;对金融产品或服务的提供者以及金融产品和市场进行监管;对违反联邦消费者金融法的行为采取惩罚措施;发布具体执行联邦消费者金融法的规则、命令和指导方针;等等。③ 可以看出,美国金融消费

---

① 廖凡:《论证券公司的破产清算特别程序——以中美比较为视角》,《法学》2006 年第 7 期,第 112—119 页。

② 王欣新:《破产法前沿问题思辨》(下册),北京:法律出版社,2017 年,第 577—580 页。

③ 马其家:《美国的金融消费者保护及其启示》,《郑州大学学报》(哲学社会科学版)2011 年第 6 期,第 83—88 页。

者保护局职权分为投资指导权、规则制定权、监管权、执法权等，具备完善的投资者保护体系制度。SIPC 与金融消费者保护局职权分配清晰，投资者保护相关问题均有所涉及。

美国从 20 世纪 30 年代就开始注重对投资者的保护，如 1933 年《证券法》、1934 年《证券交易法》，明确证券交易中的信息披露、禁止欺诈等原则，而后设立的投资者保护公司和金融消费者保护局进一步明确对投资者即金融消费者权益(主要为个人投资者)的保护，这与美国繁荣发展的金融市场相辅相成。

(二)英国及新加坡投资者保护实践

英国在 2001 年 12 月 1 日实施的《金融服务和市场法案》规定英国金融服务局(Financial Service Authority,FSA)负责监管各项金融服务，开展消费者教育，向消费者提供咨询服务，赔偿消费者因金融机构破产遭受的损失，确保消费者得到适当水平的保护。[①] 2011 年英国在投资者保护改革上采取相应措施，在英格兰银行下设金融行为监管局(Financial Conduct Authority,FCA)，负责监管各类金融机构业务行为，强化金融服务补偿计划(Financial Services Compensation Scheme,FSCS)，提高补偿基金缴纳基数，强化投资者投诉处理制度，建立针对重要投资公司或其母公司破产的解决机制。[②] FCA 将 FSA 原有职能如数纳入其中并进行更大范围的补充，职权分配上已十分清晰，投资者教育、赔偿损失仍为重要部分，对投资者投诉及投资公司破产等问题进行补充。2012 年英国通过《金融服务法》进一步明确金融消费者保护机构职权，涉及监管、补偿、赔偿、投诉、破产清算内容，形成较为完善的投资者保护制度体系。新加坡于 1999 年针对投资者

---

① 张骏:《英国金融消费者保护体系对中国的借鉴》,《银行家》2008 年第 3 期,第 120—121 页。

② 张学政:《证券投资者保护的国际借鉴》,《中国金融》2014 年第 9 期,第 61—62 页。

教育问题设立证券投资者协会［Securities Investors Association (Singapore)，SIAS］，其主要职权涉及进行投资者教育，增强投资者与证券交易所、上市公司的联系，代表投资者与上市公司对话，等等。[①] 证券投资者协会致力于投资者教育，保障投资者与交易所、上市公司之间的联系，维护其知情权，此举直接影响投资者的投资行为，对强化投资者教育具有重要意义。

(三)我国香港、台湾地区投资者保护实践

我国香港地区对于投资者保护问题亦有设立投资者保护机构的类似举措，包含两方面：一是由香港证监会和金融管理局提议设立专门的投资者教育机构——投资者教育局，由政府进行拨款，为香港居民普及金融知识，提高金融投资素养；二是设立金融纠纷调解中心，成立非营利机构金融纠纷调解中心有限公司，为金融机构和客户提供一站式纠纷解决渠道。[②] 香港地区分设两个独立机构各行使不同职权，将居民金融知识教育职能与纠纷调解职能分离，充分发挥独立机构职能效用，其中最为重要的依然是对投资者的教育职能，香港地区投资者教育机构对于居民普及金融知识，提高居民投资素养、保护投资者权益具有重要意义，尤其在我国以自然人投资者（散户）为主的证券市场，资本市场投资素养的提高才是治本之策。我国台湾地区《证券投资人及期货交易人保护法》第十条规定了对于证券投资者的保护机构，其主要职权包括证券争议调解，保护基金保管使用，提供证券业务查询、证券法律咨询，授权委托诉讼，等等。当证券商因财务困难失去清偿能力时，保护机构动用保护基金偿付受损的投资者；投资者与发行人、证券商、交易所、柜台买卖中心、结算机构或其他利害

---

① 谢贵春、吴瑕：《存托凭证持有人保护机制比较研究》，《证券市场导报》2018 年第 7 期，第 4—10 页。

② 张学政：《证券投资者保护的国际借鉴》，《中国金融》2014 年第 9 期，第 61—62 页。

关系人发生证券纠纷可向保护机构申请调解；保护机构对于造成多数投资者由同一原因所引起的证券、期货事件，得由 20 人以上证券投资者授予仲裁或诉讼权利，以机构名义提起仲裁或诉讼，投资者可在一定条件下撤回授权。[①] 台湾地区通过专门立法设立投资者保护机构并规定完善的职权对投资者进行保护，在职权分配上贯穿投资全过程，从投资业务及法律咨询、纠纷调解到以仲裁或诉讼解决纠纷形成完善的投资者保护体系，具有较高的参考价值。

美国、英国、新加坡及我国香港、台湾地区针对投资者保护问题都设立投资者保护机构并明确机构各项具体职权，通过赋予投资者保护机构相应职权，以期更有效地保护投资者即金融消费者利益。美国 SIPC 与金融消费者保护局为相互独立机构，分别承担不同职能，SIPC 负责投资者保护基金管理使用及证券公司的破产清算工作，金融消费保护局职权涉及投资者保护的各方面，两者结合具备较完善的体系，可切实对投资者权益进行保护；英国金融行为监管局在 FSA 的基础上更进一步发展，涉及投资者教育、纠纷解决、投资公司破产等方面的规定，各项职权分配清晰，投资者保护体系相对完善，实践中具备可操作性；新加坡和我国香港地区投资者保护机构更具针对性，集中致力于对投资者的教育。香港地区设不同机构以普及金融知识、纠纷调解为投资者保护问题的主要内容，为投资者进行投资前教育及投资后纠纷解决。台湾地区完善的投资者保护立法对投资者权益保护具有重要意义。发达的资本市场要求投资者必须具备较高的投资素养以及一定的风险承受能力，设立投资者保护机构对投资者进行投资教育是资本市场高效发展的关键。同时证券投资纠纷解决的

----

① 台湾地区《证券投资人及期货交易人保护法》第二十一条、第二十二条、第二十八条。

重要性不言而喻,缺乏公平高效率的纠纷解决机制将不利于投资者保护。

四、新《证券法》投资者保护机构职权分配优化

发达资本市场的经验显示设立多个机构行使不同职权具备实践价值,同时职权涉及投资者教育、投资指导、纠纷解决等方面,形成一个完整的机构保护体系。完善的投资者保护体系是支撑资本市场良性发展的基础,故应从投资者教育、投资指导、业务咨询、纠纷解决等方面整体上进行职权分配,同时严格规范相应职权的行使。新《证券法》中投资者保护机构的职权包括征集行使股东权利、先行赔付再行追偿、调解、支持起诉、股东派生诉讼、代表参与诉讼等,将此 6 项职权赋予由中国证监会批准设立的投服中心,加上其原本的投资者教育等职权,整体而言内容十分庞大,投服中心俨然成为我国投资者保护机构中的集大成者。深入研究发现,各职权间并无必然联系,略显拼凑感,亦未体现较为完善的投资者保护体系。同时,赋予投资者保护机构(投服中心)过多职权反而使其在保护投资者权益过程中权力过大,不利于投资者权益保护。因此应落实投资者保护机构责任制度,机构若怠于行使职权、滥用职权导致中小投资者损失扩大,将追究保护机构赔偿责任。[①] 再者,投服中心投资者教育职权应更得到重视,证监会投保局与中国证券投资者保护基金公司应更注重专业化,三者间避免出现职权重叠领域。

具体而言,首先,机构先行赔付再行追偿与调解存在共通之处,二者均需机构与争议各方之间形成协议,最终目的为促使发

---

① 若过度严格规制"投资者保护机构"赔偿责任,将导致机构行使职权时缺乏积极性,使法律规范目的落空;而忽视责任制度更可能导致机构滥用职权,侵害中小投资者、上市公司合法权益,如何进行利益平衡,新《证券法》缺乏相应规定,需进一步研究。

行人、证券公司等主动赔偿受损投资者的损失，更重要的是先行赔付再行追偿与调解在解决纠纷方面应用广泛，无须为形成投资者保护体系而强加于投服中心。其次，支持起诉与代表参与诉讼为民事诉讼法中的既存且已发展较为完善的制度，新增为投服中心职权必然应遵循制度原本的规范考量，切不能因证券纠纷特殊性而使制度脱离其本身属性。最后，征集行使股东权利与股东派生诉讼及上市公司治理，投服中心以上市公司股东身份参与到公司治理中可能会对上市公司经营管理产生不利影响。研究世界各国（地区）证券市场投资者保护机构职权分配可发现，投资者教育、纠纷解决、损失赔偿等为重要部分，但并未出现为形成所谓投资者保护机构"集大成者"而过多赋予其职权，发达资本市场中配套的诉讼机制、机构投资者参与公司治理机制较为完善，我国贸然着力于投资者保护机构必然会导致权利滥用。借鉴国外及港台地区有关立法实践及职权分配，我国投资者保护机构职权分配可进行以下优化：

（一）先行赔付再行追偿，调解交由其他第三方机构

证券市场投资收益与风险并存且呈正相关关系，而其中亦存在大量人为风险，如虚假陈述、内幕交易、操纵市场等违法行为导致投资者受损，此类风险具有偶然性，难以通过投资策略的改变来进行规避，发达资本市场中通过购买商业保险来规避风险。投资者保护机构先行赔付再行追偿职权可通过引入商业保险由保险公司来施行，要求投资者进行投资购买损失商业保险，当发行人证券公司等出现违法行为致使投资者遭受损害，发行人、证券公司等可与保险公司达成协议，由保险公司对受损投资者先行赔付，之后再向发行人、证券公司等进行追偿。保险公司作为第三方营利性组织，在承担此类商业保险时具有较高的积极性，至于投资者购买商业保险增加投资成本问题，可适用经济学理论进行解释，投资风险降低必然会要求提高投资成本。由投服中心行使此项职权可能缺乏专业性、积极性,且有利于弱化证券市场中行政管控色彩,增强证券市场投资以及纠纷解决市场化特征。通过强化投资纠纷解决中行政管控来维护投资者权益无法引导广大自然人投资者树立适当的投资理念,难以从根本上解决投资者权益保护问题。

调解制度颇具中国特色,符合我国经济发展需求,对证券纠纷进行调解是两全其美之法,既可大幅度降低受损投资者维权成本,又能达到较好的维权效果。由投服中心对证券赔偿纠纷进行调解颇具杀鸡用牛刀之感,证券纠纷通常案件涉及范围较大,牵涉多方主体及众多受损中小投资者,可能使投资者保护机构压力剧增。我国亦有人民法院针对部分纠纷进行调解的司法实践,由法院调解证券纠纷也未尝不可,但考虑到法院诉讼压力,另外设立专门的第三方调解机构更具可行性、经济效益性。第三方调解机构可参照我国香港地区设立的金融纠纷调解中心,即非营利机构金融纠纷调解中心有限公司。发行人与投资者产生纠纷可就相关赔偿问题申请调解,所达成的调解协议具有法律效力。对于普通投资者与证券公司发生证券业务纠纷时,普通投资者提出调解请求的,在确有损害的情形下证券公司不得拒绝。调解机构可由国家财政支持,也可适当收取费用,由投资者保护机构对调解机构运行进行监督。作为证券业自律性组织的中国证券业协会对会员之间、会员与客户之间的纠纷有调解职责,但其职责并未涉及证券市场中较为常见的虚假陈述、欺诈客户等纠纷,可与之进行相应整合协调。

(二)严格规范支持起诉、代表参与诉讼,赋予公益诉讼职权

我国支持起诉原则在司法实践中的适用非常有限。《民事诉讼法》规定针对环境污染或涉及损害公共利益的行为,法律规定的机关和有关组织可以向人民法院提起诉讼。针对破坏生态环境和资源保护、食品药品安全领域侵害众多消费者合法权益等损

害社会公共利益的行为，若未有相关机关、组织提起诉讼时，由人民检察院提起公益诉讼，若有机关、组织提起诉讼，则由人民检察院支持起诉。证券纠纷通常涉及范围广，受损投资者众多，诉讼难度大，专业性强，投资者难以凭借一己之力提起诉讼，投资者保护机构为专业的证券投资者保护机构，在证券纠纷中具备支持起诉的专业能力，可为投资者提供更具针对性的帮助。故应先由《民事诉讼法》对投资者保护机构支持起诉进行确认，避免造成法律之间的不协调，更应明确的是投资者保护机构所提供的支持具体涵盖哪些方面、哪些阶段，是否包含经济支持、服务支持，是否包含整个诉讼阶段等，相关立法均未予以明确，需进一步研究。再者，投资者能否主动寻求投资者保护机构进行起诉支持这一问题，相关法律也未释明，根据《民事诉讼法》的立法宗旨及新《证券法》的投资者保护宗旨，当主体缺乏能力行使权利时理应寻求相关帮助，故理论上投资者可主动寻求投资者保护机构对起诉行为进行支持。

诉讼代表人为诉讼标的是同一种类、当事人一方人数众多的共同诉讼中所必要的诉讼参与人，证券纠纷诉讼往往涉及众多受损投资者起诉同一侵权主体，具有相同诉讼请求，为便利法院进行案件审理由权利人选定或由法院与权利人商定代表人。投资者保护机构作为诉讼代表人参与诉讼需受 50 名以上受损投资者委托并向人民法院登记可能出现受损投资者集体行动难题而不具实践性。我国台湾地区《证券投资人及期货交易人保护法》第二十八条规定保护机构对于造成多数投资者由同一原因所引起的证券事件，得由 20 人以上投资者授权并以机构名义提起仲裁或诉讼，此举相对而言更具实践操作性。在我国尚未确立实质意义上的证券集团诉讼背景下，以共同授权的投资者数量来规制投资者保护机构作为诉讼代表人参与到证券纠纷集体性诉讼案件中，可能导致该项职权所产生的权益保护收效甚微。实践中赋予投资者保护机构提起公益诉讼职权,也有助于解决证券纠纷诉讼的集体行动难题,更好地维护证券交易秩序、保护公共利益。证券纠纷往往涉及公共利益,而参与诉讼需要成本,因而在投资者损失有限时,往往导致在证券诉讼中产生集体行动的难题,而投资者保护机构本身具有公共服务性质,赋予其提起证券公益诉讼职权,能有效解决投资者难以自发形成共同意志和诉讼集团的问题,也能解决投资者个体参与不足的问题。[①] 投资者保护机构对于侵害众多消费者[②]合法权益的行为提起公益诉讼与《民事诉讼法》第五十五条第一款可较好衔接。

(三)严格规范征集行使股东权利、股东派生诉讼

投资者保护机构即投服中心,作为上市公司股东参与公司治理已成为我国上市公司治理领域的新实践,出于保护投资者权益的目的,征集并行使股东权利受立法者推崇。投服中心通过持股或征集成为类似机构投资者的股东,对上市公司经营管理行使股东权利,现阶段投服中心主要行使质询、建议、表决及提起确认公司决议无效起诉等权利,并开始尝试联合其他股东行权;另投服中心行权事项范围较大,涵盖股东大会程序规范性、公司章程修改合法性、上市公司担保程序合法性等公司治理与合规问题、上市公司资产重组标的盈利能力、估值合理性等涉及实质性商业判断问题。[③] 虽然《上市公司治理准则》及新《证券法》对投资者保护机构行使职权进行了确认,但实践中突出的一个问题是投资者

[①] 刘水林、邰峰:《我国证券公益诉讼制度建构的理论证成》,《上海财经大学学报》2014 年第 6 期,第 81—88、96 页。

[②] 发达资本市场中多认为证券市场一般投资者属于金融产品消费者,可参见杨东:《论金融服务统合法体系的构建——从投资者保护到金融消费者保护》,《中国人民大学学报》2013 年第 3 期,第 118—127 页。

[③] 郭雳:《作为积极股东的投资者保护机构——以投服中心为例的分析》,《法学》2019 年第 8 期,第 148—159 页。

保护机构可能过度渗入上市公司治理领域。上市公司的经营管理权由董事会享有,作为股东的投资者保护机构不享有公司经济利益,也不承担公司经营的风险,若过度、大范围行权将破坏公司所有权与经营权分离理论,权利滥用影响董事会正常经营行为,可能使公司错失商业机会,最终导致投资者受损。投资者保护机构可作为事后监督角色,尽量避免参与上市公司实质性商业判断当中,以股东身份制止可能损害公司利益的行为并及时为投资者利益进行维护,避免损失扩大。如此方能保持上市公司经营独立性,最大程度发挥市场效率,并切实维护投资者合法权益。

投资者保护机构作为证券发行人公司股东,发行人的董事、监事、高级管理人员、控股股东、实际控制人给公司造成损失时,可以自身名义且不受持股比例(单独或合计持股比例为1%)、持股期限(连续持有180日)的限制提起股东派生诉讼,此举可很好地将私益与公益结合,投资者保护机构既有自我维权的积极性也有利于激励其维护公共利益。[1] 新《证券法》赋予投服中心此项职权便于其更积极主动地维护公司利益,推进我国公司法及上市公司治理不断完善。我国现行《公司法》对股东派生诉讼具有较多限制,实践中股东提起派生诉讼较少,新《证券法》取消投资者保护机构持股比例、持股期限的限制,意图缓和、弥补《公司法》的缺陷与不足,难免会出现舍本逐末的情况,而《公司法》的此种缺陷与不足并非新《证券法》能够独立面对和解决,需要在《公司法》与新《证券法》两个层面予以面对。[2] 立法者希冀投资者保护机构通过股东派生诉讼完善上市公司治理进而维护中小投资者合

---

① 刘水林、郜峰:《我国证券公益诉讼制度建构的理论证成》,《上海财经大学学报》2014年第6期,第81—88、96页。

② 叶林:《〈证券法〉专章规定"投资者保护"的得失》,《金融时报》2019年7月29日,第10版。

法权益,但若缺乏前置程序①、持股比例、持股期限的限制,将造成对原本实际操作性不强的股东派生诉讼制度进一步破坏,投资者保护机构可能出现为谋取私利而直接越过公司董事会、监事会直接起诉。股东派生诉讼极易被滥用,成为公司经营决策的恶性竞争手段,造成投机诉讼盛行,影响公司正常经营。② 通过可能造成的对公司制度的破坏来进行投资者权益保护并不可取,此意味着是否对制度本身造成破坏、能否切实维护投资者权益完全取决于投资者保护机构能否适当行使这一职权,司法实践对投服中心整体能力提出了更高要求,严格规范投资者保护机构的职权行使确有必要。投资者保护机构作为股东参与上市公司治理存在的合理性、利益冲突问题仍具较高的研究价值。本文重点关注投资者保护机构整体职权分配,故未做深入分析。

我国设立投资者保护机构符合目前证券投资市场的发展需求,完善法律制度是推动投资者权益保护的直接手段,通过设立投资者保护机构来进一步完善我国证券市场投资者乃至金融消费者合法权益保护体系,故投资者保护机构的职权分配显得尤为重要。新《证券法》新设投资者保护机构应注意避免与既存机构之间的职权分配出现交叉领域,具体职权行使应得到规范。研究发达资本市场立法实践发现,在投资者保护机构之间职权分配、行使上规定较为全面完善,涉及投资者教育、投资指导、纠纷解决各方面。我国设立投资者保护机构在职权分配上应更注重整体性、操作性,机构可不必涉及部分职权,如先行赔付再行追偿可交于保险公司,调解职权则由第三方调解机构实施;在我国未有证

---

① 前置程序指股东提起派生诉讼前需先以书面形式请求监事会或董事会向人民法院提起诉讼,根据新《证券法》第九十四条理解笔者更倾向于提起派生诉讼受《公司法》的前置程序限制。

② 胡滨、曹顺明:《股东派生诉讼的合理性基础与制度设计》,《法学研究》2004 年第 4 期,第 92—103 页。

券集团诉讼的背景下，应当规范涉及诉讼权力的职权内容，可赋予投资者保护机构公益诉讼职权，在征集行使股东权利、提起股东派生诉讼方面更应关注制度本身，避免对传统公司制度造成影响。

投资者保护机构在先行赔付制度中对投资者的保护

陈昕雨①

摘　要：新《证券法》第九十三条的出台，是我国历史上第一次以立法的形式确定证券市场先行赔付制度，也直接表明了立法者旨在以明文立法的形式提高先行赔付规则的法律位阶，助力其实现制度化，以更有力地保护证券投资者合法权益，顺应证券发行市场化改革的趋势。但是，由于该项规定过于笼统，且未明确指出投资者保护机构在实施先行赔付责任过程中的具体规定。因而，本文以了解先行赔付制度与投资者保护机构为前提，从法理基础、法律性质、定位等多角度对先行赔付规则理论基础进行分析，再结合先行赔付制度的立法目的与实践情况，分析投资者保护机构性质界定与功能定位，设想投资者保护机构在该项制度中能够发挥的作用，实现对投资者权益的有效保障。

关键词：新《证券法》；先行赔付；投资者保护机构；投资者保护

2019 年 12 月 28 日新修订的《证券法》在"投资者保护"一章中第九十三条规定："发行人因欺诈发行、虚假陈述或者其他重大违法行为给投资者造成损失的，发行人的控股股东、实际控制人、相关的证券公司可以委托投资者保护机构，就赔偿事宜与受到损失的投资者达成协议，予以先行赔付。先行赔付后，可以依法向发行人以及其他连带责任人追偿。"这是首次以法律形式确定了

---

①　陈昕雨，浙江衢州人，2019 级经济法学硕士研究生。

证券市场先行赔付制度。

在证券市场中建立赔偿先付制度,其主要目的是遏制证券市场虚假陈述、欺诈发行等违法行为,提高民事赔偿纠纷解决效率,对可能陷入长期诉累等困境的赔偿申请者进行必要的保护,从而切实保护投资者的合法权益。

一、先行赔付制度的法律性质与法律基础

先行赔付,又被称为"先期赔付",根据 2020 年 3 月出台的新《证券法》第九十三条规定,可对其作出如下定义:发行人因欺诈发行、虚假陈述或者其他重大违法行为给投资者造成损失的,由其控股股东、实际控制人、相关的证券公司作为赔付主体,选择采取先于司法裁判的措施,可以通过委托投资者保护机构,就赔偿事宜与受到损失的投资者达成协议,并据此对投资者进行赔偿,且事后有权向其他责任主体履行追偿权的机制[①]。

在新《证券法》出台之前,由于在立法层面缺乏对我国证券领域的先行赔付制度予以确立,因此,市场中对该项制度的法律依据及合理性产生了重大争议。因而,首先应当厘清先行赔付制度的相关基础理论,确定其法律性质,明晰其法理基础,才能更准确地去理解证券市场中的先行赔付制度。

(一)先行赔付的法理基础

先行赔付在我国法律制度中并非新生事物,事实上,作为一种争议纠纷解决机制,在我国当前法律制度和法治实践中不乏先例,其主要形式可以分为以下两种:(1)法定先行赔付。譬如,2013 年修订的《消费者权益保护法》中对法定先行赔付情形进行了规定,指出在一定条件下,销售者、展销会的举办者、柜台出租

---

① 汤欣:《证券投资者保护新规中的先行赔付》,《中国金融》2020 年第 8 期,第 38—40 页。

者、网络交易平台提供者、广告经营者或发布者，对消费者具有先行赔偿的法定义务。又譬如，更为人们所熟悉的，在机动车交通事故侵权中保险公司的垫付责任①。（2）自愿先行赔付。2015年，国家工商行政管理总局（今国家市场监督管理总局）在《关于完善消费环节经营者首问和赔偿先付制度切实保护消费者合法权益的意见》中，明确表明鼓励和引导消费环节经营者建立赔偿先付制度的态度。如网络消费平台淘宝、京东等对消费者所做的承诺，表示消费者在购物过程中遭受的损失，由平台先行赔付。此种先行赔付的立法基础是对处于交易弱势的消费者的倾斜性保护。近年来，在易形成当事人之间不平等地位的医疗纠纷领域中，也已经出现在审判实践中由医院先行赔付患者的司法案例。据此，倘若要使某一主体承担先行赔付的法律责任，则需要有法律的明确规定，或有该责任主体所作出的自愿意思表示。

在证券市场中，先行赔付制度的"先行"是其首要特征，"赔付"则是一种法律后果。因此，"先行赔付"的实施应当立足于相关责任主体的意思自治。无论是发行人的控股股东、实际控制人还是相关的证券公司（一般在实践中多为保荐机构），均基于其意思表示而承担先行赔付责任，而非基于法律的明确规定。这点表现在新《证券法》第九十三条立法用词"可以"上，即"发行人的控股股东、实际控制人、相关的证券公司可以委托投资者保护机构，就赔偿事宜与受到损失的投资者达成协议，予以先行赔付……"

但是，值得重点注意的是，不论承担先行赔付责任的是"发行

---

① 《民法典》第一千二百一十五条："盗窃、抢劫或者抢夺的机动车发生交通事故造成损害的，由盗窃人、抢劫人或者抢夺人承担赔偿责任。盗窃人、抢劫人或者抢夺人与机动车使用人不是同一人，发生交通事故造成损害，属于该机动车一方责任的，由盗窃人、抢劫人或者抢夺人与机动车使用人承担连带责任。保险人在机动车强制保险责任限额范围内垫付抢救费用的，有权向交通事故责任人追偿。"

人的控股股东、实际控制人"还是"相关的证券公司",其必要的前提基础是新《证券法》第八十五条①规定的"虚假陈述的行为"。根据新《证券法》及《虚假陈述若干规定》的规定,在行政处罚后,投资者有权向相关主体主张民事损害赔偿责任,各责任主体就该损失承担连带赔偿责任。换言之,即使责任主体未作出先行赔付的意思表示,投资者仍可以在虚假陈述行为发生后要求发行人的控股股东、实际控制人和相关的证券公司就其所遭受的损失承担赔偿责任。同时,也正是因为如此,第九十三条明确了先行赔付人的追偿权,即在相关责任主体履行先行赔付责任后,可以依法向其他责任主体进行追偿。

作出意思表示的最大价值在于为赔付的"先行"提供了可靠的法理基础,也正是基于该意思表示或承诺,投资者才可以在寻求司法救济之前"先行"要求赔偿,从而及时弥补自身所遭受的损失,避免承担在诉讼过程中时间的消耗与金钱的损耗。简而言之,先行赔付的法理基础是"意思自治"。

(二)先行赔付的法律性质

从法律性质上看,先行赔付制度在证券市场的核心在于,作为侵权债务履行的民事诉讼赔偿款与作为合同债务履行的先行赔付金,两者之间进行转化或者代替②。这是因为:

首先,先行赔付的实现得经由当事人之间订立的协议来完

---

① 《证券法》第八十五条:"信息披露义务人未按照规定披露信息,或者公告的证券发行文件、定期报告、临时报告及其他信息披露资料存在虚假记载、误导性陈述或者重大遗漏,致使投资者在证券交易中遭受损失的,信息披露义务人应当承担赔偿责任;发行人的控股股东、实际控制人、董事、监事、高级管理人员和其他直接责任人员以及保荐人、承销的证券公司及其直接责任人员,应当与发行人承担连带赔偿责任,但是能够证明自己没有过错的除外。"

② 肖宇、黄辉:《证券市场先行赔付:法理辨析与制度构建》,《法学》2019年第8期,第160—172页。

成。一般情况下,证券虚假陈述行为中,相关责任主体与受损投资人之间的法律关系是一种证券侵权法律关系,属于侵权之债,通常由双方通过诉讼或仲裁等方式获偿。然而,先行赔付制度的本质却是通过当事人之间订立的协议将侵权之债转化为合同之债。具体而言,先行赔付协议的一方当事人是证券欺诈发行、虚假陈述或者从事其他重大违规行为且愿意进行先行赔付的主体,譬如发行人的控股股东、实际控制人、相关的证券经营机构和证券服务机构等;另一方当事人是受前述违规行为侵害的投资者。另外,需要特别注意的是,先行赔付主体与投资者签订的先行赔付协议,只会使彼此之间的法律关系由侵权之债转化为合同之债。但是,对于其他未参与先行赔付谈判的投资者,因其也不是先行赔付协议的一方当事人,根据合同的相对性原理,故其赔偿责任的性质仍为侵权法律责任。先行赔付主体与未参与先行赔付的其他责任主体仍然是共同侵权人,先行赔付人在进行先行赔付后可以向其他责任人进行追偿。

其次,由于先行赔付的法理基础是"意思自治",因此先行赔付的协议应当建立在双方自愿的基础上,即先行赔付主体一方自愿提前履行侵权之债,投资人一方自愿接受赔偿方案。同时,民事合同(协议)是两个意思表示(要约与承诺)构成的法律行为,也就是说,要成立一份有效的先行赔付协议,必须确定要约与承诺这两个意思表示是否作出。因此,可以将设立赔付基金的公告视为先行赔付主体向适格投资人发出的要约,将投资者的确认参与视为向先行赔付主体作出的承诺。

最后,先行赔付作为非诉讼纠纷解决的一种方式,可被看作一种民事和解,即签订先行赔付协议的双方当事人之间自愿协商达成的和解协议。但是,不同于普通民事和解,先行赔付制度有其特殊之处,主要表现在两个方面:(1)自愿协商在先行赔付中体现得不够充分。先行赔付协议往往由先行赔付人单方面提供,未经双方充分讨论,且大多数情况下不允许投资者更改。对于投资者而言,只有接受或者放弃的选择。(2)先行赔付人通常只是责任人之一,在先期承担赔偿义务后,有权利向其他连带责任人追偿。并且,为保证先行赔付的实施公平公正,资金的监管和使用需要委托第三方完成。所以,先行赔付协议中会有向他方或由他方履行义务的规定,也会有指向他方或由他方享有一定权利的规定。

二、我国投资者保护机构的性质界定与功能定位

在新《证券法》还未颁布之前,《证券法》修订稿草案就已经规定,证券市场先行赔付的相关事宜可由国家设立的投资者保护机构展开。目前,我国公益性证券投资者保护机构有两个:一个是2005年8月30日成立的中国证券投资者保护基金公司(投保基金公司);另一个则是于2014年12月5日成立的中证中小投资者保护服务中心有限责任公司(投服中心)。

在已有的成功先行赔付的案例中,更为常见的投资者保护机构是投保基金公司。但是,这并不意味着投服中心在先行赔付机制中无法发挥作用,且《证券法》第九十三条仅是提及"投资者保护机构"而未详细指出是哪一个机构。因此,有必要先充分了解我国投资者保护机构的性质与功能。

(一)中国证券投资者保护基金公司

中国证券投资者保护基金有限责任公司自注册成立以来,在防范、处置证券公司风险,保护证券投资者权益和稳定证券市场等方面发挥了重要作用。

1.证券投资者保护基金的性质

有学者认为:"证券投资者保护基金,是指依法筹集并设立,对投资者进行警示教育,对证券公司进行监督并在其无法履行对投资者义务时,通过赔付投资者损失或提起诉讼等方式保护投资

者合法权益的法人制度。"①在该定义的基础上,证券投资者保护基金的性质可归纳为以下几个方面:

(1)证券投资者保护基金是典型的经济法律关系主体。这是因为,证券投资者保护基金是政府干预市场的手段之一,具有较强政策性、经济性、行政干预性和综合性,并非纯私法意义上的民事法律关系主体。

(2)证券投资者保护基金是财团法人。首先,证券投资者保护基金是以公益事业为目的、由不同主体出资形成的财产集合,不以社员为其成立的基础。其次,证券投资者保护基金的设立遵循特许制,并且只有通过立法机关颁布法案的形式才能终止。同时,证券投资者保护基金的出资人在出资后,便与保护基金脱离了关系,并不会产生社员权。

(3)证券投资者保护基金是非营利性法人。由于证券投资者保护基金是财团法人,因此其收益自然不归属于出资人。况且,之所以设立证券投资者保护基金,主要是为了设置一种互保制度,减少资本市场中的风险及不确定性可能对证券市场造成的冲击。

(4)证券投资者保护基金是特殊的代为清偿制度。在证券公司面临破产或者陷入财务困境时,投资者的资金和股票可能遭受损失,据此便发生了损害赔偿法律关系。针对此损害赔偿法律关系,法律特设证券投资者保护基金代替证券公司(债务人)向投资者(债权人)履行债务,以保护投资者的求偿权得以实现。但是,这与一般的代为清偿制度并不完全相同。

除此之外,我国的证券投资者保护基金,其性质还包括"证券投资者保护基金为国有独资公司""证券投资者保护基金是会员

①　杨光:《我国证券投资者保护基金的界定及立法模式》,《证券法律评论》2018 年第 0 期,第 457—468 页。

制公司"等。

2.证券投资者保护基金的定位

比较各个国家和地区对保护基金的定位,主要分为单一型和综合型两类①。前者的证券投资者保护基金主要承担赔付职能,如欧盟和我国香港地区;后者的证券投资者保护基金除了承担赔付职能之外,还承担着教育投资者、监测证券公司风险和纠纷解决等多元职能,该类的典型代表是我国台湾地区。

我国《证券法》第一百二十六条②虽规定了"国家设立证券投资者保护基金",但未对其定位予以明确。但是,根据国务院颁布的《证券投资者保护基金管理办法》(下文简称"《管理办法》")相关规定,可以发现目前我国证券投资者保护基金属于单一型。在投资者保护体系中处于消极地位,是一种承担赔付职能的事后应对机制。尽管该《管理办法》第七条③第(二)项、第(六)项规定了部分事先参与的职责,但保护基金仅扮演着报告人、辅助人的角色,只能参与、建议、发现和会同,而不得独立行事。

---

① 杨光:《中国证券投资者保护基金的再定位》,《上海金融》2014年第10期,第47—52页。

② 《证券法》第一百二十六条:"国家设立证券投资者保护基金。证券投资者保护基金由证券公司缴纳的资金及其他依法筹集的资金组成,其规模以及筹集、管理和使用的具体办法由国务院规定。"

③ 《证券投资者保护基金管理办法》第七条:"基金公司的职责为:(一)筹集、管理和运作基金;(二)监测证券公司风险,参与证券公司风险处置工作;(三)证券公司被撤销、被关闭、破产或被证监会实施行政接管、托管经营等强制性监管措施时,按照国家有关政策规定对债权人予以偿付;(四)组织、参与被撤销、关闭或破产证券公司的清算工作;(五)管理和处分受偿资产,维护基金权益;(六)发现证券公司经营管理中出现可能危及投资者利益和证券市场安全的重大风险时,向证监会提出监管、处置建议;对证券公司运营中存在的风险隐患会同有关部门建立纠正机制;(七)国务院批准的其他职责。"

（二）中证中小投资者保护服务中心有限责任公司

中证中小投资者保护服务中心有限责任公司（以下简称"投服中心"）的设立，对我国证券市场中小投资者权益的保护发挥着独特的作用。它开辟了一条旨在保护中小投资者权益的新途径，与行政监管部门、自律监管机构共同构筑了中国内地资本市场投资者保护的"三驾马车"[①]。

1. 投服中心的性质

投服中心是有限公司制的市场非营利主体，根据法律、法规的授权，对证券市场中的各个参与主体进行管制。因此，"管制"二字是界定投服中心性质的关键字眼。

所谓管制关系，主要表现为利用现有的法律法规和行业规则，对企业或者中小投资者市场营利主体的不规范行为进行合理约束与限制，实现股东内部的自我监督，同时保护中小投资者的权益。在这种关系中，投服中心相对上市主体或中小投资者处于管制者的地位。

投服中心之所以能够成为管制者，其权力来源于正当的股东权利或中小投资者的"团体契约"。当上市主体行为有违规时，投服中心有权在自身享有的权利与受让的权利范围之内，对其进行质询，提出意见或建议。对于不服质询的上市主体，投服中心可采取持股行权纠纷调解、公益诉讼、影响商誉等方法对其施加不利影响，迫使其遵守规则。当中小投资者接受投服中心的服务，意味着其自身的部分权利在约定的限度内向投服中心让渡，投服中心凭借中小投资者自愿让渡的权利对后者进行管制。

2. 投服中心的职责

投服中心是以公益股东的身份介入市场的，其应具备以下几

---

① 梁定邦：《序二：努力建构中国特色投资者保护的新机制》，《投资者》2018 年第 1 期，第 1—5 页。

个基本职责：

（1）服务职责。履行法律赋予的股东权利，切实维护中小投资者合法权益，始终是投服中心成立与服务的宗旨。随着市场的变化发展，投服中心的服务范围也在不断变化发展。比如，由最初主要提供行权、维权等服务，到如今提供法律、调解、信息披露、咨询、委托公益诉讼等服务。

（2）沟通职责。投服中心通过实施服务，在市场主体之间搭建起良性沟通的桥梁。同时，为了适应金融的创新与科技的发展，其沟通方式会更加多样化，所涉及的领域也会更加深入全面。

（3）管制职责。近年来，由于投服中心的作用逐步得到认可，其"救济人"职能得到显著发挥，特别是在管制上市主体行为、调解市场纠纷、稳定市场秩序等方面，投服中心发挥了不可替代的作用。

（4）保护与教育职责。该职责主要针对的是中小投资者。一方面，投服中心将中小投资者的个人利益上升为集体意志，以达到增加诉求力度的目的；另一方面，投服中心通过把控这些利益，对中小投资者进行教育，以避免发生损害团体利益和社会公共利益的行为①。

（5）合作职责。首先，在市场监管中，投服中心与其他机构之间是一种相互合作的关系。其次，投服中心与上市主体或者中小投资者之间，虽然是一种管制关系，但这管制是有限的，同时两者也是可以相互合作的。毕竟，投服中心的最终目标是实现整个市场的稳定发展。

---

① 白江：《中证中小投服者服务中心有限责任公司的地位、职责和权限问题研究》，《投资者》2018 年第 4 期，第 141—157 页。

三、我国证券市场先行赔付制度的立法现状与实践探索

(一)我国证券市场先行赔付制度的立法现状

在本次新《证券法》出台之前,先行赔付制度在证券市场中的合法性并未得到法律层面的支持,但是相关监管措施一直在不断推进。

比如,2016 年 1 月 1 日实施的《公开发行证券的公司信息披露内容与格式准则第 1 号——招股说明书(2015 年修订)》中对保荐机构自行承诺先行赔付做了安排,明确规定招股说明书扉页应载有"保荐人承诺因其为发行人首次公开发行股票制作、出具的文件有虚假记载、误导性陈述或者重大纰漏,给投资者造成损失的,将先行赔付投资者损失"。此后,证监会新闻发言人表示,将基于先行赔付的自律措施定位,由证券业协会制定专门制度规则。但无论是招股说明书,还是证券业协会制定的规则,都仅属于位阶较低的业务规则。

此次,新《证券法》第九十三条的出台,是我国历史上第一次以立法的形式确立证券市场先行赔付制度,也直接表明立法者旨在以明文立法的形式提高证券市场中先行赔付的法律位阶,助力其实现制度化,以更有助于保护证券投资者合法权益,顺应我国证券发行市场化的改革。

在《证券法》未将先行赔付作为法律强制义务的现状下,责任主体是否具有赔付意愿是能否启动先行赔付的决定性步骤,只有责任主体愿意出资设立专项基金,先行赔付才能实际运用到证券市场中。因此,对于先行赔付制度的具体实施还有待通过法律予以进一步的完善。

(二)我国证券市场先行赔付制度的实践探索

2013 年 5 月和 2014 年 7 月,投保基金公司分别担任了万福生科以及海联讯的专项补偿基金管理人,在 2 个月的时间内高效

完成了对适格投资者的补偿工作,开创了我国证券市场投资者保护的新模式,是对证券市场先行赔付机制的有益探索。

1. 万福生科虚假陈述案

在我国证券市场中,首次运用先行赔付制度来解决民事赔偿纠纷的案例是 2012 年万福生科财物造假案。平安证券作为万福生科首次公开发行并上市的保荐机构及主承销商,出资设立专项补偿基金,并委托投保基金公司担任基金管理人。

平安证券与投保基金公司属于委托代理法律关系。因而,基金资产属于平安证券。投保基金公司主要负责管理及运作基金,并成立专门的基金补偿工作组开展具体的投资者补偿执行工作。此外,投保基金公司还可指定商业银行作为基金托管人,聘请专家组成专家委员会作为顾问咨询,聘请第三方独立的中介机构参与日常工作①。

作为基金管理人,在此次基金的管理及运作中,投保基金公司始终坚持三个原则:一是公益性。投保基金公司就其与平安证券委托协议项下的受托事项不收取任何报酬,在开展受托管理事项相关工作过程中所产生的差旅等各项费用均由投保基金公司自行承担。二是独立性。投保基金公司虽然是受委托才担任基金管理人的,但在基金管理和运作工作中必须保持绝对的独立性。基金托管银行的指定、第三方专业中介机构的聘用及管理均由投保基金公司独立完成。三是中立性。投保基金公司受托作为基金管理人,不是帮助平安证券去解决问题,仅仅是受托管理和运作基金,因此,不得偏袒平安证券或投资者任何一方,必要时保持中立性。

2. 海联讯虚假陈述案

不同于万福生科,海联讯专项补偿基金的出资人为发行人主

---

① 投保基金公司专项补偿基金工作组、黄子波、王旭:《证券市场投资者保护新机制探索》,《证券市场导报》2015 年第 3 期,第 40—44、62 页。

要控股股东,这是我国资本市场上首次由大股东主动出资运用市场机制补偿投资者,也是现有实践中唯一一例大股东先行赔付的案例,更符合"国办九条"①提倡的"责任自负"原则。

海联讯先行赔付案例另一个值得关注的特点在于,在设立专项补偿基金赔付的同时引入了调解机制,丰富了纠纷解决渠道。投资者可接受补偿,与基金出资人达成和解;不愿意接受和解或和解方案的投资者,可以向专业的证券纠纷调解机构申请调解;调解不成或不愿调解的,可以在与基金出资人达成仲裁协议后,向专业的仲裁机构申请仲裁;投资者也可依法向有管辖权的人民法院提起诉讼。

四、投资者保护机构在先行赔付制度中的作用

新《证券法》赋予了证券市场先行赔付机制更强的法律效力,这对普通的投资者尤其是中小投资者而言,无疑是加大了对其的保护力度②。对于中小投资者自身而言,其在证券交易过程中,往往处于弱势地位,必然会出现信息不对称或者消息滞后等有损利益的情形。同时,值得思考的是,新《证券法》在先行赔付制度上虽提及"投资者保护机构",却只是一笔带过表示先行赔付人可以委托投资者保护机构就赔偿事宜与受损的投资者达成协议,留下了可供继续实践探索的空白。

结合上文所述的案例,笔者将从先行赔付的主体、对象、资金和程序四个方面,设想投资者保护机构在该项制度中的作用。

---

① 《关于进一步加强资本市场中小投资者合法权益保护工作的意见》(简称"国办九条"):"督促违规或涉案当事人主动赔偿投资者。对上市公司违法行为负有责任的控股股东及实际控制人,应当主动、依法将其持有的公司股权及其他资产用于赔偿中小投资者。"

② 杨丽华:《论我国新证券法修订后的先行赔付制度》,《法制博览》2020年第15期,第116—117页。

(一)先行赔付的主体

新《证券法》中关于先行赔付制度的规定就为投资者提供了一种全新的非诉纠纷解决机制,以替代原先通过民事诉讼进行维权的方式,有效避免了受损害的中小投资者在诉讼时所面临的困境。当然,想要启动先行赔付程序,首先应当确认的是先行赔付的主体。

那么,投资者保护机构是先行赔付的主体吗?

在新《证券法》修订过程中,有学者根据 2015 年 4 月《证券法》修订草案第一百七十三条①的规定内容,认为将投资者保护机构(主要是指投保基金公司)纳入先行赔付的主体是具有可行性的,并给出了两点理由:第一,设立投保基金公司的主要目的就是保护投资者的利益,先行赔付制度的运用少不了投保基金公司的参与,理应将其纳入其中;第二,《证券投资者保护基金管理办法》对投保基金公司职责的规定过于狭窄,无法发挥投保基金公司的有效作用,更无法有效保障投资者的权益。因此,投保基金公司作为先行赔付的主体,既能够有效保障投资者,又能够发挥证券投资者保护基金的作用。

但是,也有学者反对,认为不应当将投资者保护机构纳入先行赔付的主体。同时,《证券法》二审稿时已明确删除了投资者保护机构作为先行赔付的主体,新《证券法》也并未规定将投资者保护机构作为先行赔付的主体。

对此,我赞同第二种观点,即不应当将投资者保护机构作为先行赔付的主体。通过上文对先行赔付制度的分析,可以得知,

---

① 2015 年 4 月《证券法》修订草案第一百七十三条:"因欺诈发行、虚假陈述或者其他重大违法行为给投资者造成损失的,发行人的控股股东、实际控制人、相关的证券经营机构、证券服务机构以及国务院证券监督管理机构认可的投资者保护机构可以就赔偿事宜与投资者达成协议,予以先行赔付。先行赔付后,可以依法向发行人以及其他连带责任人进行追偿。"

能够作为先行赔付人的必须是导致投资者权益受损的侵权行为人，即在先行赔付启动之前，该侵权责任主体与投资者之间就已经形成了民事侵权法律关系。《侵权责任法》中承担责任最主要的原则是过错原则，而过错推定责任原则是过错责任原则的一种特殊表现形式。而投资者保护机构根本就不是该民事侵权法律关系中的适格主体，也根本就没必要谈论其是否会存在过错的可能性。

值得一提的是，在侵权责任法体系中最重要的一项原则是"填平原则"，通俗来讲就是"谁的错谁去补偿，错多少补偿多少"。倘若将投资者保护机构作为先行赔付的主体，便是在为上市公司的违法行为买单，这完全违背了"填平原则"，更是完全背离了投资者保护机构具有一定政策性的特征。

（二）先行赔付的对象

先行赔付的目的在于当发生欺诈发行、虚假陈述或其他重大违法行为时，为投资者提供更为高效便捷的损失赔偿途径。因此，哪些投资者可以获得赔付是实现该制度目的的关键。为了建立易识别、易判断的客观指标，努力涵盖各类受损投资者，已有案例都参照了《虚假陈述若干规定》的相关要求，采用买卖股票的时间段标准，以虚假陈述实施日、揭露日、更正日为重要时间节点，来判断先行赔付对象的范围。

确定先行赔付对象，无论在理论上还是实践上都极具争议，因为这与每个主体的利益息息相关。因此，在确认赔偿对象时，责任主体可以委托投资者保护机构与投资者进行协商。投资者保护机构作为独立的第三方，在不会偏袒任何一方当事人的前提下，提供可供双方参考的意见和建议。同时，为了促进双方的沟通有效，投资者保护机构应当及时公开相关信息。此外，为了避免投资者保护机构随意拖延，应当以强制性规定确定作出最后公告的期限。

(三)先行赔付的资金

先行赔付的资金问题包括两个层面,即资金来源和资金分配。如果没有资金来源,先行赔付无法实施。如果不进行合理的资金分配,极有可能会造成新的不公平,引起对受损投资者的二次伤害。所以,先行赔付的资金问题受先行赔付人、先行赔付对象、其他责任人以及监管机构等相关主体的高度重视。

首先,以万福生科为例,其专项补偿基金完全来自平安证券的出资,符合先行赔付的法理基础"意思自治"。但是,倘若先行赔付人并不能支付赔付资金或者先行赔付人的出资不够补偿,应当怎么办?要在证券市场推行先行赔付制度的话,这是不可避免的现实问题。

笔者认为,此时,就应尝试去发挥其投保基金公司的功能定位,即"赔付"功能。譬如,采用证券民事责任主体先行赔付和投资者保护基金先行赔付相结合的模式,形成特殊的"法定最低赔付+自愿赔付"的先行赔付制度结构[1]。一方面,鼓励责任主体通过设立"专项补偿基金"等方式主动赔付投资者损失,通过先行赔付协议与投资者达成和解,从而实现投资者保护和纠纷解决的双重目标;另一方面,遇到责任主体不明或者责任主体欠缺先行赔付意愿和能力时,则应由证券投资者保护基金在法定赔付对象、赔付范围和赔付限额内,对投资者提供先行赔付。

需要注意的是,这并非意味着投保基金公司就成为先行赔付的主体。投保基金公司的先行赔付,既不能取代责任主体的先行赔付,也不应成为责任主体逃避责任的工具,在制度设计上应借助代位求偿等方式防范道德风险。因此,先行赔付人与投保基金公司应相互配合、有机衔接,共同建立起自律与法定、全额赔付与

---

[1] 张东昌:《证券市场先行赔付制度的法律构造——以投资者保护基金为中心》,《证券市场导报》2015年第2期,第65—71页。

最低赔付相结合的先行赔付制度。

其次，就资金分配来看，最易产生纠纷的是赔付金额的计算问题。投保基金公司可以利用其独特地位，从客观公正的角度出发，提供和建议相关的认定标准和计算方法，供先行赔付人和投资者选择。以海联讯案为例，投保基金公司专项补偿基金工作组通过广泛征求意见与专家论证，最后确立的补偿金额比海联讯控股股东最初提出的方案超出 2700 多万元，提供了对投资者更优的补偿方案。同时，由投资者保护机构所作出的赔付方案，对于投资者而言，更具有公信力。

（四）先行赔付的程序

程序的正义与否会影响结果的正义与否。投资者不仅需要得到应有的损害赔偿，而且还需要知晓自己是如何实现损害赔偿的。作为"看得见的正义"，程序正义是取得公平、正义的结果的保障。

在先行赔付的过程中，缺少利益受损的投资者的参与以及独立的第三方机构的监督，导致既不能完全保障投资者的权益，也不能完全保证先行赔付制度实施的公正性。因此，投保基金公司与投服中心可以根据各自的性质界定与功能定位，进行分工合作、相互配合，形成一定的监督和制约机制。由投保基金公司对补偿基金进行管理，主要负责赔付基金的保管和发放；由投服中心以管制者的身份，主要负责监督先行赔付人行为的正当性和合法性。

从投资者的角度来看，每一次先行赔付的实例都是在以往经验总结的基础上更进一步，朝着便利投资者的方向迈进。在万福生科案中，以网络系统确认补偿方案的形式，不仅降低了投资者获取信息的成本，也在一定程度上加快了达成和解的速度。在海联讯案中，投资者申报确认程序被进一步简化，并取消了投资者网签和解承诺函的程序。在欣泰电气案中，兴业证券还专门设有投资者赔付热线、专用邮箱及现场咨询点,推动先行赔付工作的有序展开。为了提高投资者保护机构在先行赔付中的参与度,投资者保护机构可以利用其自身的优势,通过公告甚至一对一联系等多种方式告知投资者申请赔偿权利的事宜,使得更多的适格投资者获得赔偿。一旦发生适格投资者未在规定期限内申请权利的,投服中心可以以责任主体的股东身份代表这部分适格投资者与先行赔付人进行协调或调解,从保护投资者的角度出发,尽可能将其纳入先行赔付的对象中,以发挥相较于民事诉讼而言,先行赔付机制独有的优渥性。

新《证券法》中关于先行赔付制度的规定就为投资者提供了一种全新的非诉纠纷解决机制,以替代原先通过民事诉讼进行维权的方式,有效避免了受损害的中小投资者在诉讼时所面临的困境。同时,也应当重视发挥投资者保护机构的作用,利用投资者保护机构固有的公益性等特征与职能,促使先行赔付机制的运作更加透明、合理、公正,实现对投资者权益的有效保障。

浙江省民营上市公司治理问题

崔越然①

摘　要:民营上市公司是浙江经济主体的重要组成部分,对浙江经济的发展发挥着重要作用。本文通过对浙江省上市公司进行数据分析,认识到浙江省民营企业内部治理存在一定问题,如何改善公司治理机制以提升民营上市公司的质量,对企业发展具有重要意义。股东会层面,民营上市公司应当增加股权制衡度、采取累积投票制、召开网络股东大会以促进股权公平。董事会层面,企业应当设立董事会专门委员会以加强董事会内部权力的制衡,完善独立董事选举机制、激励机制与责任制度,调动独立董事保护中小股东权益的积极性。监事会层面,企业应当选出代表各方利益的代表组成监事会,以保持监事会的独立性,同时可以考虑将党建嵌入企业治理监事会,以提升监事个人素质。经理与职工层面,企业应当设立完善的考核机制以发挥外部督促作用,采用激励计划激发员工忠实勤勉的内动力,引入文化治理促进企业治理水平的整体提高。浙江民营企业之所以处于全国领先地位,不仅是因为体量大,更在于其多样性的发展。最好的治理方式是结合企业实际。新《证券法》大大加强了投资者权益保护,如果上市公司治理存在问题,导致公司忽视对小股东的权益保护,上市公司以及直接责任人将面临巨额赔偿。因此,完善上市公司内部治理不应仅停留于口号上,而应落到实处。

关键词:浙江省;民营上市公司;内部治理

---

① 崔越然,浙江宁波人,2018级法学专业非诉实验班本科生。

  浙江是我国民营经济强省,省内民营企业、民营上市公司、待上市民营企业隐形冠军等规模企业是浙江经济增动能、稳增长的重要推动力。民营企业的进一步发展需要扩大知名度、增强同类竞品企业中的优势以及持续融资的能力,为实现这些目标,往往要经历上市这个流程。我国《证券法》第十二条与第四十七条对上市公司提出了要求,其中就包括完善的公司治理。当前疫情形势下,国际国内经济态势复杂多变,浙江民营上市公司面临加强治理、稳定发展的巨大压力,因此研究浙江省民营上市公司存在的内部治理法律问题,防控经营风险,提高企业发展质量,对于助力浙江民营经济的可持续健康发展十分必要。

  本文使用东方财富网(www.eastmoney.com/)与浙江上市公司协会官网(www.zjlca.com/)两个平台的数据信息,对浙江上市公司的基本数据进行采集。统计分析结果展示如表1、表2所示。

表1　浙江省各地级市上市公司相关情况统计

	杭州	宁波	绍兴	台州	嘉兴	金华
上市公司总数/家	149	76	54	44	38	25
进入市值前100家数量/家	43	13	10	9	9	8
进入市值前100家数量占比/%	28.9	17.1	18.5	20.5	23.7	32.0
国营上市公司数量/家	24	6	7	6	5	2
民营上市公司数量/家	125	70	47	38	33	23
民营上市公司数量占比/%	83.9	92.1	87.0	86.4	86.8	92.0
	湖州	温州	衢州	丽水	舟山	
上市公司总数/家	23	15	6	3	1	
进入市值前100家数量/家	3	3	1	0	0	
进入市值前100家数量占比/%	13.0	20.0	16.7	0.0	0.0	
国营上市公司数量/家	0	1	2	0	0	

续　表

	湖州	温州	衢州	丽水	舟山	
民营上市公司数量/家	23	14	4	3	1	
民营上市公司数量占比/%	100.0	93.3	66.7	100.0	100.0	

备注:本次统计只将主板、中小板、创业板上市的435家公司纳入,而在新三板、港交所、境外上市的公司由于资料不完善未纳入统计。

表2　浙江省民营上市公司聚焦地(县、区域)相关情况统计

地区	义乌市	滨江区	余杭区	鄞州区	西湖区	萧山区
数量/家	3	26	19	14	13	13
地区	上虞区	北仑区	新昌县	诸暨市	临海市	
数量/家	12	10	9	9	7	

通过对表中数据的对比,我们发现:(1)温州作为中国民营经济的先发地区,其GDP在浙江省内排行第三,但按各市上市公司数量排名却位列第八,仅仅多于衢州、丽水等地(如表1所示)。(2)义乌作为全球最大的小商品集散中心,民营经济极度发达,享有极高的知名度,但问题和温州一样,相比于浙江省内民营经济发达的县、区,义乌的上市公司数量较少,并不能与其名声相匹配(如表2所示)。为何民营资本如此雄厚的地方,民营上市公司却不多?问题往往出在内部治理上。本文将从公司组织机构中的股东会、董事会、监事会以及经理与职工等4个层面对浙江省民营上市公司的内部治理问题展开法律分析。

一、股东会层面

(一)现存问题

民营企业在股东会层面出现的内部治理问题,往往是由不合理的股权结构导致的。其中"一股独大"的股权结构较为普遍。比较极端的例子如ST猴王股份被它的大股东猴王集团掏空,最终退市;一般常见的如大股东"隧道行为"或实际控制人独断专行,未为企业谋利,反而给企业发展埋下隐患。

(二)原因分析

"在法律视角下,公司股权结构是现代公司治理的逻辑起点,属于公司基本法律关系范畴。"①股权结构不仅仅影响股东会治理,在企业治理的方方面面都会产生作用力。通过统计60家浙江省民营上市公司数据,我们发现在该问题上,浙江省有其自身的独特性。浙江民营上市公司的第一大股东持股比例与公司的经营绩效之间呈明显正相关②,我们往往认为第一大股东持股比例偏高时,必然会损害中小股东利益,其他大股东也缺少做出决策所需的公司相关内部信息,但事实上浙江省的民营上市公司90%以上采用家族式经营模式,第一大股东持股比例较高往往可以减少控制人作出有损于自己整个公司利益的行为,也有更大的动力为公司谋利益,反而提升了公司的整体绩效水平。"一股独大"属于高度集中的股权结构,类似于经济法中"垄断"的概念,此种结构不必然损害企业治理,该情况下企业的决策成本低、效率高。损害企业治理的情形其实是大股东滥用优势股权地位,损害企业利益,因此解决股东会层面企业治理问题的关键是限制大股东滥用优势地位。

(三)解决方案

针对"一股独大",具体解决方案是限制大股东滥用优势地位。一方面是要增加股权制衡度。股权制衡是上市公司大股东之间的内部牵制,使得任何一个大股东都无法完全控制公司决

---

① 朱慈蕴、林凯:《公司制度趋同理论检视下的中国公司治理评析》,《法学研究》2013年第5期,第36页。

② 金玉梅:《浙江上市公司资本结构对经营绩效影响的实证研究》,硕士学位论文,杭州电子科技大学,2015年,第42页。

策,达到大股东之间可以相互有效监督的股权模式。将股权制衡量化就是股权制衡度,即第二大股东到第十大股东的持股之和与第一大股东持股之比。通过数据统计,本文发现浙江省民营上市公司的股权制衡整体水平并不高,这与普遍的家族式治理相关。虽然第一大股东持股比例较高有利于公司绩效,但只有不断完善股权制衡,提升股权制衡度,才能更好地保护其他投资者的权益,维护上市后公司的长期稳定发展。

另一方面是要让中小股东手中有限的股权发挥更大的作用。第一,以上市为目标的民营企业应当以章程或者股东大会决议的形式确定股东大会选举董事、监事,实行累积投票制,累积投票制有助于代表中小股东利益的代表当选董事、监事,在企业的决策执行以及监督层面限制大股东滥用优势地位。第二,根据《上市公司章程指引》(2016 年修订)第八十条的建议,股东大会应当在召集、选举表决等诸环节优先提供网络形式的投票平台,为股东参加股东大会提供便利。"网络技术和电子技术并不仅仅是公司治理的装饰和时代特征的体现,而是实质性影响企业治理相关方利益的因素。"①更多的中小股东,更方便地参与企业决策,让企业决定重要事项的权利在全体股东的参与下运行。允许中小股东手中的股权发挥更大的作用,有利于促进股权公平,从而限制民营上市公司因"一股独大"而产生的大股东利益输送等自利行为。

二、董事会层面

(一)现存问题

第一,存在董事滥用职权的法律风险,公司董事利用职务便

---

① 朱慈蕴、林凯:《公司制度趋同理论检视下的中国公司治理评析》,《法学研究》2013 年第 5 期,第 34 页。

利,为自己谋取利益。温州有一家民营企业的董事利用职务便利,将公司的资产以极低的价格转让给自己即将要开办公司的亲戚,后被公司股东联名提起诉讼。第二,独立董事制度不健全,在"一股独大"股权结构下失去意义,导致独立董事失去应有的作用。

(二)原因分析

董事不仅仅代表企业进行决策、执行事务,同时也是自然人,具有双重身份;企业的利益并不全部属于董事,而个人的利益则完全归属于自然人层面的董事,因此企业董事具有将企业利益转移为个人利益的驱动力,解决该问题的关键在于事前制衡与事后救济。我国设立上市公司独立董事制度的主要目的是保护小股东的合法权益不受损害[①],目前浙江省民营上市公司已经普遍采用了上市公司独立董事制度,绝大部分的上市公司独立董事占全体董事会成员的比例超过了 1/3,最高甚至达到了 2/3[②],说明浙江省民营上市公司已经意识到主动提高独立董事比例的重要性。独立董事一般是企业的外部人士,他们承担了对上市公司中小股东的保护义务,但由于并无实质性利益关系,因此需要健全的机制去调动独立董事对中小股东利益保护的积极性。

(三)解决方案

针对董事滥用职权问题,其中事前预防的关键在于加强董事会内部权力制衡,在股东会选出代表中小股东的董事与独立董事的前提下,我国上市公司一般设立审计、战略、提名、薪酬以及考

---

① 参见《公司法》一百二十二条以及《关于在上市公司建立独立董事制度的意见》。

② 杨忠:《董事会结构与公司绩效相关性研究——基于浙江上市公司的实证分析》,硕士学位论文,浙江工商大学,2010 年,第 29 页。

核等专门委员会,要求独立董事占多数且担任召集人①。设置董事会专门委员会"实质上解构了董事会权力并实现权力的重新分配,在一定程度上缓解了代表特定利益主体的董事与其他董事之间的利益冲突,起到权力制衡的作用"②。事后救济方面,《公司法》第一百五十一条、第一百五十二条分别为股东设立了"代表诉讼"与"直接诉讼"制度,股东可以诉讼请求停止合同、决议的履行以及主张损失形成后的损害赔偿责任。

针对独立董事缺乏保护中小股东积极性的问题,解决关键在于改进独立董事选举机制,以及平衡"独立董事激励机制"与"独立董事责任制度"。

首先,改进独立董事选举机制。证监会下发的《关于在上市公司建立独立董事制度的指导意见》规定董事会、监事会以及持有上市公司发行股份 1% 以上的股东可以提出独立董事的候选人。但是在实践中上市公司独立董事的提名权、选举权都掌握在大股东手中,这与独立董事的设立目的即保护小股东权益背道而驰。因此,最理想的状态是在独立董事的选任过程中实行"大股东回避制度",同时采用累积投票制,选举出代表中小股东利益的独立董事。

其次,平衡"独立董事激励机制"与"独立董事责任制度"。第一,激励机制中对独立董事年薪数额的设定不能太高,太高的年薪会让董事产生依附心理,独立董事一旦对企业产生依附心理,名字当中的"独立"③便失去意义。为独立董事设定股权激励,属于长期激励,使得独立董事的利益与股东的利益趋向一致,从而

---

① 参见《上市公司治理准则》(2018)第三十八条。

② 韩文:《董事会治理优化路径研究:专门委员会制度的重构》,《法学杂志》2019 年第 7 期,第 98 页。

③ 曲亮、章静、郝云宏:《独立董事如何提升企业绩效——立足四层委托—代理嵌入模型的机理解读》,《中国工业经济》2014 年第 7 期,第 110 页。

带动独立董事保护中小股东利益的积极性。第二,不同于激励机制,责任制度即法律责任是独立董事履行义务的外部保障机制。金亚科技是创业板首批上市公司,由于财务造假,公司以及相关责任人员面临诸多法律责任,其中独立董事就被罚款15万元。新《证券法》完善了投资者保护制度,对公司治理不善引发的各种造假、欺诈行为大大提高了处罚额度,独立董事的法律责任大大增加,但过大的赔偿风险也会导致独立董事的行为过于保守,为了解决这个问题可以参考建立独立董事责任保险制度。[①]

三、监事会层面

(一)现存问题

从浙江省上市公司监事会来看,有关监事责任的诉讼极为少见,民营上市公司监事会行为损害公司利益的案例很少,监事失职大多体现为不作为。孙敬水、孙金秀分析了2002年浙江省上市公司监事会规模以及持股比例与公司绩效之间的关系,发现并无显著相关[②];张洁、马希希对2014年浙江省上市公司年报数据进行了实证分析,也得出了相同的结论[③]。以上都说明,监事会"虚位""无为"等问题在民营企业中尤为突出。根据我国监事会的实际运行模式来看,大部分的监事人员由股东会聘任,家族化管理的民营企业中,大股东的意志往往具有决定性作用。浙江宁波有一家企业,它的监事虽然不是董事及高管,却是企业大股东的母亲,可以预见的是,这位老人并不会尽职尽责地履行作为企

---

① 鲁胜亚:《基于法律风险分析的董事会治理问题研究》,《中国商贸》2013年第29期,第70页。

② 孙敬水、孙金秀:《我国上市公司监事会与公司绩效的实证检验》,《统计与决策》2005年第3期,第64—65页。

③ 张洁、马希希:《浙江省上市公司监事会治理与公司价值分析》,《会计师》2016年第4期,第20—22页。

业监事的法定义务。因此,在家族化管理的民营企业(包括上市公司)中,监事会往往形同虚设。

(二)原因分析

根据《公司法》第五十三条,监事会与独立董事具有一定的相似性,但独立董事侧重保护中小股东利益,监事会的主要目标在于对企业进行全面监督。监事若想发挥全面监督的作用,需要满足以下条件:第一,为能够独立行使监督权,监事不能在利益方面受制于董事、高管[①];第二,监事人员具有相应的专业知识,能够胜任监事职务;第三,监事人员思想素质良好。因此,解决监事会"虚位""无为"问题的关键在于保持监事独立性与挑选高素质监事人员。

(三)解决方案

针对保持监事独立性这一要求,监事保持独立性一般是对企业大股东保持独立性。第一种方案是由学者提出的,参照独立董事,引入独立监事制度[②];第二种方案是由股东、职工、债权人等各个利益相关方代表构成一个更具独立性的监事会,利用相互之间的制衡,保持监事会整体的独立性。

针对监事自身素质,有学者曾经创造性地提出"党建嵌入公司治理监事会"的模式[③]。简单来说就是在监事会中插入企业的基层党组织代表。我国《公司法》规定了公司企业应当在其内部设立党组织,开展党的活动,即企业应当设立具备一定规模的党组织。由此,上述模式的基本思路为:企业的基层党组织是一种

---

① 唐照波:《完善治理结构 规避财务风险》,《经济师》2019 年第 5 期,第 105 页。

② 张杰:《论独立监事制度的设立》,《法制与社会》2019 年第 4 期,第76—77 页。

③ 初明利、陶重任:《民营企业党组织嵌入公司治理监事会的探讨》,《求知》2011 年第 1 期,第 35—36 页。

很好的、可以利用的政治资源、组织资源，我国当前正处于社会主义初级阶段，企业治理的法律制度还不够完善，而企业内部党组织的存在，可以成为当前社会条件下的一种有效监督手段。同时将党建嵌入企业监事会，可以发挥党组织作风建设以及思想建设的优势，保证监事人员思想素质良好。随着民营企业的进一步发展完善，民营企业党建活动与企业内部治理将会越来越契合。

四、经理与职工层面

（一）现存问题

职工与经理，他们的日常工作一般不涉及重大决策，更多是落实上层的各项决策以及完成日常事务。因此，经理与职工层面存在的问题主要是承担企业事务时的行动迟缓、贻误商机、推诿扯皮、自私自利等影响企业的绩效。虽不涉及重大决策，但企业的日常事务众多，如果执行不到位，决策再好也无意义，因此职工与经理层面的治理同样至关重要。

（二）原因分析

浙江省的民营上市公司一般是由发展前景和业绩都很好的民营企业演进而来的。从企业的演进历程来看，在成长阶段，企业的所有权主要为个人或家庭成员或家族成员共同所有，企业的经营权也直接或间接地为一个家族所控制，所有者与经营者同一，决策迅速灵活，执行有效率，因此经营成本很低。无疑"所有权与经营权完全合一"的治理模式是民营企业初创和成长时期最好的制度安排。但随着企业的社会化发展，市场规模逐渐扩大，企业实行的完全家族式管理具有效力边界，并不能解决企业持续存在和长期发展的问题①。引入家族外部经理与职工，必然导致

① 朱呈访：《经济转型背景下家族企业代际传承中社会资本问题研究——以浙江温州为例》，《现代商贸工业》2019 年第 11 期，第 75—76 页。

企业所有权与经营权分离。根据道德困境理论，企业所有者追求的是财富的持续积累，而外部人员追求的则是充足的佣金与休假[①]。在某些事情上他们存在着不同的倾向，如果治理不当，企业的经营成本将会迅速升高，企业必然遭受巨大损失。

（三）解决方案

为解决经理与职工消极怠工、自私自利等问题，本文将从三个不同方面规制执行层行为，以求降低企业所有权、经营权相分离所产生的成本。

第一，设立完善的外部监管与考核机制。监管即通过规定禁止性行为，直接明文禁止经理与员工消极怠工、自私自利的行为；考核机制对股东、董事以及监事来说并无太大的意义，因为没有可以量化的指标供参考，但对于执行层，完成的任务数量、金额、人数等都是可以量化的指标，对完成的工作数量、质量进行考核，可以从外部督促经理以及职工尽职尽责。

第二，采用激励计划。监管与考核机制是从外部对企业成员进行约束，而激励制度则将执行层的个人利益与企业利益相捆绑形成利益共同体，激发经理与职工忠实勤勉于企业的内动力，使各成员自发性地减少消极怠工、自私自利行为，降低所有权、经营权相分离所产生的成本。适时、恰当分享企业的发展成果，增加经理与职工实实在在的获得感、成就感，激发他们的主人翁精神，有利于构建企业利益共同体，提高企业绩效。激励方式有股权激励、绩效激励，对于企业员工还有"职位提升"等激励机制。

要注意的是，激励制度虽好，但如果激励计划不完善，激励效果可能不尽如人意，甚至会反向发展。以上市公司股权激励为例，一旦公司员工大量售出自己激励计划中的股票，那么本质上

---

① 阳佳晨：《中国上市公司监事会制度与独立董事制度的融合与完善》，硕士学位论文，华东政法大学，2016年，第8页。

就是看空自己公司的股票,这种行为无益于公司的发展。对此《公司法》第一百四十一条作出了限制公司高管转让所持股票的规定,任职期间每年最多转让其股份总额的 25％,这条规定的确可以有效减少公司通过转让股票套现的行为,但在现实中存在很多以股票质押的方式使用限制性股票套现的例子:瑞幸咖啡的高管,在浑水公司将做空报告做好前大量质押自己手中的限制流通股;浙江某股份有限公司第一大股东陈某某将其所持公司的限制流通 A 股(高管锁定股)中 270 万股质押给深圳发展银行为公司债务担保。可以看出,股权激励机制存在高管利用限制流通股票质押而套现的风险。

第三,文化治理①。文化治理不仅仅适用于经理与职工层面,更适用于企业治理的方方面面。好的企业精神和企业文化是企业最珍贵的精神财富,是企业的灵魂,也是主要的竞争实力和推动企业发展的不竭动力。吉利集团、公牛集团等众多浙江企业发展的实例说明浙商活跃的内在精神动力,就在于与时俱进、不断解放思想、开拓进取的创新精神。企业文化治理是企业内部治理的重要内容,企业文化治理有利于促进企业内部治理体制的完善,有利于企业治理水平的整体提高。

弘扬中国文化、浙商文化,建立强大的企业文化,形成企业共同的使命、愿景和价值体系,提高企业全员的思想素质和法治意识,使员工自觉履行忠诚和勤勉义务,增强企业的凝聚力,以此作为企业发展的基石和精神动力,直接助力浙江民营上市公司、待上市企业提高企业内部治理水平,降低规模企业所有权与经营权分离所产生的成本。

---

① 章剑鸣:《刍议浙商文化的内涵特征》,《商业时代》2007 年第 3 期,第 110—112 页。

五、总结与建议

浙江是中国的经济强省，也是民营经济大省，省内各地民营经济的发展背景各有不同，发展模式各具特色。浙江民营上市公司之所以数量多，经济体量大，业务和投资遍布全球各地，本文认为不仅是因为浙江民营经济的基数大，民营企业多，而且在于其"多样性"的发展，在宽松的政策环境下，"商主体"独立自主，充分运用智慧创造、创新各具特色的发展和治理模式助力企业发展壮大。所以，如果想要研究如何优化浙江省民营企业的治理机制，首先要弄清楚的是不同行业、不同背景、不同基因、不同现状的企业内部治理机制的不同优势与不足。我们应在现行法律制度的治理基础上，在各式各样的企业内部治理实践中找寻其共性和特点，根据不同企业的实际情况选择最需要、最恰当、最有效的管理制度和治理对策。

当前我国处理经济类违法犯罪问题时倾向加大罚款力度，提升最高处罚额度。该趋势在证券市场中显得尤为突出，2020年3月1日正式生效的新《证券法》增加了"投资者保护"专章，设立了"投保机构股东代表诉讼"制度。在如此严厉的制度保障之下，如果民营上市公司因为内部治理存在漏洞，控制性股东"一股独大"滥用优势地位，完全不关注投资人、中小股东的权益保护，那么仅"代表人诉讼"这一项制度，就能让一个净资产几亿元的上市公司背上几十亿的债务，这样的企业哪怕成功上市，最后也只有一条路，那就是企业破产，企业高管个人倾家荡产。因此，民营上市公司加强内部治理不应仅停留于口号或概念上。优化企业的内部治理机制，关键是把各项有效的治理措施落到实处，形成治理合力。优化企业治理，实实在在地解决民营上市公司发展中存在的实际问题，增加企业绩效，促进企业发展，增强规模经济的带富效应，为浙江经济的稳定和发展贡献智慧、积聚力量。

既判力理论视角下事实预决效力探究

——基于证券群体性纠纷示范判决制度

江利杰①

摘　要:作为生效示范判决理由中的共同事实,其在平行案件中的"不容争议"之效力基础在既判力理论视角下存在解释困境。对于公正与效率的考量并不足以支持既判力理论通说拒绝承认事实预决效力的因由,相反,立法者的政策考量乃系困境之本质。生效判决虽然具有与公文书证同等价值的证明力,但用公文书证来解释案件事实的预决效力,混淆了两者的法律效力。鉴于我国未有明确的既判力制度,既判力理论亦未有充分本土情境考量,因而后续在本土化过程中可予以适当改造,以实现既决事项的"不容争议"。

关键词:事实预决效力;既判力;示范判决;纠纷解决

一、问题的提出

随着纠纷的多元化解机制进一步深化,2018 年最高人民法院与中国证监会在证券纠纷领域联合颁布《关于全面推进证券期货纠纷多元化解机制建设的意见》,"示范判决＋委托调解"机制作为一种新的解决纠纷的方式,旨在实现诉讼与非诉讼方式的衔接。随后,上海、深圳、杭州等多地出台相应规定予以明确。

示范案件与平行案件是相对的概念,基于示范案件的示范判

---

①　江利杰,浙江宁波人,2019 级法律(法学)硕士研究生。

决机制旨在解决共同事实与法律适用问题，一份生效的示范判决中的事实认定对于平行诉讼而言具有约束力。虽然《最高人民法院关于民事诉讼证据的若干规定》（以下称《民诉证据规定》）第十条第（六）项的规定——"已为人民法院发生法律效力的裁判所确认的基本事实"，当事人无须举证证明——为示范案件判决中的事实认定所具有的约束力提供了法律依据，但就其法理基础而言，学术界争议较大，大致分为三类观点——既判力、间接禁反言（或争点效）、事实证明效。① 就该问题，由于我国在诉讼构造和事实的审理模式方面与大陆法系国家有更多的共性②，因而较为现实的是从大陆法系理论角度，即既判力与证明效理论出发进行阐述。

从大陆法系的通说来看，由于既判力理论通说并不承认裁判理由的效力，因而对前诉判决书中的事实认定一般采取公文书证的路径，这一点与我国《民诉证据规定》的内容较为相似。但就我国目前而言，并未有明确的既判力制度规定，学术界对于既判力理论的认识多为借鉴，本土化程度不足③，因而在该问题上应当对通说进行整体考量。进一步而言，通说主张裁判理由没有既判力的因由何在？能否成立？能否实现其目的（或者规避相应的难

---

① 王学棉：《民事诉讼预决事实效力理论基础之选择》，《国家检察官学院学报》2020 年第 1 期，第 148—152 页。

② 纪格非：《"争点"法律效力的西方样本与中国路径》，《中国法学》2013 年第 3 期，第 109 页。

③ 大陆法系（以德国为代表）的既判力理论有着深厚的现实基础，并不全然适合我国，全盘接受而不探究其背后的缘由，可能会使既判力理论在我国束之高阁，得不到运用。当然，大陆法系注重逻辑上的严谨，如果予以改造确实可能导致逻辑之间存有矛盾。但需要指出的是，大陆法系的理论也并非一成不变的，既判力通说亦有从实体法说向诉讼法说转变，因而仅以逻辑上会存在矛盾为由，拒绝将相关理论在本土化过程中的改造，不具有合理性。

题)? 此外,从公文书证的角度来解释前诉案件事实的预决效力
是否可行? 诸此种种,皆需要具体的分析。

二、事实预决效力的解释困境

既判力是判决一经确定就不允许当事人再行争执的确定
力。[1] 虽然目前我国现行法律中对此未有明确规定,但根据《最
高人民法院新民事诉讼证据规定理解与适用》对于预决事实不需
要证明的描述——"此种约束力也包括对该事实认定上的不可更
改性"[2],此处的"不可更改"实质上体现了既判力理论的内涵。

理论上,在如何解释通过既判力使法官的裁判在内容上达到
确定的问题上,存在实体法既判力理论与诉讼法既判力理论之
争,但主流观点(诉讼法既判力理论)认为实质既判力的本质在
于:未来的法官受判决所作出的确认的约束。[3] 这一约束力表现
为"禁止重复的禁令",也即法院不能对曾经确定的法律后果进行
重复审理和裁判。[4]

想要从既判力理论角度出发来解释示范案件所确认的共同
事实对于平行诉讼案件的预决效力,就必须解决两个难题:第一,
案件事实能否具有既判力;第二,前诉案外人能否在后诉中主张
预决事实。

(一)案件事实能否具有既判力

案件事实能否具有既判力涉及既判力的客观范围与界限问

---

① 林剑锋:《既判力相对性原则在我国制度化的现状与障碍》,《现代
法学》2016年第1期,第130页。

② 最高人民法院民事审判第一庭:《最高人民法院新民事诉讼证据规
定理解与适用》(上),北京:人民法院出版社,2020年,第155页。

③ 汉斯-约阿希姆·穆泽拉克:《德国民事诉讼法基础教程》,周翠译,
北京:中国政法大学出版社,2005年,第325页。

④ 罗森贝克、施瓦布、戈特瓦尔德:《德国民事诉讼法》(下),李大雪
译,北京:中国法制出版社,2007年,第1152页。

题。目前德国民事诉讼法及理论界主流观点认为其仅限于判决主文，而不涵盖事实情况和裁判理由。[①] 由于诉包括确认之诉、给付之诉与变更之诉，只有确认之诉在判决主文中涉及事实内容。[②] 因而在非确认之诉情形下，由于法官对于案件事实的判断并不在判决主文中予以陈述，主流观点认为，作为判决理由的案件事实不具有既判力。

不过上述结论显然不能令人满意。案件事实（基础事实）作为一项小前提，是判决主文中结论之基础，也即生效裁判所确认的事实与裁判结果存在密切联系。法院通过诉讼时当事人提供的证据，作出与权利义务相关的事实的判断，并进而得出相应的结论，因而在承认判决主文既判力的同时也会在一定程度上承认基础事实的既判力，否则"皮之不存，毛将焉附"。更进一步而言，如果否认了案件事实所具有的约束力，允许后诉对争议事实作出不一致的处理，可能导致前诉判决既判力的不稳定。

1. 既判力遮断效的尝试

在分析大陆法系国家（以德国为代表）之所以不赋予裁判理由既判力的具体原因前，笔者注意到国内有学者基于对既判力时间范围的认识，在既判力理论内部寻求预决事实效力的正当性基础。其认为前诉的事实认定具有预决效力（既判力的遮断效），并指出"导致预决效力认知障碍的关键原因，是人们没有完整把握

---

①　不过这一说法具有一定的误导性，因为在驳回诉的判决主文本身没有说明任何内容，需要通过阅读事实情况和裁判理由来得出相应的法律后果（即原告不享有他所主张的权利）将发生既判力。更为准确的说法为：只有"将法律规范使用到作为裁判基础的事实关系上所获得的结果"才能发生既判力（汉斯-约阿希姆·穆泽拉克：《德国民事诉讼法基础教程》，周翠译，中国政法大学出版社，2005 年，第 326 页）。

②　王学棉：《民事诉讼预决事实效力理论基础之选择》，《国家检察官学院学报》2020 年第 1 期，第 147 页。

既判力范围原理,遗漏了其中的"时间范围"这个维度。① 但笔者对此观点持保留意见,因而首先予以分析。

具体而言,该学者的论证思路主要如下:由于"生效裁判是对特定时点上当事人权利义务关系状态的判断有既判权威"(因为法院判决主要是根据当事人提供的诉讼资料而作出的判断),那么进一步而言,"为了维护既判力,法院所作出的对案件的事实认定和法律评价都不能被攻击",由此,在后诉中当事人不得提出新证据、作出不同说明,法官也不得对该事实作出不同的判断。最终,该学者认为前诉裁判认定的事实在后诉中不容再争议,而此种约束力也被称为既判力的遮断效。

但上述论证并不足以达到其目的,其无法解释的是:对于既判力稳定性的维护为何只能通过赋予法院所作出的事实认定以预决效力,而不能通过排除前诉判决时没有提出的事实的角度来进行。由前所述,判决的作出是以诉讼资料为基础,那么在后诉中排除当事人在前诉事实审理中就已经存在,但没有提交诉讼的事实主张,同样也能达到维护既判力稳定性的目的。换言之,赋予案件事实预决效力只是维护既判力稳定性的充分条件,而非必要条件。通过排除前诉判决时没有提出的事实同样能达到既判力稳定性的目的,但其并不意味着案件事实的认定具有预决效力,因为前者是从未来的角度出发排除新证据,后者是从过去的角度出发赋予其预决效力。

更为重要的是,上述论证从根本上而言可能存在偏差。该学者在引用诉讼法既判力理论(罗森贝克的观点)来表明自己观点的同时,掺杂了实体法既判力理论的部分内容,曲解了作者的原意。具体而言,罗森贝克在《德国民事诉讼法》一书中以"裁判理

---

① 吴英姿:《预决事实无需证明的法理基础与适用规则》,《法律科学》(西北政法大学学报)2017 年第 2 期,第 72 页。

由不具有既判力"为标题予以阐述,并明确指出作为裁判理由之一的案件事实与预决关系均不具有既判力。[①] 但是罗森贝克亦表示:法院裁判的作出(涵摄结论)基于诉讼资料,至于"从没有提交的或者法院不知道的事实来看原告的请求权正当还是不正当,法院的裁判本身对此没有包含任何说明",如果要维持既判力,"就一定不能受这种反对涵摄结论及其构成要素的陈述影响。因此,第一个法院所作出的案件事实认定和法律评价都不能被攻击"[②],并由此排除没有提出的事实来维持既判力的稳定性。但这种处理并不是对案件事实所具有的既判力的确认,而是对未主张事实的排除,为了避免读者产生误会,其采用了"相对既判力"的表述。

2. 不赋予案件事实既判力的理由

以上分析表明,罗森贝克等学者在处理裁判理由时,有意识地对裁判理由作出了不具有既判力的判断,这样的处理可能是近代大陆法系实体法与程序法分离后(指既判力、诉讼标的理论由实体法说向诉讼法说转变)所带来的结果。[③] 当然,本文无意对历史予以回溯,而是从具体的制度与理论现实需要出发,这样处理的理由大致上可归结为两方面:

第一,防止因突袭裁判而对当事人不公。其逻辑在于:当事人的主张(事实认定和法律适用方面)是实现其权利请求(诉讼标的)的手段,处于次要地位。而正是这种手段性、次要性,导致存在当事人对事实认定与法律适用的争议(争点)未予以严肃考虑

---

① 罗森贝克、施瓦布、戈特瓦尔德:《德国民事诉讼法》(下),李大雪译,北京:中国法制出版社,2007年,第1159页。

② 罗森贝克、施瓦布、戈特瓦尔德:《德国民事诉讼法》(下),李大雪译,北京:中国法制出版社,2007年,第1171—1172页。

③ 叶自强:《论既判力的本质》,《法学研究》1995年第5期,第23—25页;张卫平:《重复诉讼规制研究:兼论"一事不再理"》,《中国法学》2015年第2期,第43—65页。

的可能性。如果认为争点具有拘束力,那么可能在其他案件中,难免会对当事人造成突然袭击。

第二,提升法院的审理效率。从争点与诉讼标的的关系来看,不让法院针对争点作出的判断产生既判力,不但不会使双方当事人因对这种争点进行过于严格的争议而浪费过多的时间,而且在某种程度上还会使当事人更易于作出自认,有助于法院机动且迅速地对诉讼标的作出审理及判断。①

由上可知,大陆法系在既判力方面对裁判理由的否认主要基于公正与效率方面的考量。这一点其实与英美法系在承认间接禁反言理论时的考量因素并无实质差异。有学者基于英美法系和大陆法系的比较指出,争点效力范围与强度在多大程度上有利于节约诉讼资源、事实被探究和审理的深度、利用先前诉讼资料的可能性以及重新审理导致矛盾判决的可能性,是两大法系在争议事实约束力制度构建上的区别因素。② 同样是基于公正与效率的考量,但两大法系给出了不同的结论。对于该部分的探究,本文将在第三部分着重展开,在此不做赘述。

(二)前诉案外人能否在后诉中主张预决事实

前诉案外人在后诉中对前诉当事人主张预决事实的问题,涉及对既判力的相对性原则的认识。相对性原则是既判力的主观范围的必然要求,既判力的主观范围指的是已经确定的判决对于

---

① 高桥宏志:《民事诉讼法:制度与理论的深层分析》,林剑锋译,北京:法律出版社,2003 年,第 505—506 页。

② 其中,利用先前诉讼资料的可能性,主要是因为英美法系的传闻证据规则所导致的无法使用前诉判决。而节约诉讼资料以及重新审理导致矛盾判决的可能性主要是从现实层面出发,该学者指出由于英美法系在事实认定方面主要采取陪审团制度,事实认定的时间和金钱成本非常庞大。此外,一般上诉案件,只有在上级法院认为陪审团的事实认定是明显荒唐的,才会被裁定撤销。(纪格非:《"争点"法律效力的西方样本与中国路径》,《中国法学》2013 年第 3 期,第 116 页)。

哪些诉讼主体具有约束力。① 由于判决在对双方当事人之间的争议作出判断时,已经充分给予了当事人程序保障、行使诉讼权利的自由,因而双方应当受制于程序运行所带来的结果。这意味着当事人不得就该争议事项另行提起诉讼要求法院再次作出裁决,并且即使法院受理案件也不得作出与该事项判断相矛盾的判断。② 由此,可以自然而然得出的结论是,在没有例外情形下,判决只对当事人双方具有约束力。

但更进一步来看,上述结论是否意味着在前诉和后诉当事人不完全相同的情形下,预决事实一律不得以主张与适用? 笔者持否定意见,因为相对性原则体现的是裁判事实对双方当事人所具有的约束力。由于案外人未参与庭审而不受其约束,因而在后诉中,前诉当事人不能对前诉案外人主张预决事实。但是,对于案外人在后诉中对前诉当事人主张预决事实的情形,并没有突破相对性原则,因为受到前诉判决约束的仍然是前诉当事人,而非后诉当事人。③ 换言之,既判力相对性原则强调的是"对谁主张",而非"谁可主张",因而在后诉中,前诉案外人对前诉当事人主张预决事实的情况下(暂假定可主张),受到既判力约束的仍然只有前诉当事人。

需要指出的是,上述观点可能涉及一个最为根本的质疑:既判力属法官依职权调查的事项,无须当事人主张,因而预决事实效力作为既判力效力之一自然也无须当事人主张。④ 换言之,当

---

① 张卫平:《既判力相对性原则:根据、例外与制度化》,《法学研究》2015 第 1 期,第 69 页。

② 高桥宏志:《民事诉讼法制度与理论的深层分析》,林剑锋译,北京:法律出版社,2003 年,第 477 页。

③ 王学棉:《民事诉讼预决事实效力理论基础之选择》,《国家检察官学院学报》2020 年第 1 期,第 150 页。

④ 王学棉:《民事诉讼预决事实效力理论基础之选择》,《国家检察官学院学报》2020 年第 1 期,第 152 页。

案件事实认定具有既判力之属性后，其应当是由法院依职权调查的事项，当事人无选择主张与否的权利。

对此，有学者尝试回应道，"预决效力……毕竟属于事实争议与判断问题，属于当事人处分权范围"，并进一步指出，"遵循权利逻辑，将主张预决效力的主动权赋予当事人，更符合程序保障的基本精神"。但上述回应一方面没有从正面交锋，另一方面会进一步陷入其他问题，即事实争议与判断已由前诉解决，此处若交由当事人选择，是否与"不容争议"这一本质相悖？

本文认为：上述质疑可能并不存在，当情境发生转变时，套用原有观点来否定新的结论并不恰当。具体而言，在前后诉当事人完全一致、诉讼标的完全一致的情形时，既判力的效力的确表现为：法院不得再次对案件作出不一致的认定，当事人不得再次请求法院审理。此处体现的是对法院审判的尊重，以及纠纷一次解决的原理，因而既判力属法官依职权调查事项，而不在当事人处分权范畴之内。但是当我们认为前诉案外人在后诉中可对前诉当事人主张事实预决效力时，由于前后诉诉讼标的、争议事项并不一致，因而对于前诉既决事项的主张体现的是手段，而不是最终目的。前诉案外人若不主张预决事实，是其处分权的体现，也不会导致前诉既决事项的再争议。前诉案外人若选择主张，则进一步而言，不应当允许前诉当事人对既决事项（基础事实）予以争议，此处前诉案外人的处分权与不容争议之间并不存在矛盾。

接下来，继续回到本节的问题。由于既判力的相对性原则强调的是"对谁主张"而非"谁可主张"，那么由此是否必然意味着前诉案外人可对前诉当事人主张预决事实？遗憾的是，学者们未对此予以进一步探讨。本文认为，既判力制度的目的在于确保审判制度能够有效解决当事人之间的纠纷，既约束当事人又兼有保护案外人之意，而案外人在后诉中对前诉当事人主张预决事实本不是该理论所要解决的核心问题。质言之，上述情形并非既判力理论中的标准事例,而对于边缘事例的讨论,尚需进一步考量其他因素,最为根本的因素当然是关于效率与公正的考量,这一点下文会着重探讨,此处不再赘述。

三、困境探析:基于公正与效率的考量

本节旨在表明,大陆法系立法机关不赋予裁判理由既判力,与其说是基于公正与效率的考量,倒不如说是立法机关为避免向普通法转变而作出的有意识的否认。

前文指出,对于预决事实能否具有既判力以及前诉案外人能否主张预决事实的问题,涉及公正与效率的考量。在具体对大陆法系国家进行分析之前,笔者认为首先对英美法系国家在适用间接禁反言规则时的考量因素进行分析是有参考价值的。

英美法系法官在适用间接禁反言规则时,通常需要满足以下条件:第一,同一争点必须在前一个案件中已经终局判决;第二,当事人在前一案件中被赋予了充分的诉讼机会,该条件是间接禁反言的核心条件;第三,前后两诉当事人或利害关系人一致,也即交互性原则,但该原则在英美两国均已有所突破;[①]第四,该争点

---

① 需要指出的是:英国虽然坚持交互性原则,"但是由于赋予了法官基于防止程序滥用的考虑而使前诉事实认定的结果拘束于非当事人,因此事实上也为争点遮断力的扩张提供了可能"。参见纪格非:《"争点"法律效力的西方样本与中国路径》,《中国法学》2013 年第 3 期,第 111 页。此外,《英国民事诉讼法》19.13、19.15 规定,法院可以从集团诉讼(group litigation)登记中选择一宗或多宗试验性诉讼(test claims)来先行解决相应的共同事实问题(www.justice.gov.uk/courts/procedure-rules/civil/rules/part19♯19.15)。可见,英国实验性诉讼的判决结果在整体上对以后的案件有实质性约束力,而不是就若干事实、法律争点进行的判决具有拘束力。参见肖建国:《民事公益诉讼的基本模式研究——以中、美、德三国为中心的比较法考察》,《中国法学》2007 年第 5 期,第 129—146 页。

对于先前的判决而言是必要的,或是基础性的。[①]

当然对于第三点归纳,有学者认为值得商榷。其质疑思路在于:"对谁主张"是建立在正当程序的基础上,而"谁可主张"建立在交互性原则或非交互性原则的基础上。交互性原则强调的是"谁可主张"而非"对谁主张",确立非交互性原则仅是将可以主张争点的主体从前诉当事人扩张到前诉案外人,但受诉争点约束的主体仍然只是前诉当事人,由于交互性并不源于正当程序和美国宪法,法院没有适用的义务。[②] 笔者认同该观点。

综上,可以看到的是,英美法系的间接禁反言制度构建主要关心的是前诉对某一特定争点的认定是否经过充分的争议,以及对前诉整个诉讼的决定而言,该争点是否必要。

(一)公正

由于大陆法系与英美法系在是否承认预决事实的效力上所考量的核心因素是一致的,那么在此对突袭裁判担忧的质疑,大致可以通过以下思路进行:

第一,案件事实是否都没有经过充分的审理?笔者持否定意见。请求权的成立涉及要件事实的成立,而对于要件事实的判断涉及当事人主张与利益能否实现之关键,因而当事人必然会认真对待。而诉讼主要正是基于这样的争议展开的,一概而论地认为当事人不会严肃对待,因而相关争点没有得到充分审理,失之偏颇。

第二,证据开示制度的缺失、辩论主义不盛行是否必然导致大陆法系审判中,事实被探究和审理的深度较浅?笔者持否定意见。有学者指出,英美法系国家通过证据开示程序使当事人得以

[①]　纪格非:《"争点"法律效力的西方样本与中国路径》,《中国法学》2013 年第 3 期,第 110—111 页。

[②]　王学棉:《民事诉讼预决事实效力理论基础之选择》,《国家检察官学院学报》2020 年第 1 期,第 150 页。

充分收集证据,也使审理者获得充分接触证据的机会,因而在事实被探究和审理的深度上,大陆法系国家的司法制度显然无法与之相比。[①] 但需要指出的是,英美法系奉行当事人主义,更注重从当事人的角度来赋予当事人了解有关案件信息的权利与手段,这一点并不必然得出两大法系在事实被探究和审理深度上的差异,因为在大陆法系中,当事人可申请法院调取相应的证据,法官也可依职权调取相应的证据。此外,由于传闻规则的限制以及辩论主义的模式,英美法系可能在事实审理时,各方的辩论与交锋更加充分,有助于查明真相。但这并不意味着与案件事实更加贴近,在英美法系中,优秀的律师更可能利用辩论技巧使案件事实偏离现实的轨道。此外,在大陆法系中,法院可以要求证人出庭做证,接受各方询问,当事人和法官也可选取合适的质证方式,来使案件事实更加充分。

上述分析足以表明,对于可能导致的突袭裁判对当事人不公的考量,其实并不能站住脚。也正如罗森贝克所言,德国"立法机关以自己的表述有意识地防止向普通法转化的广泛观点",虽然鉴于诉讼应实现法律和平的目的,可赋予争点广泛的约束力,但其"有意识地选择也反对这种拘束"。[②]

(二)效率

对于诉讼效率的考虑,虽然否认裁判理由具有既判力,在个案中可能起到加快诉讼效率的结果,但在群体性诉讼领域,却可能适得其反。德国《投资者示范诉讼法》的首次尝试已经深刻表明了这一点。

德国《投资者示范诉讼法》的出台,其导火索为德国电信公司

[①] 纪格非:《"争点"法律效力的西方样本与中国路径》,《中国法学》2013年第3期,第115页。

[②] 罗森贝克、施瓦布、戈特瓦尔德:《德国民事诉讼法》(下),李大雪译,北京:中国法制出版社,2007年,第1159页。

的虚假陈述一案。德国电信公司在股票发行说明书中存在虚假陈述,对其不动产价值的估算超出实际价值 20 亿欧元,导致股票发行后股价的急剧下跌,大量股民遭受损失。因而大量股民于 2003 年向法兰克福州法院提起诉讼,但由于案件数量过多,直到 2004 年夏天,法院尚未就该案开庭。而此类案件的出现,使得德国政府在大规模纠纷的解决上作出了新的尝试。2004 年年初德国政府公布《投资者示范诉讼法》的草案,为了使其顺利通过,该法有效期被限定为 5 年(2005 年 11 月生效)。

该法的基本理念在于:在大量投资者因为同一法律事实提起诉讼时,根据当事人的申请,就这些诉讼中共同存在的典型问题(Musterfrage)先行裁判,并以此构成平行案件的审理基础。具体而言,其将这些共同事实或共同存在的法律问题交给上级法院,由上级法院在示范案件原告和被告内现行审理,并以审理结果作为解决所有个别纠纷的基础。同时,为了不突破传统的既判力理论,该法第九条规定除了示范原告以外的其他人为诉讼参加人(附带传唤人),通过将其纳入示范案件的程序来解决共同事实的约束力问题。[①]

但上述处理在理论界招致了批评:一方面,根据立法理由书,附带传唤人的依据在于诉讼上的辅助参加人,民事诉讼法上的辅助参加人从本质上而言其参与诉讼只是为了通过辅助一方当事人来间接保护其利益(名誉等),但在这里,示范案件的结果构成了他本人诉讼的前提,参与示范案件是为了赢得他本人的诉讼;另一方面,判决一般而言并不约束辅助参加人与对方当事人之间的关系,但在这里,示范裁决约束的恰恰是附带传唤人与示范被告的关系。

---

① 汤黎明:《德国〈投资者示范诉讼法〉译文》,《投资者》2018 年第 3 期,第 219—229 页。

更为重要的是,该法在实践中也未能达到相应的目的。由于附带传唤人这样的法律定位,大多数附带传唤人都有机会参与,并且为了自己的利益会参与示范案件的审理,这样的结果会使诉讼效率大打折扣。从具体的实践来看,2006 年法兰克福州法院作出移交裁决,包括 33 个示范确认申请。2008 年 4 月至 5 月,该州高等法院就该示范案件进行第一轮开庭,第二轮开庭直到 2009 年 1 月。① 随后,由于该案尚未结束,被批准延期 2 年。②

由此可以看到,就诉讼效率而言,坚持传统的既判力理论并没有因此带来诉讼效率的提升,相反,在群体性纠纷中,这种坚持大幅降低了诉讼效率。

四、事实证明效理论

需要指出的是,大陆法系传统的既判力理论虽然主张裁判理由没有既判力,但这并不意味着事实认定在后诉中无任何约束力。根据 2003 年德国《司法现代化》第 415a 条的规定,"刑事案件和违警行为的生效判决对其中已经证明的事实提供完全的证明"③。《日本民事诉讼法》第 228 条规定,公文书直接推定为真实。因而有学者从事实证明效角度来解释案件事实的预决效力。④

不过,应当注意的是,上述条文的立法本意在于强调裁判文书作为证据的价值与公文书一致。虽然判决书与公文书两者都

---

① 吴泽勇:《〈投资者示范诉讼法〉:一个群体性法律保护的完美方案?》,《中国法学》2010 第 1 期,第 157—159 页。

② 黄佩蕾:《德国投资者示范诉讼研究》,《中国审判》2019 年第 13 期,第 74—75 页。

③ 罗森贝克、施瓦布、戈特瓦尔德:《德国民事诉讼法》(下),李大雪译,北京:中国法制出版社,2007 年,第 886 页。

④ 段文波:《预决力批判与事实性证明效展开:已决事实效力论》,《法律科学》(西北政法大学学报)2015 年第 5 期,第 106—114 页。

是有权机关经由一定程序作出的,但两者属性不同。若将预决事实的免证作为一种公文书证的免证,将混淆两者的法律效力。①具体而言:第一,公文书载明的事实的约束力与裁判文书的基础不同。公文书所载明事实的约束力来自其公信力,而生效裁判确定的事实之所以具有约束力是基于事实的"不容争议"。具体而言,公文书是国家职能部门和单位在法定的权限范围内依据法律作出的文书,只要其行为是依据法律作出的,在法律上就具有天然的合法性和公信力(推定其真实),另一方当事人对其真实性有疑义的可进行质疑。但裁判文书的确定力来自程序效力,由于在判决作出时,双方当事人已充分享受程序保障并运用其诉讼权利,因而应当受到程序所带来的结果的约束,不允许双方当事人随意反悔。换言之,生效裁判确定的事实所具有的约束力源自双方当事人丧失争议之权利,与裁判文书的公信力无关。第二,作为证据的裁判文书与作为免证事项的预决事实两者概念不同。用生效裁判文书所具有的证明力来解释预决事实的免证效果,混淆了两者的法律效力。将生效裁判文书作为一种证据(公文书证)的意义涉及证据能力和证明力,并不能因此产生免证的效果,仍需经当事人举证和质证以及法官自由心证的过程。否则,通过公文书证的方式便可突破既判力理论的通说。

上述分析表明,确定判决(生效判决)具有公文书证相同的证明力,但确定判决中案件事实的预决效力并不能通过公文书证来解释。

五、结 语

最后回到篇首的问题上来,即既判力通说拒绝裁判理由的因

---

① 吴英姿:《预决事实无需证明的法理基础与适用规则》,《法律科学》(西北政法大学学报)2017 年第 2 期,第 71 页。

由何在、该因由是否成立等。结合上述分析,前诉案件事实的预决效力难以在当前的既判力理论的通说中找到立足之地。一方面,某学者从现有的既判力理论出发,基于既判力时间范围的尝试难以自洽;另一方面,大陆法系立法者之所以否认裁判理由的既判力(通说与其一致)主要基于法律政策的考量。此外,就目前国内的规定而言,所谓"已为人民法院发生法律效力的裁判所确认的事实"实质上并不是一种"不容争议"的免证事实(预决事实),而是一种证明力较高的公文书。

由于我国尚未建立相关的既判力制度,理论界对既判力理论的认识也未有充分的本土情境考量,因而就后续既判力制度的建立而言,在本土化的过程中可予以适当改造,以充分体现既决事项"不容争议"的本质。大陆法系的既判力理论通说也并非一成不变,其充分考量了现实因素,如既判力理论从实体法说到诉讼法说的发展等。也唯有如此,才能实现规范的运行与理论之间的良性互动,更好地为解决群体性纠纷服务。

第三章

其他法治热点问题

新冠肺炎疫情下的工伤认定法律问题

王杨炼①

摘　要：自新冠肺炎疫情发生以来，职工感染新冠肺炎工伤认定问题一直争论不休。特别是现有规定仅限于医护及相关人员，使人员范围界定成为首要问题。对于该范围以外的人员，我们得以小见大、见微知著。此种特殊背景下势必要先梳理劳动关系，在此基础上讨论一般员工、特殊情形或特殊员工感染新冠肺炎工伤认定问题，并结合相关实际案例，探究职工感染新冠肺炎工伤认定的具体要件，辨析与普通工伤认定要件间的关系，为员工感染新冠肺炎工伤认定提供确切可靠的思路，特别是上下班途中、共享员工、临时雇工、退休返聘人员等"特殊＋特殊"情形。此外，针对现有制度及理论的不足，提出补足立法权限、突破传统劳动关系理论桎梏等建议，以期为感染新冠肺炎工伤认定提供一个可靠的思路，贡献一份薄力。

关键词：新冠肺炎疫情；工伤；工伤认定

截至 2020 年 7 月 1 日，我国新冠肺炎累计确诊 83537 人，累计死亡 4634 人，现有确诊 416 人，其中无症状感染者 99 人，境外输入 1920 人。累计追踪到密切接触者 762940 人，尚在医学观察的密切接触者 5910 人。② 由数据可知，新冠肺炎对我国造成了非

---

①　王杨炼，浙江温州人，2019 级经济法学硕士研究生。

②　国家卫生健康委员会：《截至 7 月 1 日 24 时新型冠状病毒肺炎疫情最新情况》，2020 年 7 月 2 日，http://www.nhc.gov.cn/xcs/yqfkdt/202007/33a62e55ac114fa2b475a20f30a47cd5.shtml，2021 年 3 月 2 日。

常严重的影响,大量的抗疫人员奋战在第一线,谱写了一个又一个抗疫英雄故事。新冠肺炎不仅影响社会公共安全,同时也是工伤认定面临的一道难题。自疫情发生以来,李文亮、刘文雄、宋英文等抗疫英雄牺牲在抗疫第一线,他们为抗击疫情奉献了一切,却在其工伤认定问题上产生了争议。武汉人社局先是认定李文亮医生病亡不属于工伤,之后才更改为属于"事故伤害",认定为工伤。故针对职工感染新冠肺炎死亡,目前学术界仍存在较大争议。针对疫情下的工伤认定问题,首先需要明确相关法律文件中规定的人员范围,厘清概念含义。其次,就疫情下的一般工伤认定问题(包括一般工伤、居家工伤认定问题)进行论证,区分在家办公(加班)、在家待命。再次,疫情本就为特殊情形,在此特殊背景之下的"特殊人员"或"特殊情形",其工伤认定问题更是让人难以下结论。最后,现行工伤认定制度在应对新冠肺炎疫情时有哪些不足之处? 有哪些地方值得改进? 这些都是值得我们深思的问题。本文以此为目标,探讨"医护及相关工作人员"的范围,延伸至普通员工感染新冠肺炎工伤认定问题(以陶某某案为例),针对在家办公、在家待命猝死工伤认定问题(以刘文雄案、张新月案为例)进行分析,对上下班途中、共享员工、临时雇工(以李薇案为例)、退休返聘人员感染新冠肺炎工伤认定问题进行深度探究,从其与单位的劳动关系着手,以小见大、顺藤摸瓜,为特殊情形工伤认定提供可靠的思路。此外,点明现有疫情下工伤认定制度的不足,在此基础上该如何改进也是一大关键。

一、疫情下一般工伤认定问题

(一)人员范围界定

现有有关职工感染新冠肺炎工伤认定的法律文件,最重要的莫过于人力资源社会保障部、财政部、国家卫生健康委联合颁布的《关于因履行工作职责感染新型冠状病毒肺炎的医护及相关工作人员有关保障问题的通知》（人社部函〔2020〕11号，下文简称11号文件），其规定："在新型冠状病毒肺炎预防和救治工作中，医护及相关工作人员因履行工作职责，感染新型冠状病毒肺炎或因感染新型冠状病毒肺炎死亡的，应认定为工伤，依法享受工伤保险待遇。"其中需要注意的就是"医护及相关工作人员"的概念界定。首先，"医护"较容易理解，即在疫情防控过程中，参与救治、护理及与之相配套的检验等医疗工作的医生及护理人员，主要是指奋战在抗疫第一线的英雄。而"相关工作人员"相较之下则显得模糊不清，其具体包括哪些工作人员是首要问题。李心言认为"相关工作人员"按危险程度划分，指管理保障服务人员，包括公安干警、社区工作者和基层公务人员，而其他履行公职参与预防的人员就不好确认，如供水、供电、供气企业人员，快递小哥、社区志愿者，以及加班加点生产防护服、口罩、消杀用品的员工。[①] 陈刚认为"相关工作人员"应该是指参与疫情预防和救治工作的直接人员，如社区工作者、人民警察等。具体如何确定相关人员，还是需要根据其工作岗位和工作职责。[②]

在笔者看来，将公安干警、社区工作者、基层公务人员等认定为"相关工作人员"是无异议的，其处于抗疫第一线，自然可纳入。故重点在于快递人员、社区志愿者及生产医疗防护用品的企业员工等在疫情下为社会基本运作提供劳动的人员是否被纳入"相关工作人员"。在将公安干警等纳入"相关工作人员"范围的基础上，对"医护"及"相关工作人员"间的关系做不同理解，后者的范围也就因此不同。若将二者认定为并列关系，则"相关工作人员"应包括为社会基本运作提供劳动的人员；若认定为从属关系，则

---

① 李心言等：《新冠肺炎对工伤认定的挑战与机遇》，《中国医疗保险》2020年第4期，第77—80页。

② 包冬冬：《疫情下的工伤认定——访中国医疗保险研究会副会长陈刚》，《劳动保护》2020年第5期，第26—27页。

"相关工作人员"仅限于为医护提供辅助作用的人员,如后勤保障人员等。而根据《工伤保险条例》第十五条第二项的规定①,社区志愿者、生产医疗防护用品的企业员工等人员,基于疫情这一特殊背景,其劳动并不仅是为了获取报酬,而且是为了国家社会需要,故应当认定为"为了国家利益",属于该项情形,故此类人员可纳入"相关工作人员"范畴。但快递人员、外卖人员等不同,因为其与所属平台并不属于劳动关系,平台用工与去劳动关系化中的"个人利益"保护仍是一大难题。②

(二)一般员工感染新冠肺炎工伤认定问题

当下,对于一般员工感染新冠肺炎工伤认定仍为空白,并未有法律进行明确规定。对此,学界有不同观点。否定派认为感染新冠肺炎不属于工伤,其依据为人力资源和社会保障部于 2020 年 2 月 21 日表示的"不是从事新冠肺炎预防和相关工作人员,感染新冠肺炎不能认定为工伤";肯定派认为因履行工作职责而感染新冠肺炎的,可以认定为工伤,其依据是浙江省高院及湖南省高院发出的相关声明(意见)③。虽然二者均对一般员工感染新冠肺炎工伤认定持支持态度,但是仅规定一个结果,是模糊性、原

---

① 《工伤保险条例》第十五条第二项规定:"职工有下列情形之一的,视同工伤……(二)在抢险救灾等维护国家利益、公共利益活动中受到伤害的。"虽该规定限于"抢险救灾",但疫情属公共紧急卫生事件,自带重大、公共等属性,故疫情防控理当属于"抢险救灾"。

② 范围:《新冠肺炎疫情下对常态时劳动和社会保障法治的反思》,《民主与法制时报》2020 年 3 月 5 日,第 6 版。

③ 浙江省高院民一庭发布的《关于规范涉新冠肺炎疫情相关民事法律纠纷的实施意见(试行)》(浙高法民一〔2020〕1 号)中明确规定:"劳动者在疫情防控期间因履行工作职责而感染新冠肺炎的,应认定为工伤,依法享受工伤保险待遇。"在 2020 年 2 月 27 日,湖南省高院发布的《湖南省高级人民法院关于涉新型冠状病毒感染肺炎疫情案件法律适用若干问题的解答》中明确回答:"非医护及相关工作的劳动者有证据证明确系在工作期间因工作原因感染新冠肺炎,主张认定为工伤的,人民法院依法予以支持。"

则性的规定,并未对认定标准等进行具体、细致的规定;第三种观点,介于肯定派与否定派之间,认为劳动者复工后,确认是在工作场所感染新冠肺炎的,应当认定为工伤。① 故一般员工感染新冠肺炎工伤认定的焦点问题是能否认定为工伤,及其具体要件需要加以明确。故本文以陶某某案为例,进行探讨。②

从陶某某案中,我们可以发现,除了感染新冠肺炎这一特殊之处外,其工作时间、工作地点、工作原因三项均符合工伤认定的要求:身为高铁保洁员,在高铁上感染新冠肺炎,符合工作地点的要求;在重大疫情期间,因正常工作染病,符合工作时间、工作原因的要求;且陶某某感染新冠肺炎与工作之间存在因果关系,故可认定为工伤。首先,陶某某案认定为工伤,不仅符合正常工伤认定的具体要件,而且符合工伤认定制度背后"保护劳动者"这一立法精神,因此一般员工感染新冠肺炎认定为工伤显然比不认定为工伤更合理。其次,针对具体要件,笔者在第三种观点的基础上提出了新的见解,一般员工感染新冠肺炎工伤认定不仅要满足工作地点这一要件,同时也要满足工作时间、工作原因及感染新冠肺炎与工作之间存在因果关系三大要件。且依据《工伤保险条例》第十九条的规定,实行举证责任倒置,由用人单位举证证明劳动者感染新冠肺炎不符合上述条件。③ 这是因为,仅以工作地点为标准认定工伤未免太过片面,若虽是在工作地点感染新冠肺

---

① 李静:《危机中的制度空间:重大疫情期间劳动关系的特殊调整研究》,《中国人力资源开发》2020年第5期,第87—98页。

② 徐州疾控中心2020年2月12日发布消息,陶某某系上海华铁旅服公司保洁员,发病前曾在多趟高铁动车上上班,确诊为新型冠状病毒核酸阳性患者。该保洁员从1月28日至2月8日的14天内,在杭州东往返宁波、盐城往返北京等15趟高铁上搭乘或工作过。陶某某就是在重大疫情流行期间,在日常工作中感染疾病的。

③ 《工伤保险条例》第十九条规定:"职工或者其近亲属认为是工伤,用人单位不认为是工伤的,由用人单位承担举证责任。"

炎,但与工作之间并无因果关系,或是在非工作时间,非因工作来到工作地点感染新冠肺炎,如休息日非因工作来到工作地点感染新冠肺炎,此时与工作也不具有因果关系,将其认定为工伤则是对劳动者的过度保护,侵害了用人单位的合法权益,是不可取的。此外,正常工伤认定需要满足"三工",而在感染新冠肺炎这一特殊情形下仅取其一,这也是明显不合理的。是故,一般员工感染新冠肺炎工伤认定要满足"三工"及与工作具有因果关系四大要件,即一般员工感染新冠肺炎工伤认定不能脱离正常工伤认定的要件。

二、疫情下特殊情形或特殊人员的工伤认定问题

(一)上下班途中感染新冠肺炎

首先,需要弄清何为"上下班途中",此为探讨的基础。《最高人民法院关于审理工伤保险行政案件若干问题的规定》第六条,将"上下班途中"定义为:在合理时间内往返于工作地、居住地的合理路线的上下班途中。① 谢炳城基于该规定,提出"上下班途中"包含三大要素:目的要素、时间要素、空间要素。即职工必须以上下班为目的,在合理时间内途经上下班合理路线。② 但是,在上下班合理时间及合理路线内,本身就天然带有"上下班"这一目的,该目的要素实际上被包含在时间要素和空间要素之内。是故,笔者认为"上下班途中"满足时间与空间两大要素即可,"上下班途中"应定义为职工在上下班的合理时间内以合理路线往返于

---

① 《最高人民法院关于审理工伤保险行政案件若干问题的规定》第六条规定的居住地包括经常居住地、单位宿舍及配偶、父母、子女居住地。还有一种情形为"从事属于日常工作生活所需要的活动,且在合理时间和合理路线的上下班途中"。

② 谢炳城、徐建军:《"上下班途中"工伤认定》,《劳动保护》2019 年第 5 期,第 86—88 页。

工作场所与住处。

其次，认定"上下班途中"还有一大难题，即是否满足工作时间、工作地点的要求。毕竟从客观的角度来看，职工在上下班途中，已经离开工作场所且不属于工作时间，但是从法律的角度来看，在国内，学术界主流观点认为职工上下班是其每天工作的必经环节，上下班途中与正常工作是不可分割的连续过程，因此"上下班途中"是工作时间与工作地点的合理延伸，以便更好地倾斜保护劳动者。[1]　在国际上，国际劳动组织早在 1964 年就有相关规定，将上下班途中发生的事故视为工伤。[2]　至此，构成上下班途中感染新冠肺炎工伤认定的另一大基础。且基于此，解决了"由用人单位指派前往疫区途中感染新冠肺炎工伤认定"这一问题。首先，因公出差，天然地符合工作时间、工作地点的要求。同时，因为是用人单位指派，故符合工作原因的要求，染病与工作之间具有因果关系，显然可以认定为工伤。同时，也有《广东省工伤保险条例》《河南省工伤保险条例》加以佐证[3]。

再次，关于"上下班途中"的工伤认定，《工伤保险条例》第十四条第六项有规定[4]，但仅限于交通事故，对于感染新冠肺炎能

---

[1]　李国胜：《论上下班途中工伤的界定》，硕士学位论文，中国政法大学，2011 年。

[2]　1964 年《工伤事故和职业病津贴公约》（第 121 号公约）要求各成员国将上下班途中发生的事故视为工伤事故，同年《工伤事故津贴建议书》（第121 号建议书）建议将劳动者往返于工作地点和主要住宅或别墅、通常用餐的地方或通常领取工资的地方的直接途中发生的事故均视为工伤事故。

[3]　《广东省工伤保险条例》第十条第四项规定："由用人单位指派前往依法宣布为疫区的地方工作而感染疫病的"，视同工伤。《河南省工伤保险条例》第十三条规定："职工受用人单位指派前往疫区工作而感染该疫病的，视同工伤。"

[4]　《工伤保险条例》第十四条第六项规定："职工有下列情形之一的，应当认定为工伤……（六）在上下班途中，受到非本人主要责任的交通事故或者城市轨道交通、客运渡轮、火车事故伤害的。"

否认定为工伤仍存疑问。目前学界主流观点就是依照该规定,认为上下班途中感染新冠肺炎不能认定为工伤,因伤害种类与法律规定不符。沈建峰就持该观点,同时他也认为需要根据人社部发布的一系列规范性文件,确定一些非常重要的针对新冠肺炎的特别规则。[①] 但在国际上,更多的是称为"通勤事故",即泛指上下班而导致的负伤、疾病、残疾或死亡等伤害。德国作为世界上最早制定工伤保险法的国家,其《社会法典》第八条第二款直接将通勤事故纳入工伤范围之内,不但没有局限于交通事故的范围,而且包括了更广泛的伤害范围。日本采取同样方式,将"通勤事故"纳入工伤范围。且我国《工伤保险条例》的规定范围也是逐渐演变为"交通事故等",故这是一个逐渐放宽的趋势,引入"通勤事故"也是迎合该趋势的,并无不妥。故在此基础上,笔者认为参照"通勤事故",上下班途中感染新冠肺炎就可纳入工伤范围,突破交通事故的限制,若符合"三工"及因果关系要件,即可认定为工伤。

最后,还有人提出若将上下班途中感染新冠肺炎认定为工伤,同理推之,上下班途中感染流感也应认定为工伤。对此,笔者不予赞同。二者最明显的区别就是其严重程度不同,新冠肺炎作为乙类传染病,实行甲类管控,其严重性、致死率远大于流感,且传播范围也不可同日而语,新冠肺炎传播更广、更快,病毒更难消灭,更难治愈,仅此一点就可认定上下班途中感染新冠肺炎工伤认定的合理性远大于感染流感。且若将感染流感也认定为工伤,同样是对劳动者的过度保护,侵害了用人单位的合法利益。

(二)居家工伤认定问题

居家工伤认定的难点在于"三工"与普通工伤的不同。就工

---

① 沈建峰:《战疫情——复工后的用工规范及用工风险防范》,2020 年 3 月 15 日,http://www.clsslaw.cn/article/? id=8235,2021 年 3 月 2 日。

作时间而言,一般与正常工作时间重合,但也可能存在下班时间在家加班、待命受伤的情形;就工作原因而言,其较难与工作相联系,特别是在家加班的情形;就工作地点而言,这是与正常工作最大的区别之处,居家办公时期工作地点与家重合,即工作地点与生活地点重合,较难认定其工作属性。胡大武认为居家办公猝死包括两种情形:一是"工作时间、工作岗位、突发疾病死亡";二是"工作时间、工作岗位、突发疾病在 48 小时内经抢救无效死亡"。劳动者在家加班死亡,视同工伤至少要同时满足两大要素:一是劳动者在家加班是为了单位利益;二是劳动者在家加班具有客观必要性,即劳动者加班是因为工作量过大而无法在正常工作时间内完成或该工作是临时加派须紧急完成从而不可能在正常工作时间内进行。① 需要注意的是,因为疫情,政府采取隔离措施,勒令所有人居家隔离,故在疫情期间,可将"家"认定为工作地点,在此期间二者天然重合。此外,疫情期间最为突出的就是在家加班、在家待命两种情形,笔者将结合相关案例进行分析。

在家加班情形在疫情期间表现为员工在家超负荷工作,以张新月案为例。② 在该案中,社保局工伤认定部门以张新月不是在工作时间、工作岗位上死亡,不符合《工伤保险条例》第十五条第

---

① 胡大武:《在家病亡视同工伤的认定》,《人民司法(案例)》2019 年第 2 期,第 11—17 页。

② 张新月系某传染病医院的综合员工。新冠肺炎疫情期间,该医院被确定为地区专门定点收治新冠肺炎以及疑似病患者,并负责全地区新冠肺炎疫情相关情况的统计汇总。2020 年 2 月底,张新月根据上级要求,将相关数据统计上报,因工作量大,只好夜晚回家加班继续核算统计。2 月 29 日凌晨,张新月突发心梗猝死家中。杨学友:《疫情期间,这四种特殊情形属于工伤》,《劳动保障世界》2020 年第 10 期,第 66 页。

一项规定的情形为由,不予认定为工伤。^① 这显然是不合理的。首先,张新月是因为疫情,工作量庞大,且需要及时将数据统计上报,无法在正常工作时间内完成,是故回家加班存在客观必要性,则对其工作时间应从宽认定,符合工作时间要件;其次,张新月及时统计疫情相关数据,是为了国家利益、单位利益加班加点工作,当然符合工作原因要件,且死亡与工作之间存在因果关系。因此,从构成要件的角度来看,张新月符合"视同工伤"的情形。

在家待命情形在疫情期间则特指"医护及相关防疫人员"等一线人员在家突发疾病,以刘文雄医生案为例。^② 由于刘文雄医生并非感染新冠肺炎,且未在规定工作时间内与工作岗位上死亡,故仙桃市人社局作出不予认定工伤决定。后仙桃市人社局于2020年3月7日重新作出认定工伤决定。其中的变化,无疑值得我们探究。刘文雄医生案,在工作原因方面与张新月案存在异曲同工之处,刘文雄也是为了抗疫工作而过劳猝死,故符合工作原因要件。本案主要争议焦点在于工作时间的认定。按照常理来看,刘文雄医生已下班回家,其已结束工作,不符合工作时间要件。但是,由于疫情这一特殊原因,不能以常态看待。因抗疫需要,医生需24小时待命,且刘文雄医生1月12日至2月12日接待患者达3181人,仅休息2天。此前多次通过电话接诊,猝死前一晚10点多仍通过电话接诊,故完全可认定下班后刘文雄医生

---

① 《工伤保险条例》第十五条规定:"职工有下列情形之一的,视同为工伤:(一)在工作时间和工作岗位,突发疾病死亡或者在48小时内经抢救无效死亡的。"

② 湖北省仙桃市三伏潭镇卫生院医生刘文雄,为新冠肺炎救治一线医护人员。所在医院提供的"医生每日就诊量"统计表显示,刘文雄在2020年1月12日至2月12日共接诊患者3181人,其间休息了两天,另有一天因为胸痛去仙桃市第一人民医院做了检查。2月12日晚上10点多,他还曾接待患者电话咨询,次日凌晨突发心脏病死亡。李心言等:《新冠肺炎对工伤认定的挑战与机遇》,《中国医疗保险》2020年第4期,第77—80页。

仍在参与抗疫工作,电话接诊更是证明仍处于工作时间,故符合工作时间要件。所以,仙桃市人社局综合认定刘文雄医生为工伤的根本原因在这。

（三）"共享员工"感染新冠肺炎

因为疫情,餐饮业等服务业大多休业,大量员工处于闲置状态,与之相反,线上生鲜行业订单量暴涨,出现"用工荒"。一方有员工,一方有需求。自2020年2月3日起,阿里巴巴旗下盒马鲜生与北京心正意诚餐饮有限公司旗下品牌云海肴、新世纪青年饮食有限公司(青年餐厅)达成用工合作,"共享"餐饮企业闲置员工上岗从事打包、分拣、上架等工作。此举既缓解了餐饮企业因人工成本带来的资金压力,又填充线上销售人手的不足,可谓一石二鸟之策。在这之后,京东七鲜、苏宁物流、美团买菜等上市公司也纷纷发出"人才共享计划",通过招聘因疫情暂未复工企业的员工,以解决自身人力紧张的问题。① 此种疫情下的行业互帮互助行为若导致"共享员工"感染新冠肺炎,其核心问题是由输出企业承担工伤保险责任还是由输入企业承担。欲解决该问题,劳动关系的认定是关键。

虽然有关"共享员工"的劳动关系认定已经有文件加以规定,明确其属于原单位的员工②,但内中逻辑、法理为何,该规定并未

---

① 王云云:《"共享员工"若干法律问题研究》,《江苏经济报》2020年5月6日,第B03版。

② 上海高院明确否认了共享员工与借入单位之间存在劳动关系,借调期间劳动者与借出单位仍为单一劳动关系,双方权利义务不变,减轻了借入单位的责任。北京高院认为劳动者被临时借用期间,由出借单位承担用人单位主体责任。出借单位与借用单位可就劳动者被借用期间的劳动报酬、社会保险费、工伤保险待遇等约定补偿办法。排除出借单位承担用人单位主体责任的约定无效。广东高院则认为疫情防控期间,员工富余单位将劳动者借出至缺工单位共用用工的,不改变借出单位与劳动者之间的劳动关系,但劳动合同中的相关条款经双方协商可以变更。

详细阐述,仅为一硬性规定。故需要对这一内在思路进行研究、论证。陈灿平认为,各用人单位可分别为劳动者缴纳工伤保险,"共享员工"发生工伤时,工伤保险赔付是法定数额,由保险公司赔付,各企业只需要提前缴纳保险费即可。[①] 卞良认为,"共享员工"不改变原用人单位和劳动者之间的劳动关系,原用人单位应保障劳动者的工资报酬、社会保险等权益,故"共享员工"感染新冠肺炎应由原用人单位申报工伤。[②] 王云云通过对现有"共享员工"用工方式的调查,将其分为两类:一是由输出企业与输入企业间形成用工合作,即 B2B 模式,其中包括借调合同、外包合同;二是由输入企业与员工签订劳务合同,即 B2C 模式。[③] B2B 模式较好理解,输出企业与输入企业间虽然签订了合同,但是劳动关系并未发生变化,仍是输出企业与劳动者之间存在劳动关系,故仍由输出企业承担工伤保险责任。而 B2C 模式较为复杂,在实践中存在与劳动者签订劳动合同或劳务合同的情形。若为劳动关系,则劳动者此时身负两大劳动关系,与传统的劳动关系理论相冲突,但事实上劳动者与输出企业间的劳动关系,因为停工并未发生作用,此时仅劳动者与输入企业之间的劳动关系在发生作用,且该劳动关系在疫情结束后自动终止,并不会与原劳动关系产生冲突,故笔者认为此时应由输入企业承担工伤保险责任,因为其作为疫情期间劳动者主要的"用人单位",与劳动者之间存在劳动关系,理应承担该义务。若为劳务关系,则输入企业不用承担责任,但输出企业是否需要承担工伤保险责任,王云云认为员

---

① 陈灿平:《"共享员工"之适度提倡及其法治保障》,《人民法院报》2020 年 4 月 2 日,第 7 版。

② 卞良、曹艳梅:《新冠病毒疫情下"员工共享"模式的法律思考》,《法制与社会》2020 年第 10 期,第 41—43 页。

③ 王云云:《"共享员工"若干法律问题研究》,《江苏经济报》2020 年 5 月 6 日,第 B03 版。

工所受伤害又未在原单位的工作时间、工作地点，不是工作造成的，故难以认定为工伤。^①但笔者持不同观点。因为此时仍然是由输出企业为劳动者缴纳社保，则应由输出企业承担工伤保险责任。此时的输入企业类似于《劳动合同法实施条例》第十四条规定的"劳动合同履行地"^②。即使输入企业向劳动者支付报酬，劳务合同也不影响原劳动关系，只是劳动合同履行地发生改变，输出企业仍负责缴纳社保费用，故仍应由其承担工伤保险责任。

（四）临时雇工感染新冠肺炎

顾名思义，临时雇工就是临时雇用的员工，也称临时工。临时雇工与雇用单位之间的劳动关系是讨论其感染新冠肺炎工伤认定问题的基础。对于其劳动关系的认定，按照日常生活经验，大部分人都会认为是劳务关系，因为临时工工作期限短，并不是长期工作。但实际上并不正确。《劳动部办公厅对〈关于临时工等问题的请示〉的复函》（劳办发〔1996〕238号）第一条就已明确规定，在《劳动法》实施后，采取劳动合同制度，临时工已不复存

---

① 王云云：《"共享员工"若干法律问题研究》，《江苏经济报》2020年5月6日，第B03版。

② 《劳动合同法实施条例》第十四条："劳动合同履行地与用人单位注册地不一致的，有关劳动者的最低工资标准、劳动保护、劳动条件、职业危害防护和本地区上年度职工月平均工资标准等事项，按照劳动合同履行地的有关规定执行；用人单位注册地的有关标准高于劳动合同履行地的有关标准，且用人单位与劳动者约定按照用人单位注册地的有关规定执行的，从其约定。"

在。① 虽然习惯上,我们仍称其为临时工,但此临时工非彼临时工,其是劳动关系的一种。而劳动关系具体有三种:固定期限劳动合同、无固定期限劳动合同及完成一定工作任务的劳动合同,临时工属于固定期限劳动合同(期限较短)或完成一定工作任务的劳动合同。

在实践中,临时工与用人单位之间往往不会签订书面合同,没有书面劳动合同,自然企业就会通过否定劳动关系来避免工伤保险责任的承担。对于此种情形,《劳动和社会保障部关于确立劳动关系有关事项的通知》(劳社部法〔2005〕12 号)第一条规定了三大要件,只要满足三大要件,即可认定为"事实劳动关系",无须书面劳动合同,也可认定为劳动关系。②

而在疫情期间,因大部分企业停业,故临时雇工多为社区防疫人员,则此时临时雇工感染新冠肺炎能否认定为工伤? 我们以

---

① 《劳动部办公厅对〈关于临时工等问题的请示〉的复函》(劳办发〔1996〕238 号)第一条规定:"一、关于是否保留'临时工'的提法问题。《劳动法》施行后,所有用人单位与职工全面实行劳动合同制度,各类职工在用人单位享有的权利是平等的。因此,过去意义上相对于正式工而言的临时工名称已经不复存在。用人单位如在临时性岗位上用工,应当与劳动者签订劳动合同并依法为其建立各种社会保险,使其享有有关福利待遇,但在劳动合同期限上可以有所区别。"

② 《劳动和社会保障部关于确立劳动关系有关事项的通知》(劳社部法〔2005〕12 号)第一条规定:"一、用人单位招用劳动者未订立书面劳动合同,但同时具备下列情形的,劳动关系成立。(一)用人单位和劳动者符合法律、法规规定的主体资格;(二)用人单位依法制定的各项劳动规章制度适用于劳动者,劳动者受用人单位的劳动管理,从事用人单位安排的有报酬的劳动;(三)劳动者提供的劳动是用人单位业务的组成部分。"

李薇案为例。① 人社局认为新冠肺炎虽是乙类传染病，但不属于法律规定的"职业病"，且李薇非医务人员，即便是在工作期间感染新冠肺炎，也无法享受工伤待遇。由上述分析可知：首先，李薇虽为社区临时雇工，但其与社区之间是劳动关系，而非劳务关系；其次，李薇是在工作期间感染新冠肺炎的，符合"三工"及因果关系要件，故可认定为工伤；最后，李薇身为社区防疫人员，属于"相关工作人员"的范畴，可适用第 11 号文件的规定，从该角度也可认定为工伤。故由此可推导出，即使是普通临时工，其感染新冠肺炎只要符合一般工伤认定要件，也可认定为工伤。

李薇申请工伤时间点的问题实质是：工伤认定是以患病时间为准还是以劳动关系结束时间为准？针对这个问题，曹波案②给出了一个较好的指引方向。在该案中，一审法官袁江华、陈芳认为工伤认定应当以患者感染疟疾时存在劳动关系为前提③。此外，《工伤保险条例》第十八条第一款第二项仅规定："提出工伤认定申请时应提交'与用人单位存在劳动关系（包括事实劳动关

---

① "90 后"李薇大学毕业后，于 2020 年 1 月初被某社区临时雇用从事疫情相关工作。2 月上中旬，李薇受指派连续 20 天到重点小区挨家统计相关情况，开展疫情防护工作。2 月 29 日李薇结束临时雇用一周后，被确诊为新冠肺炎。杨学友：《疫情期间，这四种特殊情形属于工伤》，《劳动保障世界》2020 年第 10 期，第 66 页。

② 2012 年原告汇鸿公司与曹波签订劳务派遣合同书，双方约定曹波受汇鸿公司派遣至境外从事建筑事务。2012 年 9 月 13 日，曹波从中国出境至尼日利亚，在汇鸿公司分包的尼日利亚某水泥厂的土建工程项目工地工作。2012 年 11 月 20 日，曹波与汇鸿公司解除劳动关系，并于当日回国，次日抵达境内。11 月 26 日，曹波因身体发热、寒战、不适等就诊于甘肃省平凉市第二人民医院急诊科。12 月 1 日，曹波体内检出环状疟疾原虫，转入平凉市人民医院治疗。12 月 4 日，平凉市人民医院向曹波家属发放死亡通知单、居民死亡医学证明书。袁江华、陈芳：《工伤认定过程中疾病及第三人因素的考量》，《人民司法（案例）》2017 年第 23 期，第 105—106 页。

③ 袁江华、陈芳：《工伤认定过程中疾病及第三人因素的考量》，《人民司法（案例）》2017 年第 23 期，第 105—106 页。

系)'的证明材料。"司法解释并未规定申请工伤时职工与用人单位必须具备劳动关系。其次,《职业病范围和职业病患者处理办法》①第九条规定:"劳动合同制工人、临时工终止或解除劳动合同后,在待业期间新发现的职业病与上一个劳动合同期工作有关时,其职业病待遇由原终止或解除劳动合同的单位负责。"参考上述规定,李薇申请工伤时虽然已经结束工作 1 周,但是工伤认定的时间以患病时间为准更为合理,这样才能充分保障劳动者的权益。

(五)退休返聘人员感染新冠肺炎

众所周知,退休返聘人员与单位之间并非劳动关系,而是劳务关系。那退休返聘人员感染新冠肺炎工伤认定问题是否就是无稽之谈呢?并非如此,我们首先需要从为何将退休返聘人员与用人单位之间认定为劳务关系谈起。其原因主要有以下三点:第一,《劳动合同法实施条例》第二十一条规定退休后劳动合同终止②;第二,退休返聘人员与单位之间签订的是劳务合同,并非劳动合同;第三,从社会保险角度来看,员工在退休前已购买养老保险,在退休后享受养老保险待遇,若退休人员与单位间为劳动关系,则单位就得为其购买保险,而我国社保机构不接受一个退休员工既享受保险又购买保险,因为这会导致退休制度形同虚设。③

---

① 该法规已于 2020 年 12 月 18 日失效。

② 《劳动合同法实施条例》第二十一条规定:"劳动者达到法定退休年龄的,劳动合同终止。"

③ 《退休返聘人员与用人单位之间是劳动关系还是劳务关系》,2022年 1 月 5 日,https://www.66law.cn/laws/216963.aspx,2021 年 3 月 2 日。

但在疫情背景下,对此又应做不同规定。以朱和平案①为例,针对退休返聘人员感染新冠肺炎死亡工伤认定问题展开讨论。首先,在本案中,朱和平符合"三工"和因果关系要件,主要争议点在于其不具有劳动关系,因而无法认定为工伤。故针对其劳动关系,根据《关于离退休人员与现工作单位之间是否构成劳动关系以及工作时间内受伤是否适用〈工伤保险条例〉问题的答复》(〔2007〕行他字第6号)的规定②及《人力资源社会保障部关于执行〈工伤保险条例〉若干问题的意见(二)》(人社部发〔2016〕29号)的规定③,只有用人单位事先已经缴纳工伤保险费,退休返聘人员才能适用《工伤保险条例》,故此为前提。其次,从社会影响角度来看,朱和平是在抗疫过程中感染新冠肺炎身亡的,将其认定为工伤符合"免除医护人员后顾之忧"的抗疫背景,同时国家也应对抗疫英雄实行特别背景下特别情形特别对待,针对该种情形进行变通,允许认定其为工伤,方能体现国家保护、国家优待。最后,朱和平也属于第11号文件规定的"医护人员",从该角度也可

①　朱和平医师为武汉市中心医院的退休返聘医师,其在新冠肺炎期间一直在医院协助疫情防治工作,不幸感染新冠肺炎去世。《武汉中心医院又一名医生感染新冠肺炎不幸去世,系退休返聘》,2020年3月9日,https://k.sina.com.cn/article_5328858693_13d9fee4502000shje.html?from=news&subch=onews,2021年3月2日。

②　《关于离退休人员与现工作单位之间是否构成劳动关系以及工作时间内受伤是否适用〈工伤保险条例〉问题的答复》(〔2007〕行他字第6号)规定:"根据《工伤保险条例》第二条、第六十一条等有关规定,离退休人员受聘于现工作单位,现工作单位已经为其缴纳了工伤保险费,其在受聘期间因工作受到事故伤害的,应当适用《工伤保险条例》的有关规定处理。"

③　《人力资源社会保障部关于执行〈工伤保险条例〉若干问题的意见(二)》(人社部发〔2016〕29号)规定:"用人单位招用已经达到、超过法定退休年龄或已经领取城镇职工基本养老保险待遇的人员,在用工期间因工作原因受到事故伤害或患职业病的,如招用单位已按项目参保等方式为其缴纳工伤保险费的,应适用《工伤保险条例》。"

认定为工伤。故退休返聘人员感染新冠肺炎工伤认定需要满足三大条件：一是该退休返聘人员应为与疫情防控紧密相关的，为国家、为社会奉献的专业人员，并非所有退休返聘人员感染新冠肺炎均可认定为工伤；二是单位事先为该退休返聘人员缴纳工伤保险；三是符合"三工"及因果关系要件。综合以上三大条件才能认定为工伤。

三、对疫情下工伤认定提出的建议

(一)工伤认定归类

上述各类员工感染新冠肺炎经论证，可认定为工伤，但感染新冠肺炎到底归于哪种工伤类型，又是另一重要环节，二者相结合，才能构成完整的工伤认定闭环。

现有工伤种类，从宏观角度可分为"直接认定工伤""视同工伤"，从微观角度可分为"事故伤害""意外伤害""职业病"等。要想界定感染新冠肺炎工伤种类，需从其性质出发，其性质才是判定最终归属的决定性因素。而不同种类职工感染新冠肺炎性质也是不同的，如"医护及相关工作人员"感染新冠肺炎与普通员工感染新冠肺炎，在抗疫的背景下，二者的性质就不可一概而论。"医护及相关工作人员"属于奋战在抗疫第一线的人员，其感染新冠肺炎不仅是因工作，也是为了社会安全、公共利益及国家利益，而且新冠肺炎疫情同时也是一起对国家、社会的重大考验，属于公共紧急卫生事件，符合"危险"与"灾害"的要求，故可将其归类于《工伤保险条例》第十五条第二项"在抢险救灾等维护国家利益、公共利益活动中受到伤害的，可视同工伤"的情况。

而普通员工感染新冠肺炎，因其并未参与抗疫工作，故不符合《工伤保险条例》第十五条第二项的要求，其只能从"事故伤害""意外伤害"的角度来归类。刘纪宝认为："事故伤害"是指在工作中与工作有关的并能够被人们所预知的危险；"意外伤害"是指在工作中一些不能被人们所预知的风险,如暴力等。[①] 张文利认为感染新冠肺炎并非"事故伤害"。同样,也不属于《工伤保险条例》第十四条第三款规定的"暴力等意外伤害"。[②] 而新冠肺炎在大规模的宣传、防控后,并非不可预见的伤害,故员工在工作时感染新冠肺炎属于可预见的伤害,应认定为"事故伤害",而非不可预见的"意外伤害"。故普通员工感染新冠肺炎可按照《工伤保险条例》第十四条第一项的规定,"在工作时间和工作场所内,因工作原因受到事故伤害的,应当认定为工伤"。

至于不将感染新冠肺炎认定为"职业病",是因为我国现行《职业病分类和目录》(2013 年)规定 10 类 132 种职业病,其中职业性传染病仅 5 种,并未纳入新冠肺炎等乙类传染病,故无法律依据加以支撑,所以无法通过"职业病"途径认定为工伤。

(二)扩大"三工"原则的范围

由前文案例及分析可知,疫情下"三工"的范围,不同于一般的"三工",不能仅限于往常的工作时间、工作地点及工作原因,而应做扩大解释。从张新月案、刘文雄医生案可知,工作时间不但包括正常工作时间,而且也包括下班后加班、待命的时间。当然这还关系到工作量的大小,若工作量明显是正常工作时间无法完成的,加班成为一种必然结果,加班时间自然也要认定为工作时间。在家待命的刘文雄医生同样如此,因为国家政策规定 24 小时待命,其时刻保持高度紧张的精神状态,且电话接诊也成为当时疫情背景下的常态,所以也应认定为工作时间。

工作地点也因疫情与"家"重合。这是为了响应国家疫情防

---

① 刘纪宝:《工伤认定需区分"意外伤害"和"事故伤害"》,2018 年 8 月 20 日,http://blog.sina.com.cn/s/blog_ab7bdc350102xans.html,2021 年 3 月 2 日。

② 张文利:《因新冠肺炎引起工伤认定问题的思考》,《中国医疗保险》2020 年第 3 期,第 70—72 页。

控,在家办公成为一种必然,在此特殊背景下"家"天然地与工作地点重合,可认定为工作地点。

故在疫情中,对"三工"原则进行扩大解释、从宽认定势在必行。

(三)补上立法权限的不足

现有职工感染新冠肺炎工伤认定的相关文件(如 11 号文件)其立法主体与法律规定并不相称。《工伤保险条例》关于工伤认定的兜底条款为"法律、行政法规规定应当认定为工伤的其他情形"。而 11 号文件仅为人力资源社会保障部、财政部等部门发布的部门规章,在立法层次上并不匹配。立法权限不匹配导致的结果就是该 11 号文件的正当性遭受质疑,各地在适用该文件认定工伤时可能会存有疑虑,且针对"其他人员"等文件未具体规定的点,自己自由裁量,这就导致可能出现同案不同结果的情况,导致失衡,影响公正。是故,笔者认为应由国务院颁布相应行政法规,使之与《工伤保险条例》相适应。同时,也要抓紧对其中的具体事项进行具体规定,自由裁量始终存有隐患,甚至影响人民群众对司法、工伤制度的信任。

(四)突破传统劳动关系理论的桎梏

按照传统劳动关系理论的观点,共享员工、临时雇工、退休返聘人员均无法认定劳动关系,其劳动关系无法进行解释。如共享员工,看似与劳动者有且只有一种劳动关系的观点相冲突,但通过研究分析,突破传统劳动关系理论的桎梏,将劳动者与输入企业或输出企业之间的这种新型关系,认定为劳动关系,其工伤认定问题迎刃而解,且推理逻辑清晰、无误,是故严格按照传统劳动关系理论并不足以应对日新月异的劳动关系变化,突破传统劳动关系理论的桎梏乃必然趋势。同理推之,我们可以将临时雇工认定为短期的固定期限劳动关系或是完成一定工作任务的劳动关系;针对退休返聘人员,则采取特殊时期对特殊情形进行特殊解释的方式,将其认定为劳动关系。在此基础上,通过劳动关系的认定,比对工伤认定要件,相互印证认定工伤,如此才能保障劳动者合法权益。

(五)更改职业病目录

如上文所述,现有《职业病分类和目录》中的"职业性传染病"并未纳入新冠肺炎等乙类传染病,而是采用穷尽式列举,仅包括5种传染病,且艾滋病仅限于医疗卫生人员及人民警察。现有规定是十分狭窄的,且穷尽式列举不利于应对新冠肺炎等突发公共卫生事件的发生,是故理应规定兜底性条款,为突发紧急情况做预防。其实早在2003年非典型性肺炎期间,就已出现在《职业病分类和目录》中进行兜底规定的呼声,但直至2020年,仍未进行规定,导致此次新冠肺炎疫情仍欠缺相关规定,职工感染新冠肺炎无法通过"职业病"这一途径简洁、方便地认定为工伤。

综上所述,职工感染新冠肺炎工伤认定问题,需要根据各类员工的不同情况,进行不同的分类讨论。首先,一般情形应当符合正常工伤认定的要件,即"三工"及因果关系。而特殊情形或特殊员工,则应在一般情形的基础上,剖析各自的劳动关系,其中共享员工、临时雇工、退休返聘人员的劳动关系认定是关键,在此基础上才能探讨工伤认定。其次,上下班途中、居家办公以工作时间、工作地点为核心,通过对"三工"的扩大解释,即可认定为工作的延伸,进而认定为工伤。最后,就是将感染新冠肺炎进行工伤归类,为职工感染新冠肺炎工伤认定补上最后一环,同时要注意立法权限不足等短处,采取措施进行弥补。

基于民事裁判文书的教育机构体罚伤害案件裁判研究

邱露懿①

摘　要:本研究从教育机构体罚伤害案件的裁判文书入手,采用以统计分析法为主、文献研究法为辅的方法,探究此类案件的司法实践现状。本次研究发现此类案件的原告多是未成年学生,被告则以教育机构为主,间或涉及当事教师或保险公司。其争议焦点主要在于证明教师体罚行为的存在、损害后果的切实发生,确定二者之间的因果关系以及责任分配、赔偿数额。当事教师的侵权责任往往通过用人单位责任转嫁校方,由校方承担教育机构责任。研究认为,教育机构应当加强对教师的监督与管理,避免此类事件发生;教育机构应在教室及校园各处安装摄像头以便案发后对案件事实进行取证;建议教育机构购买校方责任险转嫁损失;建议法院确定此类案件适用的伤残评定标准以统一此类案件中伤残等级的认定。

关键词:教育机构;体罚;侵权责任;裁判文书

自古以来中国就有"扑作教刑"的教育传统,随着现代民主思想的出现,这种原始、朴素的教育方式开始受到质疑。但惩戒与体罚在本质上并不相同。"它们之间的本质区别在于惩戒是以不损害学生的身心健康为前提的,是以'小惩大诫'为最终目的的。"②惩戒是教育的应有之义,而体罚不是。近年来各种幼儿

---

① 邱露懿,浙江台州人,2020级宪法学与行政法学硕士研究生。
② 向葵花:《重新审视惩戒教育》,《中国教育学刊》2004年第2期,第24—25页。

园、学校的体罚伤害案件更是屡见报端。在教学活动开展过程中,出于教育目的或不具目的而只是单纯性的体罚现象大量存在。因此,从司法实践角度对教育机构体罚伤害案件进行研究有一定的必要性。纵观这些年学者们的相关研究,多是从法理角度对其进行定性研究,从"应然"的层面"由因及果"进行分析;而鲜有基于司法实践数据的定量研究,"由果及因"对其内在逻辑进行推演。因此本文特别采用统计分析法,从司法实践作出的裁判文书出发,反思理论与实践的异同,矫正其中的谬误。

一、案件事实

本研究采用在中国裁判文书网收集到的 2015—2017 年间有关体罚的 80 份裁判文书,总结其中的异同,包括诉讼主体、案由和基本事实。

(一)数据收集

本研究所采用的数据系在中国裁判文书网全文检索"体罚"字样,选择"民事案由",选择裁判日期从 2015 年 1 月 1 日到 2017 年 12 月 31 日得到的样本,并除去其中军队和监狱内部的体罚案件和由体罚行为引发的实施主体与所属教育机构之间产生的劳动合同纠纷等与此次研究无关的样本。中国裁判文书网是查阅我国法院作出的裁判文书最直接、最全面、最具权威性的网站。

然而,由于不能确定各级人民法院是否已完全上传截至 2017 年 12 月 31 日作出的所有裁判文书,并且出于各种原因部分符合条件的裁判文书并没有予以上传公布,例如,"赤峰市元宝山区向阳小学与张某 2、宋某教育机构责任纠纷案",只检索到赤峰市中级人民法院作出的二审民事判决书[(2017)内 04 民终 1239号],但未能检索到该案的一审判决书[(2016)内 0403 民初 4415号],因此本次研究所采集的样本并未涵盖 2015 年 1 月 1 日至 2017 年 12 月 31 日生效的所有符合筛选条件的裁判文书。但是从现有样本的数量和内容上看,此次采集样本具有足够的多样性以支撑本研究的展开,个别缺失的样本并不影响整体数据与研究结论。

笔者通过阅读每份裁判文书并对案件的信息(如体罚形式、损害后果和引用法条等)进行记载、整理、统计后得出如下结论:

此次采集的样本合计有 41 份一审裁判文书(占比 51.25%)和 39 份二审裁判文书(占比 48.75%),其中共有 11 份裁判文书系同案二审产生,共计 69 起教育机构体罚伤害案件和相应的 80 份裁判文书样本。若将同一被告对多起案件的原告实施同一或同类体罚行为归于一份案例,则共计有 56 份案例。其中有 2 份集体性体罚伤害案例,分别涉及 6 份一审裁判文书及其对应的 6 份二审裁判文书和 1 份一审裁判文书及 8 份二审裁判文书,另有一份案例是 2 名原告出于同种侵权行为分别向同一被告提起诉讼而产生的 2 份一审裁判文书。

(二)诉讼主体

民事诉讼程序的本质是平等主体对抗,法院居中裁判,解决其民事权利义务纠纷。民事诉讼主体包括主持审判活动的审判机关和诉讼当事人即民事权利义务纠纷双方。

1. 法院

此次研究的判决主体包含了中级人民法院和基层人民法院,涵盖了我国除 2 个特别行政区之外的 32 个省级行政区中的 24 个省、自治区和直辖市,覆盖全国大部分地区,因此可以认为教育机构体罚伤害案件是全国性案件。在不同被告的 56 份案例中,其所在省份分布情况如表 1 所示,其中北京的 2 起案例皆为幼儿集体性伤害案件。

表 1　56 份案例的地域分布

案例数/个	省份
7	河南
5	湖北
4	河北、山东
3	陕西、安徽、甘肃、广西
2	吉林、黑龙江、浙江、湖南、云南、四川、内蒙古、北京
1	辽宁、山西、江西、广东、新疆、宁夏、天津、重庆

在 69 起体罚案件中，41 份一审裁判文书均由基层人民法院作出，39 份二审裁判文书由中级人民法院作出。《民事诉讼法》第一百六十条规定，"基层人民法院和它派出的法庭审理事实清楚、权利义务关系明确、争议不大的简单的民事案件"，适用简易程序。在 41 份一审裁判文书中共计 18 份适用简易程序，由审判员独任审理，占比 43.9%。在 39 份二审裁判文书中共计 31 份作出"驳回上诉，维持原判"的判决，占比 79.5%。凡此，说明学生体罚伤害案件在我国司法实践中一般被认定是简单的民事案件，由基层人民法院管辖，并且半数都是"事实清楚、权利义务关系明确、争议不大"的案件，可以适用简易程序独任审理。

2.两造

两造即诉讼的双方当事人，他们作为案件的主体，与判决结果存在直接的利害关系。教育机构体罚伤害案件的一审原告一般是受体罚的学生，只有在受害学生已死亡或被宣告死亡的情况下，由其父母代为提起诉讼；被告则以教育机构为主，或以教育机构和当事教师为共同被告，偶尔涉及保险公司或只列教师为被告。在 69 起案件中有 40 起在裁判文书中标明了年龄或出生日期，其余案件只是标明其行为能力状况或年级，或根本没有明确说明。在能够查明其确切年龄的案件中原告平均年龄在 8.4 周岁，可见此类案件中受害学生低龄化明显。只有 1 起案件的原告是完全民事行为能力人——从判决书中注明委托代理人而无法定代理人推断。2017年10月1日起生效的《民法总则》将《民法通则》①规定的限制民事行为能力人的年龄标准从10周岁下调至8周岁。② 本次研究选取的是从2015年1月1日到2017年12月31日间生效的裁判文书,其中除"刘某、滕州懿博外国语教育机构生命权、健康权、身体权纠纷案"[(2017)鲁04民终1411号]和"吴佶恩、吴倩灵生命权、健康权、身体权纠纷案"[(2017)浙01民终5665号]以外,其余67起案件都在2017年10月1日《民法总则》实施之前判决,因此仍适用《民法通则》的相关规定,即仍认定10周岁以上未成年人为限制民事行为能力人,据此在明确年龄或行为能力的案件中原告的行为能力状况如表2所示。由此可见,学生体罚伤害案件中受害学生以未成年人占绝大多数,并且半数是无民事行为能力人。

表2　原告行为能力

	完全民事行为能力	限制民事行为能力	无民事行为能力
案件数/个	1	19	22
占比/%	2.4	45.2	52.4

在69起教育机构体罚伤害案件中,有68起(98.6%)由律师作为委托代理人参与诉讼,其中9起(13.0%)由法律服务所法律工作者参与,只有1起(1.4%)案件未显示有法律咨询服务人员参与。可见遭遇教育机构体罚伤害的绝大部分当事人及其法定代理人能够意识到通过律师或法律工作者提供专业服务高效地参与诉讼并争取相关利益的重要性。

---

① 2021年1月1日,《民法通则》被《民法典》替代。

② 对应《民法典》第十九条"八周岁以上的未成年人为限制民事行为能力人"。

（三）案由

根据 2011 年 2 月 18 日《最高人民法院关于修改〈民事案件案由规定〉的决定》，为统一确定案由，最高人民法院根据相关法律并结合人民法院审判工作实际情况规定了民事案件的多级案由。司法实践中，教育机构体罚伤害案件的案由一般确定为侵权责任纠纷下的第三级案由教育机构责任纠纷或人格权纠纷下的第三级案由生命权、健康权、身体权纠纷。教育机构责任是指学校、幼儿园或者其他教育机构，未尽到教育、管理职责，使学生在学习、生活期间遭受人身损害的，应当承担侵权责任。不论法院将此类案件的案由确定为何种纠纷，都不影响法官对此类案件审判的一般思路。即使对同一案件，不同法官也可能将其确定为不同案由。例如"李文泰与吴辉、乐清市第四中学案"中，一审判决书［（2015）温乐民初字第 725 号］将案由确定为生命权、健康权、身体权纠纷；二审判决书［（2015）浙温民终字第 3012 号］则将其确定为教育机构责任纠纷。因此，此类案件的案由该确定为教育机构责任纠纷还是生命权、健康权、身体权纠纷，并不影响法官审判，也不作为此次研究的重点。

（四）基本事实

根据统计结果，体罚的方式主要有对当事人实施殴打，使用器械进行敲打、罚站、掌掴等。根据教育机构体罚伤害案件发生的事实以及裁判文书中提及的被告的体罚伤害行为对原告所造成的身体损伤程度，69 起案件大致可以分为两类。其一，体罚行为对当事人造成伤害但未致残的案件。在这类案件中，体罚对当事人所造成的后果较为轻微，大多是身体淤青、软组织挫伤等，例如在"杨某某与北京市昌平区赛亚宝贝艺术幼儿园生命权、健康权、身体权纠纷案"［（2015）昌少民初字第 13929 号］中，"被告教师在幼儿园多次对原告进行殴打，造成原告多处淤青"，法院判令教育机构承担责任并赔礼道歉。其二，当事人因体罚行为受到伤害且导致残疾的案件。例如在"蔡某某诉秦安县刘坪乡刘坪村五之小学健康权纠纷案"[(2015)秦民初字第 94 号]中,原告蔡某某由于被体罚导致五级伤残、脑梗死,右手全肌瘫伤残等级为四级,右侧肌体偏瘫伤残等级为七级,因体罚行为和伤残后果存在间接因果关系,法院判被告赔偿原告 111944.72 元。

二、争议焦点

教育机构体罚伤害案件的争议焦点往往集中在三部分:侵权行为、因果关系与赔偿责任。

(一)侵权行为

法院在审理教育机构体罚伤害案件的过程中,由于两造提供的证据因时效或其他原因有时存在较大的出入,因此对侵权行为及案件事实的查明和真相的还原存在一定的困难。从 69 份一审裁判文书所反映的内容看,原告被体罚伤害学生与被告教育机构对争议事实的陈述在大多数情况下难以达成一致,因此法院常常需要依职权调取如两造的人证、事发现场的监控录像、医疗记录等信息来对事实进行认定。例如,在"程鸿与闵本兰、盐津县盐井镇中心教育机构生命权、健康权、身体权纠纷案"[(2016)云 0623 民初 558 号]中,原告程鸿诉称其在教师上音乐课时,被音乐教师闵本兰打伤耳面部,而被告闵本兰辩称只对原告进行了语言教育并未对原告动手。由于两造对事实的陈述出入较大,法院依职权调取证人程鸿同班同学王永静、朱桂林、徐亮的询问笔录及原告程鸿本人的陈述,原告最初医治的盐津恒康医院的病历,以及昆明医科大司法鉴定中心的鉴定结论,能够相互印证 2015 年 11 月 26 日,被告闵本兰在上音乐课时,因原告不遵守课堂纪律,遂用卷起的音乐书扇了一下原告的左耳面部,导致其左鼻梁部皮肤擦伤的事实。此类案件中主要的侵权行为方式是殴打。只要受害人能够证明遭受了他人的殴打,并证明自己遭受殴打后具有痛苦等精神损害,就应当认为受害人实际遭受了损害。据此可以认定行为人的行为已经构成侵权。[①]

(二)因果关系

因果关系也是两造在诉讼过程中的主要争议点,诉讼常围绕侵权行为和损害后果的因果关系展开。"因果关系作为责任构成要件,其主要功能在于确定责任的成立、排除责任的承担、确定责任的范围。"[②]有时出于各种原因,如因侵权行为和损害后果之间存在时间间隔,因果关系难以界定。例如,在"孙某与阜南县朱寨镇中心学校教育机构责任纠纷案"[(2016)皖 1225 民初 2035 号]中,双方对于原告腿疼的起因存在较大的争议:原告方认为腿疼是被罚跪引起的;被告朱寨中心学校则辩称,原告上课期间受到处罚后一个星期才提出其受伤,间隔时间较长,其间是否受到其他伤害不清楚,体罚与原告伤情之间没有关系,且原告就医大多是在小诊所,后来才到医院就医,与受罚间隔时间较长,与体罚是否有关系也不清楚。并且由于原告与被告之间的特殊关系,双方因不服一审判决而上诉的情况也较为常见,二审判决的结果大多为维持一审判决。如果损害并不只是由体罚行为这一单一原因造成的,而是存在其他原因,那么在"多因一果"的情况下因果关系的认定就会变得更加复杂。"存在多个事实原因时,需要对同时原因(concurring cause)、介入原因(intervening cause)等各种原因的法律原因力进行判断,以决定哪个或者哪些事实原因能成为法律原因,并根据原因力的大小决定数个法律原因造成同一个

---

① 王利明:《惩罚性赔偿研究》,《中国社会科学》2000 年第 4 期,第 112—122、206—207 页。

② 王利明:《我国侵权责任法的体系构建——以救济法为中心的思考》,《中国法学》2008 年第 4 期,第 3—15 页。

损失情况下责任的分担。"①此时双方的争议焦点往往集中在损害结果到底是由何种因素造成的,各因素在致损过程中存在何种程度的原因力,以及由此产生的各方责任如何分配等问题。

教育机构体罚伤害案件中介入体罚行为和损害后果之间因果关系的其他原因大致可分为三种:一是受害人特殊体质;二是原告自身行为,包括积极行为和消极行为;三是第三人行为。"被害人的特殊体质对因果关系的成立不产生影响,加害人不得主张被害人患有严重心脏病、血友病、药物过敏、如蛋壳般的头盖骨,而不负侵权责任。"②第一种体罚行为与特殊体质共同作用导致损害后果的情况下,一般原告特殊体质系损害发生的主要因素,外力伤害系诱因,需要司法鉴定机关对原告伤情作出鉴定,确定损害后果与外伤是否存在直接因果关系,并且确定原告的损伤参与度。损伤参与度是指在有外伤、疾病(包括老化和体质差异)等因素共同作用于人体,损害了人体健康的事件中,损伤在人身死亡、伤残、后遗症的发生上所起作用的比例关系。对于能够确定损伤参与度的案件,有时法官从原告存在过错可以减轻校方责任的角度出发,根据《侵权责任法》第二十六条③,判决校方责任份额等于或稍大于原告的损伤参与度。例如,在"蔡某某与秦安县刘坪乡刘坪村五之小学健康权纠纷案"一审裁判文书[(2015)秦民初字第 94 号]中,法院认为"存在诱发的间接因果关系,承担不超过 15%的责任,但考虑到侯某某老师的过错行为及教育机构管理失职等因素……教育机构未尽到管理教育职责,应由教育机构承担 30%的责任为宜,其余 70%的责任由原告自己承担"。但

---

① 杨立新、梁清:《原因力的因果关系理论基础及其具体应用》,《法学家》2006 年第 6 期,第 101—110 页。

② 王泽鉴:《侵权行为法》(第一册),北京:中国政法大学出版社,2001年,第 11 页。

③ 对应《民法典》第一千一百七十三条。

是严格来说,法理上原告自身的身体素质因素并不属于其过错范围,我国现有法律对此也无明文规定,因此不能就原告自身体质存在过错而减轻校方责任。并且"损伤参与度"这一概念也并不属于侵权责任法概念范畴,只是作为判断其原因力的指标和确定责任承担份额的参考,因此仅仅以损伤参与度划分双方责任并不适当。然而由校方承担全部责任也不公平,因为原告自身疾病的确导致了损害后果的发生和扩大,因此从民法公平、正义原则的角度出发,适当减轻校方责任更为妥帖。至于如"王光阳与莒县峤山镇中心初级中学、李明东生命权、健康权、身体权纠纷案"〔(2016)鲁 11 民终 1376 号〕中导致损害发生的主要原因并非系原告身体素质而系自身心理素质的情况,特殊体质是决定因素,可以认为其由一定性格基础诱发"见于童年和青少年的短暂的癔症性障碍"属于原告的过错范围,而适当减轻校方责任。第二种原告自发行为介入体罚行为与损害后果之间因果关系的情况下,不论是原告的积极行为,如跳楼、吃老鼠药等,还是消极行为,即不作为,如耽误治疗导致损害进一步扩大,都属于原告的过错范围,其自身应承担一定责任。特别是原告在遭到体罚批评后,未能正确处理,而是采取了如跳楼、吃老鼠药之类的极端方式,这与其自身性格、家庭教育等因素有关,并且原告应当能够预见这种极端方式可能造成的危害,而促使这种结果发生,其自身存在一定过错,应当依法减轻校方责任。第三种存在第三人原因的情况下,各方根据各自过错比例承担一定份额的民事责任。如"刘强、李青梅等人与四川省威远县严陵中学生命权、健康权、身体权纠纷案"〔(2016)川 10 民终 457 号〕,最终法官判决原告、校方和涉案学生都有一定过错,各承担一定比例责任。

(三)赔偿范围与数额

在诉讼中原告通常主张赔偿医疗费、误工费、住院伙食补助费、营养费、精神损失费等,法院按照案件的实际情况、权责划分等对原告的要求进行全部或部分支持,支持的数额也与案件的实际情况有关。在殴打等情形下,"医院的医疗费支出并不能等同于受害人所实际遭受的损害,医院的医疗费支出是一种财产损失,而受害人遭受他人殴打,是其身体权受到了侵害"①。因此赔偿范围也不局限于医疗费,法院可依据实际情况及原告诉求判决赔偿精神损失费等。

三、法律适用

法官一般依据三段论推理(从裁判文书的结构推断),以法律规范为大前提,以具体的案件事实为小前提,推导出结论即判决。"司法三段论作为一种推理论证模式,仅具有方法论意义上的形式价值,只负责决定法律适用的思维路径,即如何确定推演的前提(寻找法律规范、确定案件具体事实),如何在这一前提下推演出有效结论,但并不为司法判断的价值选择(例如,如何在法律文本的多义性语词中选择合适的解释)提供正当化论证。"②法官依自己的价值选择选用的法律规范在很大程度上影响了案件结果,影响了当事人双方包括学生、教育机构、教师、保险机构之间的责任分配。

(一)法条援引

教育机构体罚伤害案在司法实践中围绕着对伤残后果与体罚行为之间是否存在因果关系的认定和法律适用来展开,通过分析判决文书中被援引法条的分布情况,可以大致推断出法院在裁判该类型的案件中所处的立场和考量因素。对 80 份裁判文书所援引法条种类进行统计后可以看出,所援引条款涉及程序性条款

---

① 王利明:《惩罚性赔偿研究》,《中国社会科学》2000 年第 4 期,第112—122、206—207 页。

② 卢佩:《"法律适用"之逻辑结构分析》,《当代法学》2017 年第 2 期,第 97—105 页。

和实体性条款两类。法院援引程序性条款来解决审判过程中所面对的程序问题,解决两造的证明责任分配问题。由于此类程序性条款与本文主题无密切关联,故不在此深入探讨。在审判中涉及的实体性条款主要有《侵权责任法》①《未成年人保护法》《最高人民法院关于审理人身损害赔偿案件适用法律若干问题的解释》以及《最高人民法院关于确定民事侵权精神损害赔偿责任若干问题的解释》,且由于体罚伤害案件原告身份的特殊性(大多为未成年人),所以《未成年人保护法》也有涉及。

援引率最高的是《侵权责任法》第十六条②关于人身损害赔偿的规定。在 41 份一审裁判文书中,有 27 份裁判文书援引了该法条,占比 65.9%。除直接援引之外,二审裁判文书有时通过对一审裁判文书中事实认定和法律适用的肯定,间接认可该法条。例如"窦玉红与陈×等生命权、健康权、身体权纠纷案"的二审民事判决书[(2016)京 03 民终 1542 号]称,"原审法院经审理认为……侵害他人造成人身损害的,应当赔偿医疗费、护理费、交通费等为治疗和康复支出的合理费用,以及因误工减少的收入……陈×要求窦玉红赔偿医疗费及交通费,于法有据,原审法院依据医疗费票据及实际就医情况确定医疗费及交通费的具体数额,并无不当……原审法院认定事实清楚,适用法律正确,本院予以维持"。其次是《侵权责任法》第三十八③、三十九条④有关无民事行为能力人、限制民事行为能力人在教育机构受到人身损害的责任分配方式的规定。在 41 份一审裁判文书中,有 6 份裁判文书援引了第三十八条,占比 14.6%;有 16 份裁判文书援引了第三十九条,占比 39.0%,共计有 53.6% 的一审裁判文书援引这 2 个

---

①　现已被《民法典》吸收。

②　对应《民法典》第一千一百七十九条。

③　对应《民法典》第一千一百九十九条。

④　对应《民法典》第一千二百条。

条文。

在 41 份一审裁判文书中,《最高人民法院关于审理人身损害赔偿案件适用法律若干问题的解释》第十九条被援引 17 次,占比 41.5%;第二十三条被援引 16 次,占比 39.0%;第二十一条被援引 15 次,占比 36.6%;第十七、第二十二条则分别被援引 14 次,占比 34.1%,用于认定医疗支出的各项费用以及因误工减少的收入。可见该解释在学生体罚案件的司法实践中发挥着重要作用。另外,《最高人民法院关于确定民事侵权精神损害赔偿责任若干问题的解释》第八条在 11 份一审裁判文书中被援引,占比 26.8%,用于认定侵权致人精神损害但未造成严重后果的责任承担形式。由于体罚伤害案件原告身份的特殊性(大多为未成年人),有 8 份一审民事判决书(占比 19.5%)援引《未成年人保护法》第二十一条来表明法官的立场,确定学校、幼儿园及其他教育机构的教职员工或其他工作人员应当尊重未成年人的人格尊严,不得对其实施体罚或者变相体罚。虽然每个法官办案风格和思路不尽相同,对法律适用有自己的考量,但审判不跳脱于法条,因而司法实践中审判的一般思路已能代表大多数法官的观点。

法官的基本立场,可以参照《未成年人保护法》第二十一条,该立场是根据被害学生在大部分情况下系未成年在校学生的实际情况决定的。即使原告系成年学生,法官有时也对该法条作出扩张解释同时适用于成年学生,如"李文泰与吴辉、乐清市第四中学生命权、健康权、身体权纠纷案"一审民事判决书[(2015)温乐民初字第 725 号]中(判决书中虽未直接说明李文泰的年龄,但可从其无法定代理人推断其为完全民事行为能力人),"本院认为……教师应当尊重学生的人格权利,不得对学生实施体罚、变相体罚或者其他侮辱人格尊严的行为,不得侵犯学生合法权益"。教育者应当区分正常教育与体罚、殴打的界限,采取正当的方式维持教学秩序,不得侵犯学生合法权益。根据《侵权责任法》第六条①,有体罚行为的教师应当为其在教育过程中的不当行为承担责任。根据《侵权责任法》第三十四条②规定的用人单位责任,由于该教师系在履行教学职务期间侵犯学生人身权利,应由被告教育机构承担侵权责任。此类案件的归责原则一般根据被害学生的民事行为能力有所不同。对于无民事行为能力人,根据《侵权责任法》第三十八条规定适用过错推定原则,即只要原告能举证损害事实、违法行为和因果关系三个构成要件的存在,法院即可推定教育机构存在过错,判令其承担侵权责任,除非教育机构能够证明其不存在过错;对于限制民事行为能力人,根据《侵权责任法》第三十九条规定适用过错责任原则,即原告须举证损害事实、违法行为、因果关系和主观过错这四个构成要件,法院才能判令教育机构承担侵权责任。

若原告主张被告赔礼道歉,根据《侵权责任法》第十五条③规定的承担侵权责任的方式,法院一般予以支持。若原告主张人身损害赔偿,无民事行为能力人及其法定代理人能证明损害事实、违法行为和因果关系三个构成要件存在的,限制民事行为能力人能证明损害事实、违法行为、因果关系和主观过错四个构成要件存在的,根据《侵权责任法》第十六条对人身损害赔偿的规定,辅以《最高人民法院关于审理人身损害赔偿案件适用法律若干问题的解释》第十七至第二十六条对认定医疗支出各项费用以及因误工减少的收入的具体规定,对其主张数额合理部分予以支持。若原告主张赔偿精神损害抚慰金,根据《侵权责任法》第二十二条④,若侵害人身权益的行为造成被侵害者严重精神损害的,其

---

① 　对应《民法典》第一千一百六十五条。
② 　对应《民法典》第一千一百九十一条。
③ 　对应《民法典》第一百七十九条。
④ 　对应《民法典》第一千一百八十三条。

有权请求精神损害赔偿。因此,对于原告主张自身受到一定伤害,但未能举证造成了严重后果的,法院一般根据《最高人民法院关于确定民事侵权精神损害赔偿责任若干问题的解释》第八条规定不予支持,再根据情况判令侵权人停止侵害、恢复名誉、消除影响、赔礼道歉,特别是在判令被告赔礼道歉已经能够对原告精神进行慰藉的情况下。需要指出的是,即使法院对原告主张精神损害抚慰金的诉讼请求不予支持,也不意味着承认该教师的行为合法,亦不意味着校方尽到了教育机构应尽的管理职责。

(二)责任分配

由体罚行为产生的教师侵权责任在法理上一般通过用人单位责任的有关规定转嫁给校方,然而在司法实践中有时考虑到实施体罚行为的教师的主观恶性,综合考量教师和校方的主观过错,削弱校方责任,判令这部分责任仍由该教师承担。对于办理校方责任险的教育机构,则根据双方保险合同的具体约定,将校方责任完全或部分交由保险公司承担。

1.校方责任

根据《侵权责任法》第三十四、三十八、三十九条,学生在校遭到体罚,受到人身损害,幼儿园、学校或者其他教育机构作为用人单位应当承担侵权责任。《学生伤害事故处理办法》第九条也明确指出,教育机构教师或者其他工作人员体罚或者变相体罚学生造成学生伤害事故,教育机构应当承担相应责任。因此,司法实践中一般由教育机构承担全部事故责任。例如"吴佶恩、吴倩灵生命权、健康权、身体权纠纷案"二审民事判决书[(2017)浙 01 民终 5665 号]中,"原审法院认为……吴倩灵的行为超出了教学方法的范围,但其出于教学管理目的,因而吴倩灵的行为属于履行职务行为,相关民事责任应由教育机构承担。吴佶恩坚持本案应由吴倩灵承担民事责任,于法相悖,应当予以驳回"。这也从侧面反映出法院一般认为相应的侵权责任应由校方而非当事教师承担。

2.保险责任

教育机构体罚伤害案件有时出现教育机构责任及保险合同复合的情况,所涉及的保险险种一般是校方责任险。校方投保校方责任险的目的在于保险公司在校方需要承担民事责任时对校方应当承担的赔偿数额的全部或部分予以理赔。若校方投保校方责任险,在原告将保险公司列为校方的共同被告或追加其为被告时,法院可直接判令由保险公司承担校方的赔付责任并向原告进行赔偿。保险公司的具体保险责任依双方签订的合同细则有所不同,例如当双方约定了赔付限额时,保险公司只需在合同约定范围内对被告教育机构承担保险责任,如"冀某与中国人寿财产保险股份有限公司原平市支公司、祁迎春等教育机构责任纠纷案"[(2017)晋09民终655号]中,"一审法院认为……被告中国人寿财产保险股份有限公司原平支公司与原平市教育局签订了校园方责任保险合同(限额20万),对原平市范围内由教育局管理的教育机构因意外及过失发生的教育机构赔偿责任负责赔偿,故被告原平市子干乡西荣华教育机构的赔偿责任,依法由被告中国人寿财产保险股份有限公司原平支公司在保险限额范围内承担";若保险合同约定保险公司不负责赔偿精神抚慰金,则被告只能将被判令给付的除精神抚慰金外的赔偿金额交由保险公司赔付,由被告自己赔偿原告精神抚慰金,如"上诉人郭朋晓、中国人寿财产保险股份有限公司南阳中心支公司与被上诉人王某、镇平县察院小学教育机构责任纠纷案"[(2015)南民一终字第00667号]中,"原审法院认为,保险合同约定,精神抚慰金保险公司不负责赔偿,故被告镇平县察院小学应赔偿原告精神抚慰金20000元",而在"朱某1与松滋市刘家场镇庆贺寺初级中学、中国人民财产保险股份有限公司松滋支公司教育机构责任纠纷案"[(2017)鄂1087民初145号]中,"被告庆贺寺中学为在校学生,在被告财保松滋支公司投保了校方责任保险及其附加财产损失责任保险、附加校方无过失责任保险和附加注册学生第三者责任保险"，则包括精神抚慰金在内的原告所有损失由被告庆贺寺中学承担 80％，并就教育机构尚未偿还部分全部转由被告财保松滋支公司承担。

3. 教师责任

纵观本次统计的 80 份裁判文书，在教师与教育机构同为被告的情况下，法官一般借助用人单位责任将教师的侵权责任全部转嫁给校方，由校方承担所有赔偿责任，但有时也会综合考虑二者的过错程度，判定其承担按份或者连带民事责任。有时法院认为教师作为直接侵权人，其体罚行为系违法犯罪行为，不得以"履行工作职责，应由用人单位承担侵权责任"作为抗辩理由，因此被告教师仍应对损害后果承担一定的赔偿责任。由于教育机构未对原告实施加害行为，并且其与教师之间对于加害行为也不存在共同的故意或过失，因此不构成共同侵权。但教育机构未尽到教育、管理和安全保障义务致使学生遭受人身损害，也应承担与其过错相应的责任。因此，有时法院综合考虑二者过错程度，判定教师与校方承担按份责任，如"洪智豪与桂平市江口镇第一初级中学、梁开杰生命权、健康权、身体权纠纷案"［(2015)贵民一终字第 148 号］中，"本院认为，江口一中教师梁开杰在教学过程中对学生洪智豪进行体罚致伤，根据《侵权责任法》第三十九条的规定，江口一中……应当承担民事责任；而梁开杰作为直接侵权人的过错明显大于江口一中，一审法院……确定梁开杰承担 85％民事责任、江口一中承担 15％民事责任并无不当"；或判定教师与教育机构承担连带赔偿责任，如"路某某与宋志玲、招远市阜山镇周家庄子教育机构身体权纠纷案"［(2015)招少玲民初字第 3号］中，"本院认为，被告宋志玲作为原告路某某的老师，在对原告进行管理时实施了体罚的行为并将原告致伤，对于原告的经济损失依法应予以赔偿,被告招远市阜山镇周家庄子教育机构作为原被告的管理单位,未尽到教育、管理职责,应对该赔偿负连带责任"。

四、结 论

教育机构体罚伤害案件是一种广泛存在的案件,除进入司法程序的案件之外,还有许多案件出于各种现实原因而未能解决。由于原告主体的特殊性——未成年人,从法官援引的法律条款也可以看出法官在此类案件中的立场是保护未成年人,建议教育部门更加重视,教育机构在实施教育和管理过程中尽到应尽的职责,得知事件发生后更应及时进行妥善处理,并就其未尽管理、保护义务所造成的损失承担与其过错相当的责任,从而实现事前预防,事后妥善处理。同时也应当完善相应的法律法规制度和伤害鉴定标准,使得此类案件中的权责划分更加明晰,并能在追责相应人员时做到有法可依。《民法典》沿用了《民法总则》关于8周岁以上的未成年人为限制民事行为能力人的规定。《民法典》侵权责任编承袭并修订了《侵权责任法》,此类案件相关法条的主要修改是在人身损害赔偿费用项下增加"营养费"和"住院伙食补助费"两类为治疗和康复支出的合理费用;在关于教育机构外第三人侵权的规定中,将原先规定的"机构以外的人员"修订为"第三人",增加规定——"幼儿园、学校或者其他教育机构承担补充责任后,可以向第三人追偿"。《民法典》框架下,教育机构责任分配更加完善,对学生的保护更为周延。

论惩罚性赔偿中欺诈的认定

丁希美[①]

摘　要：现行法律条文惩罚性赔偿中欺诈的认定问题规定得较为模糊，给法官的自由裁量权留出了很大的空间，导致在不同的法院层级之间、不同地区的法院之间，出现了很多同案不同判的情形，出现大量的分歧，学界也有各种争论，并未达成一致意见。存在的问题有：重大过失是否应该纳入对欺诈的认定，经营者告知义务的内容、程度、时间到底以何为标准，因果关系对于消费领域是否具有存在的必要，以及将"知假买假"纳入免责事由的重要性等。针对以上问题，需要将重大过失纳入惩罚性赔偿，对于经营者的告知义务应该加以明确，对于消费欺诈而言不需要进行因果关系的认定，而且将"知假买假"纳入免责事由。

关键词：消费者权益保护；欺诈；惩罚性赔偿

耳熟能详的一句广告语"红牛送你一对翅膀"使得红牛的宣传力爆棚，但是也因为这句广告语，红牛公司要向2002年1月1日至2014年10月3日间在美国购买过红牛的人赔偿1300万美元，广告语的内容无法兑现是消费者维权的主要原因。红牛公司为此承担巨额的惩罚性赔偿。美国的消费者诉讼真是令人惊讶！在我国，也存在着类似的案件，如脑白金，由于广告语在各个媒体上广为传播，消费者在送礼时形成固定思维，对于广告词中的金砖一说，一些消费者想要通过法院来要求脑白金公司兑现广告中

---

　① 　丁希美，山东滨州人，2019级宪法学与行政法学硕士研究生。

的金砖,法院并没有支持此项诉求,法院认为从一般的消费者认知来看,公司是不会以金砖相赠的,认定此广告并不是欺诈,所以这类案件大部分以消费者败诉告终。但存在例外情况,2007 年深圳市福田区法院判决不同,法院维护消费者的权益,法院的主张是:脑白金公司在包装上标注的内容未能实现,存在故意告知虚假信息。消费者因为虚假信息作出意思表示,不是出于自己的本意,而是由于虚假信息的误导。被告构成欺诈,符合欺诈的构成要件,判决被告承担两倍责任。此案例是脑白金诉讼案在全国第一例消费者胜诉的案例,由此可见,不同的法院对于如何认定欺诈、何为欺诈行为皆有不同的见解。特别是随着国家对消费者权益的保护更为看重,新的《消费者权益保护法》的修改存在以下规定:将赔偿数额从赔偿一倍提高到赔偿三倍。消费者更加乐意维权,欺诈的案例数量在逐年增加,欺诈的案例不仅多,而且在认定时存在很多问题,所以本文主要针对欺诈的认定展开论述。

一、惩罚性赔偿中欺诈认定的现状

惩罚性赔偿制度追本溯源至英国,苗壮成长于美国。英国的《牛津法律大辞典》将惩罚性赔偿制度解释为:补偿性损害的补充之一是惩罚性赔偿,是损害赔偿的一种重要方式,通常被用来表示法官或者陪审团对被告侵权行为的否定性评价。对于美国而言,《布莱克法律词典》将其解释为被告的欺诈行为对原告造成损失和伤害时,法院可以判决被告赔偿原告超出实际损失价值的赔偿数额。[①] 惩罚性赔偿制度在我国首次亮相于 1993 年的《消费者权益保护法》。2014 年新修订的《消费者权益保护法》最大的亮点就在于惩罚性赔偿制度的数额加大了,这无疑对惩罚经营者的

---

① 祁光明、张彦春:《论惩罚性赔偿制度》,《内蒙古民族大学学报》(社会科学版)2007 年第 1 期,第 95—97 页。

违法行为、调动消费者的维权积极性以及威慑和预防潜在的市场违法行为起到了巨大的作用。对于惩罚性赔偿制度的适用,我国的法律条文存在空白,惩罚性赔偿制度的前提作为欺诈还存在较多争议,这些问题都需要得到解决。

(一)立法现状

《民法总则》中关于欺诈的问题只限制在欺诈造成的后果上,对于欺诈的定义以及认定标准没有法律规定。最高人民法院印发《关于贯彻执行〈中华人民共和国民法通则〉若干问题的意见(试行)》(以下简称《民通意见》)第六十八条规定,欺诈行为需要有故意告知虚假情况或者隐瞒真实情况,而且还需要诱使对方作出意思表示。① 这是关于民事领域内欺诈的详细描述,然而对于消费领域,根据《消费者权益保护法》第五十五条的内容,进行三倍惩罚性赔偿的前提就是欺诈,但对于何为欺诈以及如何认定欺诈并没有法律条文的规定。《中华人民共和国消费者权益保护法实施条例(征求意见稿)》中有很多亮点,增加了很多的名词释义,比如缺陷、瑕疵、耐用商品等,但是对于欺诈的定义并没有进行阐述。该征求意见稿第十七条中运用了列举的方式阐述什么是欺诈行为,但是对于何为欺诈并没有进行名词解释。该条文列明了十四项具体的行为,第十五项是一个兜底性条款,"以其他虚假或引人误解的方式误导消费者"。也就是说,国家在制定实施条例时,列举了构成欺诈的行为,但是并没有说明以何种依据来对欺诈行为进行界定。时代在不断地发展着,欺诈的方式也在不断地变换着,如若不对如何认定欺诈作出描述,可能列举的方式中囊括不了复杂多样的"欺诈手段"。本实施条例现已进入送审阶段,

---

① 《关于贯彻执行〈中华人民共和国民法通则〉若干问题的意见(试行)》第六十八条规定:"一方当事人故意告知对方虚假情况,或者故意隐瞒真实情况,诱使对方当事人作出意思表示的,可以认定为欺诈行为。"

并未生效。2014年实施的《上海市消费者权益保护条例》①,对欺诈是有定义的,而从这一定义来看,需要经营者的故意,有欺诈的行为,还需要消费者有错误的意思表示,以及行为和结果之间有因果关系,即等同于《民通意见》第六十八条的规定。《黑龙江省消费者权益保护条例》中对于欺诈的定义也是如出一辙。然而近几年其他省市的消费者权益保护条例中只是对欺诈的行为进行列举,对于欺诈的定义反而没有规定,如2017年江苏省和河北省实施的条例,2018年天津市实施的条例。因此,对于欺诈的认定在立法界是模糊的,不仅法律没有明文规定,而且相应的地方性配套条例、办法等也没有明确表述。

(二)司法现状

根据上述法律条文的规定,不同法院对于欺诈的界定也不同,具体如下:

第一种情形是,有的法院认为虽然是消费者权益纠纷的案件,但是对于是否构成欺诈的认定还是需要遵循民事欺诈的原理。也就是按照《民通意见》第六十八条来对欺诈进行认定,从而判定支持或者不支持三倍赔偿。一般会出现这些情况:

第一,直接引用此法条,但是对于欺诈的构成要件等问题并未进行深究,法官对此并未进行阐述。例如广东省河源市中级人民法院(2018)粤16民终1278号民事判决书中,一审法院在认定恒源公司是否存在销售欺诈时,提到恒源公司向梁丽珍提供的车辆不是全新的,不符合双方的约定,使梁丽珍误以为系全新车而购买,恒源公司的行为已经构成销售欺诈,应该承担三倍赔偿责任。在二审中,法院对此问题的判决只是列明了法条,并未深入

---

①　《上海市消费者权益保护条例》第二十三条规定:"前款所称的欺诈,是指故意告知消费者虚假情况或者故意隐瞒真实情况,诱使消费者作出错误意思表示的行为。"

地探讨欺诈的构成要件。法院认为,从一审、二审的证据来看,无法确定恒源公司曾向梁丽珍提供过涉诉车辆的虚假情况,涉诉车辆的色差瑕疵是在厂家出厂时存在还是在恒源公司收到车辆进行维修时产生,根据现有的司法鉴定意见是无法确定的,所以认为恒源公司不存在欺诈,并且对一审判决构成欺诈进行了纠正。

在本案中,法院只是援引了《民通意见》第六十八条的规定,不认为恒源公司构成欺诈,进而不构成《消费者权益保护法》中的欺诈,所以并不能支持原告三倍惩罚性赔偿的诉求。由此可知,法院在对欺诈进行判断时,并没有对认定欺诈的过程进行详细的描述,只是一带而过,只要不构成民法上的欺诈就不能适用《消费者权益保护法》的欺诈。

第二,直接引用此法条,并且对欺诈的构成要件进行了说明。例如,在辽宁省沈阳市中级人民法院(2018)辽 01 民终 6452 号民事判决书中,关于如何认定欺诈,一审法院并未提出依据的法条,只是提到周家焕自认所销售的家具主材部分有些不是桃花心木,由此推定周家焕销售的家具与合同约定不符,违反了《产品质量法》,其销售的产品存在误导,其提供的商品有欺诈行为,应该赔偿三倍损失。二审法院却明确指出欺诈行为的构成要件:首先,行为人要在主观上存在故意,过失不存在欺诈的问题;其次,行为人要具有虚构事实、隐瞒真相的行为;最后,行为人的行为能够诱使对方当事人作出错误的意思表示。这三者俱存才能构成欺诈行为。二审法院在判决时考虑到双方对于"纯实木家具"在概念理解上有歧义,不能认为周家焕具有欺诈的故意,而且案涉家具并没有导致以假充真、以次充好、高额溢价等行为,因此认为周家焕对案涉家具的销售行为并不构成欺诈。除此之外,湖北省恩施土家族苗族自治州中级人民法院(2017)鄂 28 民终 1389 号民事判决书中提到,要认定构成欺诈行为,应包括以下四个要件,即欺诈方在主观上有欺诈的故意、欺诈方在客观上实施了欺诈的行为、被欺诈方基于欺诈行为而作出错误的判断、被欺诈方因错误判断而作出意思表示。虽然对欺诈的构成要件的表述不一样，但是实质内容是一样的，简化来说，即有欺诈的故意，有欺诈的行为，还需要有因果关系。

大多数法院对于消费领域的欺诈（以下简称消费欺诈）认定是根据民法领域的欺诈（以下简称民事欺诈）来认定的，然而仍有少数法院在认定消费欺诈时存在着特殊性，为了更好地维护消费者合法权益，不需要严格限制欺诈的构成要件中需要有因果关系。重庆市第五中级人民法院（2014）渝五中法民终字第 04254号民事判决书中提到是否明知产品存在问题而购买并不影响惩罚性赔偿权利的主张，即认为不需要因果关系。广东省东莞市中级人民法院（2016）粤 19 民终 2773 号民事判决书中也曾提到"是否通过诉讼而谋求利益，并不能免除茶庄的责任"。这则案例认为消费者是不是因为经营者的欺诈行为而作出错误的意思表示并不影响对于经营者的惩罚性赔偿，也是认定不需要存在因果关系的。在重庆市第三中级人民法院（2015）渝三中法民终字第00987 号民事判决书中，二审法院认为，鼎盛汽车销售公司明知所售车辆的质量存在瑕疵，故意隐藏质量问题，让原告出于错误的认识作出不符合内心意思的意思表示。被告在主观上有欺诈的故意，在客观上有欺诈行为，即以有瑕疵的车辆冒充合格的车辆，构成《消费者权益保护法》中规定的经营欺诈行为。这则案例表明，构成欺诈有主观故意、欺诈行为即可。

对于如何认定消费欺诈，到底是需要按照民事欺诈的规定，还是需要具有特殊的构成要件，是存在争议的。本文将根据在认定欺诈中存在的问题进行研讨，厘清民事欺诈和消费欺诈之间的关系。

二、欺诈认定存在的问题

在欺诈的认定过程中，依旧存在着一些争议的问题，包含主观状态的不全面,以及经营者的告知义务不明确、缺乏免责事由等问题,本文试图在解决问题的过程中找到认定欺诈的方法。

(一)缺乏对重大过失的评价

主观状态,一般包含故意、过失。过失,还可以根据过失的程度分为重大过失和一般过失。但是司法实践案例中几乎忽略和避免对这种过失状态的研究,不论是重大过失还是一般过失。董文军教授曾经指出,应该区别经营者存在的重大过失和一般过失,强调在加强经营者的责任时也要注意必要的尺度,将经营者的重大过失纳入惩罚性赔偿,不包括一般过失,从而来保障市场交易的公平性。[1] 在天津市第二中级人民法院(2014)二中民二终字第 307 号案件中,法院认为,被上诉人作为专业的汽车销售经营者,对于如何确定案涉车辆是否需要召回有很多的途径,应该进行核查,不能以不知情而免责,由此认定汽车销售商构成欺诈,这则是典型的由于过失进行惩罚性赔偿的案件。重大过失一般表现为:责任人能够预见而没有预见或者已经预见但是抱着侥幸的心理认为事故不会发生而没有采取任何措施从而导致了损失。从上述案例中可以看出汽车经营者作为专业的销售者,对于车辆构成召回的情形是有专业判断水准的,经营者有能力预见该涉案车辆是否属于召回的范围,但是并没有进行任何的核验,也没有对消费者作出说明,还以不知情进行推诿免责,这已经构成了重大过失。

重大过失虽然在主观上没有故意恶劣,但是重大过失造成的后果,一点也不逊色于故意造成的后果,甚至在某些情况下还会造成某些潜在的威胁。现如今法律条文以及司法实践中并没有对重大过失进行正面的应答,导致一些经营者标榜自己是过失

---

[1] 董文军:《论我国〈消费者权益保护法〉中的惩罚性赔偿》,《当代法学》2006 年第 2 期,第 69—74 页。

的,是不知情的,从而逍遥法外。例如发错货物,不论是主观上存在故意还是疏忽大意造成的,对消费者产生的影响是一致的,都影响了买卖合同的履行,甚至造成根本违约,对消费者的信赖利益造成了损失。若在认定惩罚性赔偿时,主观状态上依旧只是局限在故意,那么将不会满足消费者多样的消费需求,等于放任了经营者法定的自身核查检验等义务,不利于市场经济的发展。当然,在实践操作中,对于一般过失和重大过失的界限需要进行明确,因为如果将一般过失也纳入欺诈认定范畴无疑会加大经营者的压力,高额的惩罚性赔偿会减弱经营者的积极性,毕竟一般过失造成的损害结果要小一点,可接受程度高一点。所以,在不给经营者造成压力、最大程度维护消费者合法利益的前提下,还是需要明确重大过失与一般过失之间的规制标准的。

(二)告知义务的时间标准不明确

对于义务告知的时间标准不明确的争论主要体现在:经营者的告知义务是在缔约阶段有告知义务但未告知构成欺诈,还是在销售的全过程中未履行告知义务构成欺诈。在中华人民共和国最高人民法院(2018)最高法民终 12 号民事判决书(以下简称"天价豪车案")中,对于此问题,双方各执一词,互不相让。新贵兴公司主张,案涉车辆是在新贵兴公司与杨代宝签约以后向大众汽车销售公司订购的新车,所以肯定不知道案涉车辆的漆面和窗帘存在瑕疵。杨代宝辩称,对于车的维修以及窗帘的更换,新贵兴公司在交车前未向杨代宝履行告知义务,已经构成欺诈。原审法院对此作出了认定,为了保护消费者的知情权和选择权,对于商品买卖,消费者的知情权和经营者的如实告知义务贯穿在合同的缔结和销售的整个过程中。二审法院也对此进行了解释:消费者和经营者信息不对称导致消费者对于获取信息的时间存在争议,争议点在于获取信息的时间在缔约前还是缔约后;消费者的知情权主要体现在经营者及时告知消费者有利于消费者的信息和不利于消费者的信息。所以,通过此案件来看,义务告知的时间是贯穿缔约和销售的整个过程的,若经营者主张欺诈仅存在意思表示的缔约阶段是不会得到法院支持的。

对义务告知时间的不统一将会导致承担的责任不同。《消费者权益保护法》并没有针对此问题进行阐释,所以只能参照其他的法律规定。根据《民通意见》第六十八条和《合同法》的相关法律条文,合同因欺诈而无效,欺诈方可以承担缔约过失责任和违约责任。那么对于消费欺诈来说,如果欺诈行为产生在消费合同订立之前,也就是说经营者已经明知将要交易的商品或者服务存在缺陷或者问题,但是依旧采用欺诈的行为与消费者进行交易,应该属于缔约过失责任。若经营者的欺诈行为发生在订立合同之后,即经营者故意交付假冒伪劣产品或者服务,应该属于违约责任。缔约过失责任和违约责任的赔偿方式是不同的,缔约过失一般赔偿的是直接损失,双方的信赖利益损失,而违约责任则需要对因违约造成的所有损失进行赔偿,使双方恢复到合同能够正常履行的状态。但是在现实实践中,欺诈发生的时间很难确定,而且举证很困难,所以在实际判案时存在困难,这着实需要得到解决。

(三)告知义务的内容不明确

告知义务的内容不明确与欺诈的关系表现在:经营者告知消费者什么信息才能不构成欺诈,未告知什么内容才构成欺诈。依据《消费者权益保护法》第八条和第二十条,消费者享有知悉商品相关信息的权利,经营者负有主动向消费者提供商品真实、全面信息的义务。但是对于何为全面信息、全面信息具体包含哪些内容并没有进行严格的限制与说明,导致争议双方各有理由。消费者作为普通人,在进行产品或者服务的选择时会进行一定程度的了解,但是大多数都是通过经营者的介绍,一般的消费者不会对所涉及的产品了如指掌,对于产品信息的掌握,除了自己询问的一些内容,就是经营者主动告知的内容。所以当出现问题时,消费者会认为,这些信息在当时购买产品时经营者并未进行说明,然而恰恰是这些信息影响了消费者购买产品的消费心理,误导消费者买了这些产品,现在出现了问题,经营者理所当然存在过错,就应该承担赔偿责任。而对于经营者来说,由于信息的不对称性,经营者对产品的了解肯定要比消费者深入,特别是对于汽车这类大宗产品,在生产运输的过程中肯定会产生一定的瑕疵,经过修理或者整理之后当新车进行买卖是非常正常的,他们觉得这些信息没有必要告知消费者,况且在国际上也公认 PDI(Predelivery Inspection,意为售前检验)程序,而这也成了案件审理过程中的争议焦点。

经营者告知义务不明确,将会导致很严重的后果。由于法律条文并没有进行明确的规定,所以无论是消费者还是经营者,在引据法条时都会捉襟见肘,双方在辩论时并没有非常确凿的法律依据,不利于案件的审理。同样地,法官在判案时也无法援引法律条文,这样交给法官的自由裁量权就会很宽泛,案件的审理结果往往集中在法官的主观状态中,不同法官的认知状态是不一样的,对于案件的理解也是不一样的。如果不对经营者需要告知的义务进行明确限制,将会导致同案不同判的现象,不能保证司法公正。所以,对于经营者需要告知的义务进行明确的认定是非常必要且急切的。

(四)告知义务的程度不明确

关于告知义务的程度不明确表现在:是当面直接告知消费者还是将信息公布在通过公共网络可以查询的平台上。未将信息直接告知消费者是否构成欺诈? 在"天价豪车案"中,对于案涉车辆的瑕疵信息是否应该全面告知消费者以及不告知的话是否应该承担赔偿责任的问题,中国汽车流通协会代表表示:这些瑕疵问题均属于 PDI 程序,是为了使车辆达到交付的标准,对于检测中发现的问题是否应该告诉消费者并没有法律的明文规定而且也没有明确的国家标准或者行业标准。中国消费者协会代表表示：上述信息均是影响消费者选择权、知情权的重要信息，经营者应该全面告知。在本案中，经营者将这些信息上传只是为了告知供应商相关的情况来解决其内部财务支出问题和许可问题，其初衷并不是为了告知消费者。二审法院认为，新贵兴公司在车辆进行交付之前，已经对两次的操作进行了真实的记录，虽然其并不是主动向消费者告知，但是对相关信息的上传是主动的，并且传到了消费者可以通过一定的途径进行查询的网络系统上，相关信息已经进行了披露，可以认定经营者并没有刻意隐瞒相关信息的意图。在本案中，法院认为经营者将信息进行一定程度的披露即可，并不需要当面告知消费者。在广东省高级人民法院(2017)粤民申9306号民事裁定书中，骏佳行汽车服务公司认为，其并没有欺诈的故意也没有欺诈的行为，其所做的所有的PDI维修以及召回都是录入系统的，并且对购车主公开，按照行业协会的规定，对于PDI骏佳行是可以不披露的，即使不披露也并不意味着欺诈。

以上两个案例都是未将汽车某些方面的维修信息直接告知消费者，对于信息披露的程度严重影响了案件的审理，双方各有说法。对于经营者而言，法律并没有严格限制经营者需要向消费者告知相关的信息，导致告知信息的灵活性非常大，告知或者不告知全凭自己的良心。但是对于消费者而言，如果经营者不直接、明确、便捷地将这些信息告知消费者，他们是很难获得这些信息的，包括获取这些信息的渠道。所以为了更好地保护消费者，对于义务告知的程度，到底是应该支持当面告知消费者还是对信息进行一定程度的披露即可，这无疑也是需要解决的问题。

(五)因果关系认定不统一

因果关系问题涉及民事欺诈和消费欺诈的区别。

对于民事欺诈，很多学者都有自己的观点。郑玉波教授认为是欺诈人故意欺罔被欺诈人,使被欺诈人陷入错误认知,并因之而为意思表示之行为也。[1] 张俊浩教授认为民事欺诈行为是指故意不告知对方真实情况,致使对方作出错误意思表示的行为。[2] 认可最多的当数梁慧星教授的观点,他认为欺诈是指行为人故意捏造虚假事实,使对方陷入错误认识的行为。其主要包括四个方面:第一,存在欺诈的故意;第二,存在欺诈的行为;第三,受害者因此陷入了错误的认识;第四,受害者因此作出了错误的意思表示。在司法实践中,对于民事欺诈的认定也是按照这四个方面进行的。

对于消费欺诈,立法上根本没有明确的界定,实践中对认定欺诈也不存在统一完善的标准,所以,对于消费欺诈的认定还是存在模糊性的。为了保持术语的统一,很多人就认为消费欺诈和民事欺诈应该是一致的,在认定构成要件的问题上也存在共性。但也有学者认为消费欺诈和民事欺诈根本不属于相同的领域,将两者混淆是不正确的。民法是调整平等主体之间权利义务关系的一种法律规范,双方在作出意思表示之前,相对方在信息建构方面是平等的,双方的地位是平等的,双方行为是自愿的。然而对于《消费者权益保护法》来讲,其制定的目的就是通过立法来改善经营者和消费者之间本来就存在的信息不对称、地位不平等的情形。所以说,《消费者权益保护法》在某些程度上是偏向于保护消费者合法权益的,换句话说,通过更多地限制经营者违法行为维护消费者的利益,从而达到制定该法的目的。

正如前面提及的,民事欺诈是需要因果关系的,但是消费欺诈是否需要因果关系,这还存在很大的争议。因果关系认定不统一将会影响欺诈认定的全面性,将会导致民事欺诈和消费欺诈存

---

① 郑玉波:《民法总则》,北京:中国政法大学出版社,2003年,第354页。

② 张俊浩:《民法学原理》(上),北京:中国政法大学出版社,2000年,第101—103页。

在混淆和界限模糊的情形。如果明确规定了因果关系问题，将会改善同案不同判的情形，减少对欺诈认定的阻碍。

（六）缺乏免责事由

一般来说，法律条文的适用会有免责事由，包括不可抗力等，但是《消费者权益保护法》第五十五条并没有说明。对于此问题的研究主要集中在知假买假问题上，消费者明知产品或者服务存在缺陷仍然购买，即自愿接受被欺诈，那么经营者是否也应该承受三倍的惩罚性赔偿呢？

对于知假买假问题，支持者认为知假买假者应该受到《消费者权益保护法》的保护，与普通的消费者并没有严格的区别，理由是在实践和理论上都无法直接明确判断出消费者购买商品是为生活消费还是为牟取利益，而且知假买假者在维护消费者权益方面做了很大的贡献，毕竟对于打假来说，行政执法的力度是远远不够的，而知假买假者往往可以深入敌人内部，在一定程度上减轻了国家部门的压力。否定者认为知假买假者不应该受到《消费者权益保护法》的保护，因为其主观上明知商品或者服务存在问题、缺陷，依然要求经营者进行惩罚性赔偿，以此牟利，其并没有受到经营者的欺诈而是自愿接受被欺诈，自愿接受经营者的违法行为给自己带来的损失。还有的认为知假买假者是否应该受到《消费者权益保护法》的保护，应该按照具体问题具体分析，不能以偏概全，应该按照一般理性人的角度去判断其是否是生活消费。

知假买假问题，一直是很热门的问题。国家为了打击市场中的制假售假，出台政策：在食品药品领域，购买者明知商品存在质量问题仍然购买的，支持其三倍赔偿。国家在食品药品这些特殊的领域进行大力的惩罚，其目的是保护消费者的人身健康。但是在实践中，会有很多知假买假者以牟利为目的对食品药品领域进行"打假"，虽然对于打压经营者的不法行为起到了一定的作用，但是浪费了很多的司法资源,干扰了市场经济的发展。

从中可以看出,除了在食品药品领域国家支持三倍的惩罚性赔偿外,其他方面并没有出台相关的政策,毕竟在食品药品领域,经营者的违法行为直接严重危害消费者的身体健康,后果比较严重,加大惩罚力度可以减少经营者对消费者在食品药品领域的侵害。但是在其他方面,知假买假行为应该被纳入免责事由当中。因为知假买假者在主观上是故意的,故意接受经营者的欺诈,进而要求经营者进行惩罚性赔偿。这种牟利的做法应该受到禁止,因为这已经违反了"打假"的初衷。经营者因此身负沉重的经济压力,不利于消费领域的发展,并且严重浪费了司法资源,所以知假买假行为应该被纳入免责事由中。

三、完善欺诈认定的建议

对于欺诈认定的标准进行完善,主要包括:主观状态下要明确包含重大过失,对于经营者的告知义务也要提上日程,为降低认定的难度取消因果关系的认定,最终将知假买假纳入免责事由,进一步促进欺诈认定标准的明朗化。

(一)明确对重大过失的包含

对于重大过失问题的研究,理论界一直进行着,但在司法实践中并没有真正实现过。笔者认为,应该细化对这一主观状态的研究,将重大过失纳入惩罚性赔偿的范围,更好地保护消费者的权益。

对于重大过失的界定,存在的分歧有:主观派认为重大过失和轻微过失的划分依据应该为行为人的主观预见程度,还有人认为,重大过失违反了一般人都能通过轻微的注意事项的注意义务,由于疏忽大意或者过于自信而没有预见到;客观派认为,重大过失行为要看行为表现如何。① 对于重大过失的主观状态，法院可以酌情对其进行认定，毕竟在实践中因为重大过失而给消费者造成的影响也很恶劣，虽然主观上不是故意的，但是造成的结果很严重，况且如今法院裁判时认为过失不构成欺诈，经营者可以随意以过失而规避责任，这样造成的后果是破坏了市场秩序的公平性。因此建议对于经营者的过失心态可以根据具体情况进行分析，根据经营者造成的损害后果作出认定，避免经营者逃避责任，可以减少赔偿数额，交由法官进行裁量解决。笔者认为，重大过失的认定途径可以表现为两种：一种是遵循过失不构成欺诈，那么对于重大过失就不能进行欺诈的认定，但是鉴于重大过失造成的严重后果，还是需要进行一定程度的惩罚性赔偿；另一种解决途径就是将重大过失纳入《消费者权益保护法》第五十五条第二款的规定，这样就对重大过失进行了全面评价，防止经营者将重大过失当成抗辩理由。这样最大限度地体现了对消费者权益的维护，对经营者严谨认真的态度提出了更高的要求。

同时，笔者认为应该区分开一般过失、轻微过失和重大过失的界限，毕竟，过失的程度不同产生的损害后果也是不同的。增加对重大过失状态的认定，意味着对经营者的核检义务提出了更高的要求，不能以过失作为免责的借口，否则对消费者造成的严重后果无人承担，会造成市场交易的不公平。避免对一般过失和轻微过失的评价是因为不能过分地对经营者进行严厉苛责，经营者也是一般人，犯错误是正常的，如果一味地加重经营者的责任和负担反而不利于消费交易。所以，为了更好地保护消费者的权益，只需要增加对经营者的重大过失评价。

（二）明确经营者的告知义务

对于告知义务的时间标准问题，应该选择支持经营者的告知

---

① 辛益可：《我国消费者权益保护法中的惩罚性赔偿制度研究》，硕士学位论文，河北经贸大学，2016 年。

义务贯穿在合同缔结和销售的整个过程中，毕竟消费者无法获知经营者是否知晓商品的信息，以及何时获取的信息，所以为了在更大程度上保护消费者的权益，扩大义务告知的时间范围是利大于弊的。而对于经营者需要承担的责任问题，消费者需要根据具体情况进行判定，根据现有的证据，消费者自行选择想要经营者承担的责任。由于经营者和消费者本来就存在信息不对称的问题，《消费者权益保护法》就应该适当地倾斜保护消费者权益，尽可能地拓宽消费者的维权渠道。

关于商品信息的全面告知，在强调消费者有权获取全面信息的同时，也应该强调对消费者知情权的实质性保护。经营者应该提供的商品的全面信息，不仅是指与商品有关的所有信息，而且指可能影响消费者人身健康、安全或者一定财产利益的全部重要信息。在现在这个时代，像汽车这类大宗产品，"退一赔三"意味着高额的赔偿金，所以在认定时需要严格、谨慎。对于销售者违反法定告知义务是否构成欺诈，应该综合考虑是否影响到消费者缔约的根本目的，是否存在销售者隐瞒相关信息的主观故意等方面。

关于告知义务的程度问题，归根到底还是由经营者和消费者的信息不对称决定的。消费者在获取信息的渠道以及了解程度上是远远比不上经营者的，经营者若只是在相关网络上进行一定程度的公开，对于消费者而言，如同未告知，消费者的知情权还是受到了损害，经营者在信息知晓上占据的霸主地位并未动摇。对于相关信息的披露程度，笔者建议还是采用一种更为直接便捷和快捷的方式告知消费者，这样，可以减少相对方在此问题上的过度损耗时间。若未告知相关信息，根据其造成的影响，法官要综合考虑相关的因素，例如其处理措施的难易程度、是否严重危及产品的主要功能和基本用途，还要兼顾消费者的认知能力和消费心理的保护等，确定赔偿标准。因为具体案件是不同的，需要根据每个案件的具体情况来进行认定,这样才能保证案件的相对公平。

(三)明确无须因果关系

对于因果关系问题,在司法案例中经常会出现"消费者并未因此而产生错误的意思表示",所以认为经营者不构成欺诈,但是经营者的欺诈行为还是存在的,这无疑对经营者的欺诈行为产生了一种隐形的保护。因此,对于因果关系的抛弃是非常有必要的。

就像前面提到的,根据现行的法律条文,在字面解释上并没有明确规定认定欺诈需要因果关系,而且综合《消费者权益保护法》的制定初衷,笔者建议为了更好地扩大消费者受保护的范围,在司法实践中减少对因果关系的认定,只针对经营者欺诈的故意和欺诈行为进行认定。这样一来,降低了消费者主观状态认定的难度,打击了经营者的违法行为。

明确了无须因果关系问题,厘清了民事欺诈和消费欺诈的界限,在解决消费欺诈时,在某些方面还是需要借鉴《民法》的相关基本原理,但是要注意两者之间又存在着区别,这样才能处理好《民法》和《消费者权益保护法》的关系。正如有学者提及的,《消费者权益保护法》是兼具公法和私法性质的法,是一部特殊法。《消费者权益保护法》中的惩罚性赔偿就具有公法的性质,但是根据其调整的关系来看,又属于私法的领域。所以,正确处理因果关系问题更好地展现了《消费者权益保护法》的特殊性,更加有利于真正实现制定该法的初衷和目的。

(四)将知假买假纳入免责事由

对于知假买假问题,大多数人认为:知假买假者在主观上的认知态度要高于一般的消费者,其对于信息的了解程度要高于一般的消费者,并且其故意接受被欺诈造成的损失,根据"退一赔三"来钻法律的空子,这种行为是坚决不能支持的。相类似地,发生侵权案件时，对于被侵权人故意的被侵权时，法律对侵权人的责任是减免的，所以对于知假买假问题也应该按照这样的思路进行。

国家虽然在食品药品领域支持消费者明知产品存在缺陷仍然购买的行为，但是对于牟利行为是坚决制止的，毕竟国家支持的理由是维护消费者的合法权益，而不是让消费者将此作为牟利的借口，这显然严重违反了《消费者权益保护法》的制定初衷。所以，对于知假买假，应该看消费者的主观状态，其若为故意接受欺诈，那么可减免对其造成的损失赔偿。这样就会改善消费者以"打假"作为牟利手段的恶劣风气。

本文从惩罚性赔偿中认定欺诈的现状入手，发现了在立法和司法实践中存在的问题，从解决相关问题上找到认定欺诈的标准。在欺诈认定的主观状态上应该扩大对重大过失的研究，但是还应该区分开重大过失和一般过失的界限，在不过度增加经营者的压力和责任的情况下也不放任经营者以过失为由逃避责任；关于经营者告知的义务方面，对义务告知的时间、内容程度等具体问题，应该进行全面崭新的界定，这样才能在不损害经营者相关利益的基础上，使其对消费者更加认真负责，改善经营者和消费者之间信息不对称的情形；明确消费欺诈中无须因果关系，这样区分了民事欺诈和消费欺诈的界限，展现了《消费者权益保护法》的特殊性；将知假买假纳入免责事由，打击了消费者以"打假"为牟利手段的行为，也减少了对经营者造成的压力。根据《消费者权益保护法》制定的初衷——为了更好地改善消费者和经营者之间信息不对称的情形，在案件审理过程中，法官的自由裁量权应该在维护相对公平的基础上倾斜保护消费者的合法权益，打击经营者的违法欺诈行为，这样才能发挥经营者和消费者的积极性，促进市场经济的良性发展。

论认罪认罚从宽制度中不起诉裁量权扩张的合理性

陈倩倩①

摘　要:认罪认罚从宽制度是对我国刑事诉讼体制的优化,与检察的不起诉裁量权存在着密切的关系。通过实证分析,从刑事诉讼纵向程序上看,审判阶段中的简易程序和速裁程序呈现出"繁者不繁,简者不简"的弊端;从不起诉裁量权内部横向梯级衔接中看,检察的不起诉裁量权并没有因为制度的扩张而在实践中得以很好地运用。目前,基于我国特殊的行政体制、历史背景等,检察的不起诉裁量权虽有时势需求却受到了不合理的限制,本文从刑法谦抑性原则、刑事诉讼价值以及检察中立审查责任三个方面对扩大不起诉裁量权进行必要性分析,使传统检察官消极被动适用不起诉裁量权转向积极准确适用不起诉裁量权。

关键词:认罪认罚从宽;不起诉;不起诉裁量权;谦抑性;中立审查责任

从宽严相济的刑事政策到认罪认罚从宽制度在立法上的确立,就有了这样一个基本的问题:为什么要实施认罪认罚从宽制度?我国的社会结构正在转型,经济犯罪不断攀升,严重的刑事犯罪大幅度下降,风险社会取而代之,刑法的适用范围逐渐扩大,案多人少的矛盾日益突出,实体法从惩罚犯罪开始转变成预防犯罪,这时认罪认罚从宽制度发挥出其应有的价值。这几年来,认罪认罚从宽制度正如火如荼地进行,在各地通过深入贯彻成绩斐

---

① 陈倩倩,浙江义乌人,2019 级法学理论硕士研究生。

然，与此同时，该制度在理论和实践中依旧存在问题。以新修订的《刑事诉讼法》为例：一方面，扩大了不起诉的种类，进一步完善了不起诉裁量权，使其有了新的制度空间；另一方面，由于制度的扩张又会存在一系列的问题。具体而言，检察机关在审查起诉时对侦查机关移送的案卷是否有效行使其监督职能？是否客观中立地作出起诉或是不起诉的决定？检察机关的不起诉裁量权的扩张是否发挥了其应有的价值和功能？不起诉裁量权的合理性如何重新界定？或者说在推进落实认罪认罚从宽制度的过程中如何使不起诉裁量权合理扩张？自认罪认罚从宽制度改革后，很多学者都敏锐地认识到这些问题，并从不同视角研究认罪认罚从宽制度下不起诉裁量权的问题，包括对各类不起诉制度进行具体分析、中外不起诉裁量权的比较、不起诉裁量权的功能定位等。总体而言，大部分的研究成果都是针对具体的不起诉裁量权进行的。而本文则是通过对认罪认罚从宽制度中不起诉裁量权的扩张进行实证分析，说明检察官在适用不起诉裁量权时存在不合理的限制，从多个角度分析扩大不起诉裁量权的合理性，促使检察官从消极适用转向积极适用不起诉裁量权。

一、认罪认罚从宽制度与不起诉裁量权的关系

2018 年我国《刑事诉讼法》修改，将认罪认罚从宽制度写入总则的基本原则里，并在不起诉的类别中新增了一类"特殊案件不起诉"。2019 年 10 月最高人民检察院发布了《关于适用认罪认罚从宽制度的指导意见》，对认罪认罚从宽制度的基本原则、适用范围等作出了具体规定。同年 12 月，为全面正确适用新《刑事诉讼法》和相关重要的司法解释，对《人民检察院刑事诉讼规则》进行了修订。认罪认罚从宽制度越来越体系化、制度化，检察机关在此制度适用中占据了主导地位，其中检察的不起诉裁量权对案件分流、减少当事人的诉累发挥了积极作用。以下从认罪认罚从

宽制度的背景考察和不起诉裁量权的具体适用来说明两者之间的密切关系。

(一)确立认罪认罚从宽制度的背景考察

随着社会结构的变迁,我国社会开始逐步转型,风险社会理论开始被刑法学者关注。在古典的刑罚体系中,往往强调实际侵害威胁到个人自由时,刑罚权才由此介入;而如今刑法的干预从消极转向积极,对即将可能发生实际侵害的行为,刑法进行提前干预。一方面,这导致预防型刑法对自由型刑法的吞噬,个人自由进一步缩限,刑法干预的社会范围进一步扩张;另一方面,这一变化直接导致刑事案件的数量急剧增长,认罪认罚从宽制度孕育而生,该制度的诞生主要基于以下两方面的原因。

1. 国外辩诉交易制度之吸收

辩诉交易(Plea Bargaining)是指在法院开庭审理之前,作为控诉方的检察官和代表被告人的辩护律师进行协商,以检察官撤销指控、降格指控或者要求法官从轻判处刑罚为条件,来换取被告人的有罪答辩,进而双方达成均可接受的协议。随着我国市场经济的发展,越来越多的经济犯罪进入人们的视野,这就使"辩诉交易"有了制度空间,重刑在经济犯罪中开始逐渐显得不适宜。"在现有的司法实践中已存在辩诉交易的类似做法,但是刑诉法没有明确规定,就应对辩诉交易制度作出必要的制度确认和范围规制。"①龙宗智教授在早些年已经深入分析了这一制度,为现在的认罪认罚从宽制度做了理论贡献,对其成为当下具有中国特色的一种制度探索出新的诉讼观。

2. 我国刑事司法体制之优化

认罪认罚从宽制度,在法律程序上,需以特定的方式和渠道

① 龙宗智:《正义是有代价的——论我国刑事司法中的辩诉交易兼论一种新的诉讼观》,《政法论坛》2002 年第 6 期,第 5 页。

来获得实现,其中之一就是通过检察机关放弃提起公诉,在审查起诉阶段终止诉讼活动,即检察的不起诉权。1979年《刑事诉讼法》初步确立了检察机关免予起诉和法定不起诉的权力。由于免予起诉的根本问题是在法律上赋予控诉职能的检察机关有确定当事人有罪的权力,1996年第一次修订后的《刑事诉讼法》就将免予起诉修改为酌定不起诉,对检察机关的不起诉裁量权予以严格的限制,同时规定检察机关对证据不足、不符合起诉条件的案件,可作出存疑不起诉的决定。2012年《刑事诉讼法》第二次修订,在保留法定不起诉、酌定不起诉和存疑不起诉的基础上,赋予检察机关在未成年人刑事案件特别程序中可以行使附条件不起诉的权力。2018年根据刑事政策的需要,《刑事诉讼法》第三次修订新增了与认罪认罚制度相关的特殊规定,即在犯罪嫌疑人认罪认罚的情况下赋予了检察机关相对的自由裁量权。在诉讼体制内不起诉裁量权不断细化,有多种类的不起诉裁量权的适用,认罪认罚从宽制度在其中赋予了更多的意义,我国的刑事司法体制从单一的程序对抗制转向多元化的"公力合作模式"①。

(二)认罪认罚从宽制度在不起诉裁量权中的体现

《刑事诉讼法》新增了一条有关特殊案件不起诉②的规定,第一百八十二条中表述犯罪嫌疑人的"自愿如实供述"正是认罪认罚制度在不起诉制度中的体现。该条规定意味着在审查起诉阶

---

①　陈瑞华:《刑事诉讼的公力合作模式——量刑协商制度在中国的兴起》,《法学论坛》2019年第4期,第2页。

②　因为特殊案件不起诉是认罪认罚从宽制度内的相关规定,由于其特殊性,将其单独作为一类进行分析。又有学者称其为核准不起诉,"核准不起诉在适用条件、适用程序、救济途径等方面有别于其他类型的不起诉,因而丰富和完善了我国刑事不起诉制度体系,实现了刑事案件不起诉制度的全覆盖,扩大了检察机关的自由裁量权"。参见刘根:《核准不起诉:一种新型的不起诉》,《南昌大学学报》(人文社会科学版)2020年第1期,第50—61页。

段犯罪嫌疑人认罪认罚的便有可能使检察机关作出不起诉决定这样的终局性内容。但是该条适用的不起诉具有严格的限制:首先,办理案件的检察机关需要报最高人民检察院,经批准后才能作出不起诉的决定;其次,最高人民检察院需经过严格的审查后才能作出不起诉的决定。

随着风险社会各类特殊经济犯罪案件的日益增多,刑法的作用由传统的惩罚犯罪转向现代的预防犯罪,刑罚种类也越来越多,但传统监禁刑已经不再适用现代经济所产生的犯罪,法律效果与社会效果不相统一。为了达到更好的法律效果,修复犯罪行为对社会造成的损害,宽严相济的刑事政策就推动了认罪认罚从宽制度的确立。犯罪嫌疑人认罪认罚的情况下,检察机关可以作出不起诉的决定,这种激励性质的法律规定使犯罪嫌疑人通过经济补偿被害人或者赔礼道歉等其他非刑罚化的方式,将案件在审查起诉阶段分流出去,减少诉讼当事人的诉累,同时也可以节约司法资源,有利于"以审判为中心"的诉讼制度更好地推进。

(三)不起诉裁量权在认罪认罚从宽制度中的适用

在诉讼学理上,存在起诉法定主义和起诉便宜主义两种不同的刑事起诉原则。起诉法定主义是指检察机关等法律规定的享有起诉权的国家专门机关如认为刑事案件具备起诉的条件,就必须向法院提起公诉,而不能根据案件的具体情况自行斟酌处理。起诉便宜主义与起诉法定主义相对应,又称为起诉裁量主义,是指检察院等法律规定的享有起诉权的国家专门机关对具备起诉条件的犯罪,并非一律要提起公诉,而是根据案件的具体情况进行利害权衡以后,再裁量决定起诉和不起诉。起诉法定主义是有罪必罚的刑罚报应论思想在刑事诉讼中的体现,较为重视刑事追诉的统一性和公平性;起诉便宜主义则是注重特别预防的目的性理论在刑事诉讼中的体现,较为重视刑事追诉的合目的性和合理性。我国以起诉法定主义为主,起诉便宜主义为辅。按照这样的理论分类,我国的不起诉裁量权分为两类——酌定不起诉和附条件不起诉。

1. 酌定不起诉的适用

酌定不起诉,也称相对不起诉,是指对于犯罪情节轻微,依照刑法规定不需要判处刑罚或者免除刑罚的,人民检察院可以作出不起诉的决定。酌定不起诉是起诉便宜主义在我国刑事诉讼法中的体现,表明了检察机关在是否起诉的决定中拥有一定的自由裁量权。同时,酌定不起诉的主要法理基点就是起诉便宜主义,起诉便宜主义非常有助于检察机关贯彻宽严相济的国家刑事司法政策。"犯罪情节轻微"和"依法不要判处刑罚或免除刑罚"的不起诉情形主要有以下几种:"在国外受过刑事处罚""聋哑人或盲人""自首或重大立功""从犯或胁从犯""犯罪预备或犯罪中止""犯罪过当或避险过当"。在认罪认罚的案件中,犯罪嫌疑人认罪认罚的,检察机关在自由裁量的范围内会选择不起诉的方式终结诉讼程序,以防当事人的诉累。

2. 附条件不起诉的适用

附条件不起诉不属于我国法律中确定的制度,是在特别程序中的体现,但也是起诉便宜主义的一种表现形式。根据我国《刑事诉讼法》第二百八十二条规定:"对于未成年人涉嫌刑法分则第四章、第五章、第六章规定的犯罪,可能判处一年有期徒刑以下刑罚,符合起诉条件,但有悔罪表现的,人民检察院可以作出附条件不起诉的决定。人民检察院在作出附条件不起诉的决定以前,应当听取公安机关、被害人的意见。"对于附条件不起诉的规定,法律作出了严格的限制。附条件中规定的"有悔罪表现",检察机关可以据此作出附条件不起诉的决定,这是附条件不起诉中认罪认罚相关案件也可以确定适用的。

综上所述,认罪认罚制度与不起诉裁量权的关系,即认罪认罚从宽制度的建立使不起诉裁量权有了多元的制度空间,不起诉裁量权的相关法律规定都可以运用到认罪认罚的案件中去。多元化也意味着检察权中的不起诉裁量权得以扩张,认罪认罚从宽制度的实施过程中,司法实践中检察的不起诉率出现了改变,但是检察的不起诉裁量权的扩张能否发挥出它应有的价值功能?

二、认罪认罚从宽制度下不起诉裁量权的实证分析

认罪认罚从宽制度不是一个单一的制度,而是分散于实体法与程序法的集合体中。实体法中规定犯罪嫌疑人有自首坦白等情形的,检察机关在审查起诉的过程中依据案件证据事实等作出起诉或是不起诉的决定,检察机关应当在适用认罪认罚从宽制度中占据主导地位。反观检察机关在其中的主导地位,该反思的首先不是检察机关的权力如何得到限制的问题,而是自由裁量权应予以合理扩张的问题。检察机关被赋予了审查起诉中类似法官的地位,运用自由裁量权来审查案件时,应该有更大的权限以保障不起诉裁量权的合理性。以上分析了认罪认罚从宽制度与不起诉裁量权之间的密切关系,以下将从司法实务的视角探析认罪认罚从宽制度中不起诉裁量权的现状:一是刑事诉讼外的纵向程序比较,通过对比分析简易程序和速裁程序的适用效果,来说明不起诉裁量权对案件分流的重要作用;二是透过不起诉裁量权内部的阶梯式呈现,通过部分数据更进一步突出不起诉裁量权在实务中适用的不足。

(一)刑事诉讼程序纵向三级递"简"比较

自1996年《刑事诉讼法》修正以来,我国的刑事诉讼法程序形成了"普通程序—简易程序"两级递"简"的格局。简易程序的设立是为了繁简分流,但是实践中其突出的问题就是"繁者不繁,简者不简"。随着刑事实体法的不断修改,经济型犯罪逐年增多,据统计,重刑犯罪的人数逐年下降,法院最终一审裁判的轻微刑事案件占据了大多数。在这一案多人少的背景之下,我国于2014

年在 18 个城市开展了刑事速裁程序试点工作,认罪认罚从宽制度也于同年开展,认罪认罚从宽制度和刑事速裁程序应运而生。由此我国《刑事诉讼法》从"普通程序—简易程序"的两级递"简"格局转向"普通程序—简易程序—速裁程序"的三级递"简"格局。然而康德哲学曾强调应然与实然的二分,"什么应该是什么"推导不出"什么是什么",理想和现实的二分就导致规范的设定与司法实践结果的二分,速裁程序的设立又有其存在的弊端,它无法解决案件进入审判程序的数量问题,并且依旧存在"繁者不繁,简者不简"的弊端。

1. 简易程序的适用效果

简易程序是刑事普通程序的简化,法官主要处理犯罪事实清楚、证据确实充分、案件情况简单、争议不大、判处刑罚较轻的案件。然而简易程序的立法目的和司法实践背道而驰,与普通程序形成了"简者不简,繁者不繁"的局面。一是审判程序内容的单一,简易程序除了规定三年以下和三年以上审判组织的不同以及审理期限较短外,简易程序和普通程序的差别不大,无法充分体现繁简分流的精神;二是审判程序之外未做区分,如对简易程序和普通程序审前阶段的区分没有做相关规定,这也无法充分体现节约司法资源的精神。据统计,法院判决的案件量刑在三年以下的早在 2013 年就已经超过 80%,但是图 1 中显示 2015—2019 年简易程序占总审结的案件数最高只有 52.28%,而且有逐步递减的趋势。这恰恰说明了设立简易程序实现节约司法资源,就必须实现整体制度的配套,从诉讼程序的源头出发,减轻审前程序的案件滞留,贯彻"以审判为中心"的刑事诉讼制度。

图 1　2015—2019 年简易程序、速裁程序在法院刑事一审案件中的占比情况①

注:数据收集来源于中国裁判文书网

2.速裁程序的适用效果

2014 年速裁程序试点,随后"认罪认罚从宽制度"确立,认罪认罚从宽成为与速裁程序相配套的制度。速裁程序是可能判处三年以下、事实清楚、证据确实充分、被告人认罪认罚、同意适用的程序。经学者的实证研究证实的结果中,速裁程序的设立在实务中并没有起到"速"的效果,反而变成了程序负担。在法院层面,由于速裁程序的适用范围规定不适当,证据审查标准没有因为程序而变化,案多人少的负担让审限达不到速裁程序的标准;在检察院层面,如让犯罪嫌疑人认罪认罚可能要耗费更多的时间精力,反而增加了工作量。图 1 中显示 2015 年速裁程序案例在当年刑事一审案件的占比只有 2.65%。这是速裁程序在 18 个城市试点一年多的数据,并且逐年缓慢增长,然而在 2018 年《刑事诉法法》修订时,速裁程序被写入其中并在全国范围内适用,2019年速裁程序的适用率增长至 13.76%,与 2017 年相比增长了近两

---

① 因速裁程序是从 2014 年开始试点实施的,所以数据的计算从 2015年至 2019 年较为准确。数据按照每一年份简易程序、速裁程序案件数在法院刑事案件一审审结的案件数所占比例进行计算。

倍,不过这与最高院给出的速裁程序的适用率占全刑事案件的
30％—40％的标准差距极大。

经数据分析,由于简易程序和速裁程序简化层次不分明,认
罪认罚从宽制度中繁简分流的精神没有充分发挥,"繁者不繁,简
者不简"的问题依旧存在。一言以蔽之,相比较简易程序和速裁
程序,审查起诉阶段检察的不起诉裁量权的适用能更好地达到繁
简分流的效果。立法者将不起诉裁量权认定为"准审判权"①,因
此对检察机关的这种权力做到了根本上的限制,比如检察机构的
内部考核制度大大降低了不起诉的适用率,造成了"不敢用,不会
用,不能用"的窘迫处境。随着社会结构功能的转变,刑事案件急
需检察的不起诉裁量权进行审前的案件分流,不起诉制度的扩张
扩大了不起诉裁量权的范围,但实务中各种各样的因素,大大地
约束了检察的不起诉裁量权。

(二)不起诉裁量权内部横向梯级式衔接

不起诉裁量权的扩大促使案件合理分流和加快案件处理进
程是刑事司法追求的目标之一。从运行的模式上看,审查阶段检
察的自由裁量权从单一的酌定不起诉转到附条件不起诉,如今对
不起诉裁量权的完善增加了特殊案件的不起诉;从适用的方式上
看,酌定不起诉规定犯罪情节轻微的,不需要判处刑罚,在特别程
序中刑事和解也有体现检察的不起诉裁量权,附条件不起诉适用
于未成年人犯罪案件,特殊案件的不起诉需要犯罪嫌疑人认罪认
罚、有重大立功或是涉及国家利益的。不起诉裁量权内部大致呈
现出横向的梯级关系:酌定不起诉—附条件不起诉—特殊案件不
起诉。

总体上看,不起诉的案件虽然是逐年上升的,但是不起诉率

---

① 李智、刘坤:《不起诉裁量权的反思与构建——以 2012 年修改的刑
事诉讼法为视角》,《天津法学》2013 年第 1 期,第 98 页。

依然保持在过低的水准。2015 年的检察工作报告中提到对犯罪情节轻微、依法不需要判处刑罚的决定不起诉 5 万人左右。2017年党的十九大召开时,282 个试点检察院对 9.21 万余起案件适用认罪认罚从宽制度,占同期办结刑事案件总数的 41.57％,对不构成犯罪或证据不足的不起诉 3 万人,全面贯彻宽严相济的刑事政策,共决定相对不起诉 8.2 万人,其中刑事和解决定不起诉 2.4万人。2018 年在深化刑事诉讼监督的活动中,检察院贯彻宽严相济的刑事政策,对犯罪情节轻微、依法可不判处刑罚的决定不起诉 10 万人左右,同比上升 25.5％。① 由于认罪认罚制度的实施,从这样的数据发展趋势来看,目前的不起诉权适用率大幅度增长,出现了松动现象。有观点指出不起诉案件数量的增加不是本质问题,本质问题是不起诉适用是否符合不起诉裁量权等相应的不起诉适用条件,在分析和考量的过程中应注重司法的实质主义。② 审判的公正取决于高质量的证据收集,冤假错案的预防取决于高质量的侦查和审查起诉。审查起诉处于侦查和审判之间,发挥着承上启下的作用。③ 具体的数据显示,关于某市检察机关2004—2013 年不起诉相关案件情况,平均起诉率只有 2.92％,还有数据显示 2013—2017 年某市检察机关的平均起诉率相对提升,大约在 6.2％,相比速裁程序的试点并没有增加过多。

在认罪认罚制度的背景下,不起诉裁量权依旧被囿于不合理的限制,其应有的价值功能无法体现。不起诉率整体维持在较低的水平,有两方面的原因。一方面,刑事政策的需要形式上似乎

---

① 统计数据来源于《中国法律年鉴 2016》《中国法律年鉴 2018》《中国法律年鉴 2019》。

② 张建伟:《不起诉权适用中的几个问题》,《人民检察》2019 年第 10期,第 44 页。

③ 魏晓娜:《以审判为中心的刑事诉讼制度改革》,《法学研究》2015 年第 4 期,第 90 页。

扩大了不起诉裁量权的范围,但是并没有实质上的提升,新增设的特殊案件不起诉制度门槛高、核准程序严格烦琐①,形成了形式上的扩大、实质上的缩限。另一方面,在侦查机关移送审查起诉的案件中,绝大多数都作出了提起公诉的决定,一旦侦查机关作出犯罪嫌疑人有罪认定的结论,高达 90％ 的案件都会在检察机关审查起诉后提起公诉;而一旦检察机关提起公诉,绝大多数的案件就会被法院判决有罪,绝大多数的有罪判决都是轻罪。实践界和理论界都推崇的通过速裁程序进行案件分流的效果并不明显,检察机关在审前起诉阶段的监督职能没有到位,法律赋予不起诉裁量权的扩张没有充分发挥。制度的高门槛、考核的高指标、程序的高标准打击了检察官适用不起诉裁量权的积极性,在实践中形成了不敢用、不能用、不会用的局面。

三、扩大不起诉裁量权的合理性分析

经过对认罪认罚从宽制度下不起诉裁量权的实证分析,不起诉率一直处于较低水准。一方面,认罪认罚从宽制度精神在刑事诉讼程序的简易程序和速裁程序中有所体现,但两级递"简"并没有从根本上解决案件总量进入审判程序的问题;另一方面,认罪认罚从宽制度精神在不起诉制度内部的不起诉裁量权中有所体现,但不起诉裁量权的适用率总体上不理想。如前所述,认罪认罚从宽制度中的速裁程序在刑事诉讼程序上不能调控刑事审判案件的总量,而在审查起诉中不起诉裁量权的扩张本有控制审判案件总量的功能,但在实践中难以发挥作用。因此,一旦进入实践的层面,认罪认罚从宽制度的确立不管是从诉讼程序上的逐级递"简"还是审查起诉中不起诉裁量的扩张,都没有破除案多人少

① 李美福:《认罪认罚从宽制度中检察机关占主导作用的实现路径》,《检察调研与指导》2019 年第 6 期,第 13 页。

的矛盾。从中可以发现,现存制度的运用存在若干问题。

首先,不起诉裁量权的适用被严格限制。一是法律规定的不起诉裁量权的适用范围的限制,虽然认罪认罚从宽制度的确立从表现上看是扩大了不起诉裁量权,但是实际上检察官在适用特殊案件上对其行使不起诉权在程序上的要求极其严格;二是我国检察机关的内部考核机制对不起诉率过分干预,对每年的不起诉率都有严格的要求,超过指标就会影响最终的考核成绩,内部考核制度无法使检察官保持客观中立的立场。

其次,检察官消极适用不起诉裁量权。主要表现为三个方面:(1)检察官适用不起诉裁量权的内部压力。检察官决定不起诉后的审批程序烦琐,导致其消极适用。(2)以审判为中心的思想未能深入贯彻。检察官长久以来就深受侦查中心思想的影响,注重打击犯罪,但是立法的本意并不是要求检察官对起诉权大量行使,也不是只要是犯罪行为就进行打击,它需要检察官保持客观中立的态度,积极地行使不起诉裁量权,精准有效地打击犯罪。(3)检察官行使不起诉裁量权的外部压力。社会舆论、被害人的意见以及政治权力的干预等外部因素都能导致检察官在适用不起诉裁量权时有所考量。

针对实证中出现的这些问题,检察官一直对不起诉裁量权适用持消极的态度。随着宽严相济的刑事政策的法律化推动认罪认罚从宽制度的发展,不起诉裁量权的扩张有了其时势需求,但是在实践中却得不到合理的扩张。本文从三个角度出发,对不起诉裁量权扩张的合理性进行必要的分析,为实现检察官从消极适用不起诉裁量权转向积极适用不起诉裁量权提供理论上的支撑。

(一)符合宽严相济的刑事政策与刑法谦抑性原则

边沁曾说过,温和的法律能使一个民族的生活方式具有人性;政府的精神会在公民中间得到尊重。这体现了刑法谦抑性原则。它是指刑法是作为补充性的,是维护公平正义的最后一道防线,如果可以用行政处罚、调解等其他手段,就不需要刑法的制裁[①]。随着《刑法修正案(八)》《刑法修正案(九)》的出台,刑法规定的范围不断扩大,增设了数量繁多的新罪,逐渐从传统的立法观转向积极的刑法观,侧重积极的一般预防,指引人们的行为。但是,这并没有与刑法的谦抑性原则相矛盾[②],宽严相济的刑事政策下,对于那些现代刑法犯罪中的经济犯罪、侵犯信息类等轻微犯罪,用刑法的监禁刑处罚不能带来较好的效果时,根据刑法谦抑性原则检察机关在审查起诉阶段运用不起诉裁量权对案件作出不起诉决定,利用非刑事审判的手段处理犯罪嫌疑人,未经人民法院判决的任何人不得确认有罪,有利于犯罪嫌疑人更好地回归社会。比如在当事人和解的公诉案件的诉讼程序中,犯罪嫌疑人、被告人可以与被害人达成和解协议,对被害人所遭受的损失进行一定的经济补偿,检察机关可以作出不起诉决定。再比如新增的特殊案件不起诉中,犯罪嫌疑人认罪认罚的情形,检察机关应当对其不起诉裁量权进行正当合理化的行使。在社会层面上,对犯罪行为进行刑罚处罚并没有修复对被害人造成的损失,让社会关系产生了失衡。检察机关在审查起诉中通过不起诉裁量权对一些轻微犯罪作出不起诉决定,真正地去解决纠纷。

(二)有效控制审前案件的分流,实现公正与效率的价值

认罪认罚从宽制度与以审判为中心的制度改革密切相关,以审判为中心的制度改革在庭审中注重保障法官公平正义审理案件,而认罪认罚从宽制度更注重效率,通过"简"程序的方式对案件进行分流来保证法官更好地处理复杂疑难案件,改善以往法官对案件进行"流水线式作业"的情况。但是根据实证分析,认罪认

---

① 张明楷:《论刑法的谦抑性》,《法商研究》1995 年第 4 期,第 55 页。

② 周光权:《积极刑法立法观在中国的确立》,《法学研究》2016 年第 4 期,第 30 页。

罚中"简易程序—速裁程序"呈现出"繁者不繁,简者不简"的局面。这两级递"简"的程序在实践中的适用率普遍不高,由于庭审过程中的案件分流不明显,法院依旧呈现案多人少"流水线式作业"的问题,根本上达不到以审判为中心的制度目的。因此,审前起诉作为案件分流的焦点,认罪认罚从宽制度推动不起诉裁量权的扩张,检察官更应该适用不起诉裁量权,有利于准确高效地打击犯罪,更好地控制审前的案件数量,减轻法官的办案压力,实现以审判为中心。

公正和效率是刑事诉讼的价值之一,公正和效率相互依存、相互作用、相互制约,不可偏废;普遍认为公正和效率冲突的时候,公正为主,效率为辅。但是,效率也是公正的一个方面,发挥着极其重要的作用。迟到的正义不是正义。实践中由于案件量巨大,一些轻微犯罪案件在侦查阶段超期,经过继续审查起诉,再进行审判程序,最后作出一个较低量刑的处罚。这个程序体现出一系列的问题:其一,对犯罪嫌疑人来说,可能判决几个月的处罚却积压了一年多,导致无法保障其应有的权利;其二,对于被害人来说,判决的刑罚结果并不能弥补犯罪行为导致的损害后果;其三,对于公检法来说,案件通过程序一步步堆积导致判决的滞后性,致使法律失去了应有的权威性。在这一背景下,不起诉裁量权随着认罪认罚从宽制度的确立逐渐增大,检察官应积极适用不起诉裁量权来解决这些现实中的难题。

不起诉裁量权的扩大有效控制了审前案件的分流,被宣布不起诉的人可以不用承受被提起公诉所带来的负担,也有利于诉讼经济原则,大部分的案件都进入审判程序,耗时耗力耗费司法资源的同时,公正的审判就在这一过程中消耗殆尽。因此,制度的配套需要诉讼程序的每一部分都充分发挥作用。在适用认罪认罚从宽制度中,检察官应当占据主导地位,传统检察官对不起诉裁量权的消极适用应转向积极适用,提高诉讼效率才能实现审判的公正。

（三）符合检察官职能定位，确保中立审查责任的履行

在认罪认罚从宽的制度背景下，在国家层面上，国家需要保持诉讼成本和诉讼时间在合理的水平上，针对案多人少的问题，在审前程序检察官对案件的裁量进行部分过滤；在法院层面上，大部分的案件最终判罪都是轻罪，检察官应更好地行使不起诉裁量权，减少不必要的案件进入庭审阶段的数量，让以审判为中心的刑事诉讼制度得以落实；从当事人角度出发，检察机关不起诉裁量权的运用，一方面终止了刑事诉讼的程序，任何程序上的简化都会相应地导致当事人的诉讼权利受到减损或者消失，但另一方面由于当事人自愿放弃部分诉权，获得了不被追究刑事责任的利益。我国的检察不起诉裁量权在法律上得以扩张，但是在实务中考核制度、审批制度等对不起诉裁量权的限制不合理，导致检察官消极适用不起诉裁量权，没有将不起诉裁量权的功能真正发挥出来，检察官负有中立审查的责任，以客观公正的态度对案件作出自由裁量。检察官的"准司法"行为可推动认罪认罚从宽制度的发展。

中立审查责任具体表现在两个方面：一方面，中立审查责任赋予了检察官充分的自由裁量权[①]。中立审查责任让检察官的不起诉裁量权具有正当性基础，检察官的不起诉裁量权并不是专断的权力，也不是凭借个人喜好恣意妄为，其应当如同准司法官一般，遵循中立审查责任制原则对案件进行全面综合的衡量，最后释明说理公开公正地作出不起诉的决定。检察官的起诉或者不起诉的自由裁量，对犯罪嫌疑人的诉权终止在审查起诉，通过中立审查责任制，公开不起诉决定让审查起诉程序变成看得见的正义。另一方面，中立审查责任赋予检察官在不起诉裁量权的

---

① 龙宗智：《检察官客观义务论》，北京：法律出版社，2014 年，第 195 页。

"准司法"行为。中立审查责任制的一个要点就是检察官在审查起诉中对案件要保持客观中立的态度,类似于司法官的角色对案件进行审前裁决是否应当提起公诉。日本的田口守一对这一观点持不赞成的态度,他认为案件的定夺应当只能交由法院①。此外,还有一些西方国家在起诉和审判之间设置了由法官主导的庭前实质性起诉审查。而我国《刑事诉讼法》相关规定没有设立这类由法官主导的起诉审查程序,是由人民检察院对侦查终结的案件进行审查起诉,我国案多人少的问题很大程度上让法院的工作额度超越上限,审前的分流目的是尽早过滤掉起诉不当或者滥行起诉的案件,将被指控人从刑事程序中解脱出来,并减轻法院的审判负担。

---

① 田口守一:《刑事诉讼法》第 7 版,张凌、于秀峰译,北京:法律出版社,2019 年,第 276 页。

不动产抵押权优先受偿范围之规范争议与出路

唐帼阳①

　　摘　要：不动产抵押权在不同时代通过不同的公示方法对外宣示物权的变动，因行政机关承担抵押权登记的登记制度符合我国现代社会经济发展的需要，因此，形成了以行政登记作为不动产抵押权公示的方法。不动产抵押登记不仅具有公示权利主体的效力，还具有依其公示产生合理信赖的公信效力，公信效力对外表彰登记人为抵押权人，使得市场主体可推测与其交易的法律后果，稳定市场交易秩序。实践中，抵押当事人对抵押担保范围做了例外约定，该担保范围不仅包括主债权，基于主债权产生的利息、违约金、实现债权费用等其他费用也属优先受偿之范围。由于不动产登记簿制式的限制，在办理抵押登记时，不动产登记机关只能将被担保的主债权登记于其中，致使抵押合同约定的被担保债权范围与登记的被担保债权存在差异。基于抵押登记之法律规范的公示公信力，应当以不动产登记簿表彰的权利担保范围确定优先受偿范围，但该观点不利于保护意思自治代表的私权利益。此时，对未经登记的利息、违约金、损害赔偿金、实现债权的费用及担保物权的费用能否成为抵押权人优先受偿的内容产生了分歧。基于不动产抵押担保的现状，完善不动产抵押之法律规范，变革登记之事项，彻底解决意思自治与行政登记的规范冲突。

　　关键词：不动产抵押权；优先受偿范围；意思自治；不动产抵押登记

---

　　①　唐帼阳，海南屯昌人，2020级法律（法学）硕士研究生。

一、问题的提出

不动产抵押权之优先受偿范围与抵押人、抵押权人的意思自治及登记事项有密切联系,换句话说,意思自治与行政登记共同决定了抵押权优先受偿的范围。根据现行法律规定,不动产抵押权登记有两方面的意义:一方面,登记使不动产抵押物及担保的债权特定,符合物权公示公信原则的要求[①],也使债权实现有了物权的保证;另一方面,第三人可以通过公示信息知晓抵押物上的权利负担、评估交易风险,从而作出符合市场交易的判断[②]。

鉴于《物权法》[③]对不动产抵押权规定了最高额抵押权和一般抵押权两种抵押交易模式,这两种抵押权的设立和实现具有较大的差异,故本文讨论的范围限于一般抵押权。在此借用现实交易之一般模型引出本文讨论的问题:A 向 B 借款 50 万元,并提供其名下的不动产作为抵押担保。A、B 在抵押合同中约定担保的主债权为 50 万元,担保范围包括但不限于本金、利息、违约金、实现债权的费用等。双方在不动产登记部门申请办理抵押登记,不动产登记簿记载的债权数额为 45 万元。此时,对于抵押权人 B 享有的优先受偿债权本金是以 50 万元为限还是以 45 万元为限,以及对于未登记公示的利息、违约金、实现债权费用等其他约定被担保债权是否享有强制执行上的优先受偿权产生了分歧。

不动产抵押权优先受偿范围之争议在抵押物上仅存在单一债权时,抵押权人的分歧对抗尚未凸显,但同一抵押物上存在数

---

① 谢在全:《民法物权论》(下),北京:中国政法大学出版社,1999 年,第575 页。

② 高圣平、罗帅:《不动产抵押权优先受偿范围研究——基于裁判分歧的分析和展开》,《法律科学》(西北政法大学学报)2017 年第 6 期,第 111 页。

③ 2021 年 1 月 1 日,《物权法》被《民法典》替代。

个抵押权和普通债权时,抵押权人之间、抵押权人与普通债权人之间产生的法律适用争议、利益对抗冲突尤为明显和激烈。故本文论述的争议问题主要存在于抵押权顺位利益冲突以及抵押权与无担保债权冲突的情形。

二、不动产抵押权优先受偿权设立原因之意思自治与行政登记

抵押权实质上属于变价权。抵押权人只有通过将抵押物变价后,对该变价所得价款才享有优先受偿的权利。优先受偿权作为不动产抵押权权能中最为重要的一项权能,承担着担保债务履行的核心功能,其伴随着担保物权不断向前发展。担保物权起源于古希腊,并在古罗马法和日耳曼法中发展成熟。[①]《法国民法典》开启了近代担保物权制度的新时代,我国在扬弃《德国民法典》的基础上,结合社会主义市场经济发展的需要,逐步建立并完善了担保物权制度。《物权法》第一百九十五条规定,当发生抵押权实现的法定原因或者出现抵押当事人约定实现的情形时,抵押权人可以就抵押物变价款在担保范围内享有优先受偿的权利,此规定为抵押权人对抵押物行使优先受偿权提供了法律依据。有学者认为,抵押权优先受偿体现在其担保的债权较之于其他普通债权优先获得清偿,具体为物权的支配力在抵押物变价后的结果,即对普通债权人呈现物权优先于债权的结果。[②]

《物权法》第一百八十五条规定,债务人为担保债务履行向抵押权人提供抵押物担保的,应当与抵押权人订立书面的抵押合同,担保债权之范围、被担保债权之数额及种类等合同条款是抵押合同之必要内容,该规定为抵押权设立之意思原因。《物权法》

---

① 王利明:《物权法研究》(下卷),北京:中国人民大学出版社,2013年,第1096页。

② 徐洁:《担保物权功能论》,北京:法律出版社,2006年,第92页。

第一百八十七条规定了不动产抵押权产生对抗第三人之法律效力并得到法律保护是以在不动产登记机关办理不动产抵押登记为前提条件的,该规定为抵押权设立之生效原因。由此可见,我国不动产抵押权的设立基于两个法律行为:一是抵押人和抵押权人的意思自治,在此基础上订立书面抵押合同;二是办理不动产抵押权登记。如此看来,《物权法》搭建了不动产抵押权优先受偿权设立之原因体系。

三、不动产抵押权优先受偿范围之意思自治与行政登记争议成因

(一)不动产抵押权规范设置存在冲突

关于抵押担保范围,《物权法》第一百七十三条和《担保法》①第四十六条分别作出了规定。在抵押人与抵押权人关于抵押担保范围另行达成合意的前提下,应当按照该约定内容确定优先受偿范围;若抵押当事人没有就担保范围另行约定或未达成合意的,则按照法律规定的担保范围优先受偿。单看《物权法》及《担保法》这两条规定,似乎对于担保范围的确定不存在规范争议。

《房屋登记办法》②第四十三条规定了抵押合同、主债权合同等文件为房屋登记部门应当审查的债权文件,第四十四条规定了当事人信息、被担保的债权数额、登记时间为不动产登记簿之必要记载事项,《不动产登记暂行条例实施细则》第六十六条规定不动产抵押登记提交抵押合同。

但《担保法司法解释》第六十一条规定,抵押合同约定被担保债权的范围等合同内容与登记公示的债权不一致的,以公示债权为准。换言之,抵押当事人意思自治与登记事项存在冲突的,法

---

① 2021年1月1日,《担保法》被《民法典》替代。

② 该法规已于2019年9月6日失效。

律保护登记宣示的物权权利。

这样一来，不动产抵押登记规范限制了登记记载事项。在抵押当事人对担保范围另有约定的前提下，根据《担保法司法解释》第六十一条的规定，不动产登记机关在登记簿上登记公示的债权项目成为确定优先受偿范围之唯一条件，未经登记的利息、违约金等附随债权不得享有优先受偿权。可见，不动产抵押权自身规范设置是导致优先受偿范围争议冲突的根本原因。

（二）不动产抵押权登记内容缺失

《物权法》实施后，《房屋登记办法》随即颁布施行，成为首部明确规范不动产登记的指引性文件。其第四十四条规定，抵押当事人申请办理抵押登记的，登记部门应当将被担保的债权数额登记于房屋登记簿上，但将利息、违约金、实现债权的费用等项目遗漏。

《不动产登记暂行条例实施细则》于 2016 年实施，自此开启了不动产登记由特定行政机关办理的登记制度。其第六十八条规定，抵押当事人协商变更抵押担保之优先受偿顺序、抵押担保的主债权数额以及抵押担保的范围的，且该变更会使同一抵押物上其他抵押权人遭受不利后果的，该变更应当以书面的形式得到其他遭受不利后果的抵押权人的同意，并在向不动产登记部门申请变更登记时提交该抵押权人的身份证明材料。从该规定的内容看出，立法者在制定新的不动产抵押登记规范时，意欲将抵押担保范围登记在不动产登记簿上，以修正《房屋登记办法》立法的不足。

但 2015 年国土资源部（今自然资源部）发布的《国土资源部关于启用不动产登记簿样式（试行）的通知》（国土资发〔2015〕25号）附件中，关于抵押权登记簿样式及使用填写说明部分指出，抵押权登记信息包括抵押当事人信息、抵押方式、被担保主债权数额或者是以最高额抵押担保的债权数额、登记时间等。根据体系解释,登记簿中"被担保主债权数额"应当与《物权法》第一百七十三条规定担保范围中的"主债权数额"一致,而非包含抵押担保范围的其他债权。

基于此,《不动产登记暂行条例实施细则》欲改变先前不动产抵押登记的尴尬状况,将抵押担保范围载入登记事项,反而在实施过程中,以登记簿制式的限制方式,将担保范围排除在登记事项之外,使得不动产抵押登记内容从实质上缺失,成为优先受偿范围争论的现实原因。

(三)司法裁判者对规范内容的多元价值选择

《物权法》对于抵押担保范围明确规定了意思自治与法律规定两种模式。所谓意思自治,是指抵押当事人可以自由约定抵押担保范围的界限,法律规定作为当事人未约定担保范围的补充,具有兜底性作用。但法律并未明确法定或者约定的担保范围必须登记公示。在司法层面,裁判者对意思自治与行政登记规范产生了多元化解读模式,以至于在裁判时出现多重价值选择。

司法裁判者产生规范解读差异源于两个基本问题的判断:其一,《物权法》已规定法定担保范围作为未约定担保范围的补充,在未另行约定担保范围时,该法定担保范围是否具有对世效力,而无须就担保范围办理登记,从而依期待利益保护意思自治;其二,抵押登记记载债权是否包含全部债权,以排除约定担保范围内容,从而依登记信赖保护公示利益。

四、不动产抵押权优先受偿权在实现中意思自治与行政登记冲突的司法裁判

抵押当事人在抵押合同中另行约定抵押担保的债权项目与抵押登记债权项目不一致,从而产生意思自治与行政登记的矛盾,最终影响抵押权人优先受偿权范围的确定,影响债权的实现。笔者通过中国裁判文书网检索到的相关判例,探究实务中司法裁

判主要有以下三种观点：

（一）不动产抵押权优先受偿范围尊重意思自治

第一，根据《担保法司法解释》第六十一条规定，不动产抵押权登记公示的具体事项、内容与抵押当事人另行约定担保范围存在差异的，应以公示的内容为准。此观点错误解读了抵押之法律规范，本规范应是对抵押登记不一致的处理，而不是规范抵押担保范围[①]。

第二，抵押当事人可以就抵押担保范围另行达成担保范围合意，在此前提下，应当以抵押合同为基础，进而确定优先受偿范围。虽然在办理抵押登记时记载了"被担保的债权数额"，但该记载应为抵押当事人约定的"被担保主债权数额"，而非人为限定的抵押物担保范围。因为利息、违约金、实现债权的费用等在办理抵押登记时尚不能确定，但抵押人、抵押权人对此已达成合意，能够认知抵押物的担保范围，所以不动产登记簿记载的金额应是认定为被担保的主债权数额，而非认定为抵押担保范围。[②]

第三，《担保法》第四十六条规定了法定的抵押担保范围，但抵押当事人仍可对此作出例外约定，并以此约定为准。因此，在以抵押合同为基础形成的动态法律关系中，抵押权人实现抵押担保物权时，基于抵押担保而享有的优先受偿权之范围应当以抵押当事人就担保范围作出例外约定之内容为准。不动产抵押他项权证上所登记的债权数额仅是抵押合同担保的主债权金额，而并不包括利息、违约金等其余附属债权。[③]

---

① 最高人民法院（2015）执复字第 38 号执行裁定书，天津隆侨商贸有限公司上诉中航信托股份有限公司等借款合同纠纷一案。

② 广西壮族自治区高级人民法院（2015）桂民四终字第 61 号民事判决书，横县农村信用合作联社上诉陈志光等金融借款合同纠纷一案。

③ 惠州市中级人民法院（2016）粤 13 民终 738 号民事判决书，招商银行股份有限公司惠州分行上诉陈小英等金融借款合同纠纷一案。

(二)不动产抵押权优先受偿范围坚持登记外观

第一,虽然抵押人与抵押权人订立抵押合同约定的担保范围包括债权本金、利息、违约金等,但是在不动产抵押他项权证上记载的债权数额与抵押合同约定不一致的情况下,抵押担保的范围应以登记记载的内容为准。①

第二,抵押人与抵押权人在抵押合同中对担保范围另有约定,但是在办理不动产抵押登记时,登记机关发放的他项权证记载的被担保的主债权金额均明确了具体数额。对此应当按照《物权法》第十七条规定来进行认定,不动产权属证书是权利人享有该不动产物权的证明,基于物权的公示效力,优先受偿权范围应以他项权证记载为准。②

第三,虽然抵押人与抵押权人订立的抵押合同约定的抵押担保范围包含借款本金、利息、违约金等费用,但抵押物的他项权证记载了被担保的主债权数额,该记载的债权数额与不动产登记簿记载的债权数额一致。鉴于不动产抵押他项权证登记事项具有公示公信的效力,在抵押合同与抵押权登记簿、他项权证上记载的抵押权担保范围不一致时,应当以登记簿记载的内容确定具体担保范围。③

(三)不动产抵押权优先受偿范围兼顾意思自治与登记外观

以当事人意思自治来确定优先受偿范围,并以登记公示的债

---

① 江苏省高级人民法院(2014)苏商终字第 00530 号民事判决书,交通银行股份有限公司徐州分行上诉江苏跃进正宇汽车有限公司金融借款合同纠纷一案。

② 江苏省高级人民法院(2015)苏商终字第 00689 号民事判决书,交通银行股份有限公司盐城分行上诉江苏春燕集团有限公司等金融借款合同纠纷一案。

③ 南京市中级人民法院(2015)宁商终字第 1819 号民事判决书,中国农业银行股份有限公司南京雨花台支行上诉刘完养等金融借款合同纠纷一案。

权数额作为抵押担保的债权本金,超出登记本金部分作为普通债权,既保护了意思自治的私法权益,又维护了登记外观的公信力。

《物权法》第一百八十五条规定的担保范围与被担保的债务数额分列为两项,其内容范围不一致;《房屋登记办法》第四十四条规定,被担保债权的数额是不动产登记部门办理不动产登记时必须公示之事项。因抵押担保范围不在房屋登记簿、不动产登记簿的登记事项里,所以此处登记公示事项应为被担保的债权数额,至于抵押担保范围应当取决于抵押当事人的例外约定。

由于房屋他项权证、不动产权利证书、不动产登记簿上明确登记了债权数额,因此,登记公示记载债权数额应当认定为被担保的主债权数额,但此时,依登记公示的主债权金额与《抵押合同》约定不一致,根据《担保法解释》第六十一条规定,应当以登记公示的债权数额为准。①

五、不动产抵押权优先受偿范围之裁判规范价值选择

当前的司法实践中关于不动产抵押权优先受偿范围涉及的当事人意思自治与行政登记的冲突比较明显,多种不同的裁判结果表明我国目前司法裁判中对于统一法律适用仍存在缺陷,甚至出现同一法院在适用法律时对相同案情的案件作出不同的裁决结果。同一问题有多种裁决理由,甚至完全相反的法律适用,有损我国的司法权威,无法给予当事人以明确的行为指引,无法实现法律的基本功能。笔者尝试就不动产抵押权优先受偿范围之规范争议进行利弊反思分析,以期相关规范得以修正、完善、发展。

---

① 重庆市高级人民法院(2015)渝高法民初字第00078号民事判决书,重庆进出口信用担保有限公司上诉河北兴弘嘉纺织服装有限公司等合同纠纷一案。

(一)不动产抵押权优先受偿范围尊重意思自治具有现实合理性

在现行不动产抵押登记制度的法律框架下,笔者认为赋予当事人处分自己权利的自由,尊重当事人的意思自治,以抵押当事人就优先受偿范围作出例外约定的合同内容确定抵押担保范围。在抵押登记公示主债权与抵押合同约定的主债权不一致的情况下,将不动产登记机关在登记簿上登记公示的债权数额认定为具有优先受偿效力的主债权,超出公示债权数额的部分认定为无担保债权,此裁判观点比较符合现行经济社会发展的需要。

第一,《物权法》第一百八十七条规定,抵押人只有向不动产登记部门申请抵押权登记,抵押权人才得以对特定的不动产享有抵押权。

第二,《物权法》第一百八十五条规定,抵押人向抵押权人提供抵押物担保的,双方须以书面的形式对抵押之权利义务作出明确约定,且被担保的债权数额以及担保范围属于抵押合同之必备条款。据此可知,被担保的债权数额与担保范围所代表的债权项目不同。而《房屋登记办法》第四十四条规定不动产抵押登记应当登记被担保的债权数额。根据体系解释法律方法,《物权法》第一百八十五条规定的被担保债权数额应当与《房屋登记办法》第四十四条规定相一致。因此,不动产抵押登记记载的被担保债权仅仅为主债权,而非包含由主债权产生的附随利息、违约金、损害赔偿金、实现债权或者抵押权的费用等附属债权,裁判者在确定不动产抵押担保范围时应当以抵押合同具体约定为准。

第三,抵押当事人在不动产登记机关办理抵押登记时,常常出现约定担保主债权与公示主债权不一致的情形,即本文提出的问题——部分抵押合同约定主债权为 50 万元,但抵押当事人在办理抵押登记时自由约定登记被担保主债权为 45 万元,该行为可以认定为抵押人与抵押权人自由处分自己的权利,司法裁判应当尊重当事人的意思自治。

第四,在抵押合同约定担保主债权与登记公示主债权不一致的情况下,将抵押当事人登记公示债权数额认定为被担保的主债权数额也是保障交易安全的要求。由于我国《物权法》并未禁止同一不动产重复抵押,所以,后顺位的抵押权人可以通过抵押登记的债权数额来判断其与抵押人的交易行为是否具有经济性,作出市场主体理性的交易行为,该选择体现了司法尊重抵押当事人意思自治的价值选择。

(二)不动产抵押权优先受偿范围坚持登记外观具有司法利用行政登记干预意思自治之嫌

《物权法》第一百八十五条第一款要求设立抵押权的,抵押当事人应当以合同方式进行权利义务约定。《合同法》要求合同缔约主体应当在地位上平等、意思上自愿,并就缔约之事项进行权利、义务磋商,在此基础上设立、变更、消灭合同之法律关系。据此,《物权法》第一百八十五条一方面肯定了当事人意思自治,充分发挥意思自治的能动性,在平等的基础上当事人可以自由处分自己的权利和义务,以满足市场经济发展的需要;另一方面,该条第二款通过列举的方式规定了抵押合同应当具备的条款内容,以指导当事人作出符合法律规定的行为,第二款列举的条款内容彼此独立,规范范围分离。因此,在不动产抵押登记中记载的债权应当为被担保的主债权,而不能认定为抵押担保范围,否则会产生司法以行政登记干预意思自治之嫌,[①]甚至违反《物权法》及《合同法》赋予当事人的意思自由规定。该做法也不符合抵押权人及抵押人对担保范围的认知,不符合订立抵押合同的初衷,属

---

① 何小勇、余蓉:《不动产抵押担保范围登记及其法律效力问题探讨——以银行房地产抵押担保债权的实现为例》,《南方金融》2015 年第 3 期,第 96 页。

于利用法律规定变相地缩小抵押权人优先受偿范围,将不动产一般抵押权人为地变更为最高额抵押权,对抵押权人利益产生保护不利的后果。

(三)以抵押物执行阶段变价款认定优先受偿范围不利于保护后顺位抵押权人及普通债权人

抵押人设立抵押权的目的是担保债务的清偿,抵押权人享有抵押权的目的是保证债权的实现。在不动产市场波动幅度如此巨大的今天,加之政府政策的影响,不动产市场价值受到市场供求影响,难免会出现抵押人设立抵押权时该抵押财产的市场价值与折价、拍卖或者变卖所得价款有较大的变化。当变价所得价款升高时,可以担保全部债权,有利于抵押权人债权的实现,但存在后顺位抵押权人或者无担保债权人时,其债务就面临无法全部清偿的风险,不利于保护后顺位抵押权人或者无担保债权人债权的实现;当变价价款降低时,则抵押担保范围也随之变小,不利于抵押权人债权的实现,最终无法实现抵押权设立的目的。简言之,抵押物的变价款不论是大于还是小于约定担保范围或者登记的被担保债权数额,都只能以最终的变价款确定优先受偿范围。该类判决不利于保证债务的清偿及维护市场交易秩序,故裁判人员在制作裁判文书时,应当在裁判结果中明确抵押权人享有的优先受偿项目,而非规避意思自治与行政登记的冲突。在执行阶段,若有多个抵押权人参与分配,这将导致依据生效裁判文书制作的分配方案不具体、不明确,从而产生执行异议诉累。

六、不动产抵押权优先受偿范围中意思自治与行政登记规范争议之出路

任何一种问题的产生都有其来源。问题往往产生于制度、规范、体系之中,制度、规范、体系也会因问题的解决而得到完善。好的制度、规范、体系在实践中常常因实际情况的多样性、实施的

复杂性而未能发挥出良好的社会效果,这便是法律的制定与法律实施的差距。就不动产抵押登记而言,尽管《物权法》《担保法》等法律规定已经搭建好完善的不动产抵押登记制度,但在行政机关办理抵押登记时,如果没有契合的抵押登记措施,那么《物权法》构建的抵押登记制度也无法实现其预期的法律效果。

不动产抵押权因登记而设立,登记是不动产对外宣示权利的主要途径,它既能清晰展示物权的种类及内容,从而将不动产上存在的权利透明化,又能将排斥第三人权利的风险降到最低,第三人也无须额外支出检索和甄别权利负担的成本。[①] 不动产抵押权优先受偿范围虽可以由当事人约定,但抵押物上权利负担透明化得基于不动产抵押登记,从而保障交易安全及充分发挥抵押物的使用价值。

就目前我国不动产抵押登记制度运行情况而言,为完善不动产抵押登记制度,认定不动产抵押优先受偿范围仍需结合《物权法》的相关规定,尊重当事人意思自治,统一法律规范,并修改不动产登记簿制式,将意思自治的内容对外公示,维护不动产登记的公示效力。

(一)不动产抵押法律规范需统一

从法律经验的层面而言,物权公示是确定权属的重要规范。[②] 物上负担之权利发生变动的,应当依照《物权法》的规定办理登记。在《物权法》统领物权效力的前提下,应当以《物权法》规定为基础,统一其他法律规范,使担保范围成为其他法律规范之必备事项。在上位法优于下位法的法律位阶体系之下,其他不动产抵押法律规范应当以《物权法》这一上位法为基础,修改自身与

---

① 常鹏翱:《物权法定原则的适用对象》,《法学》2014 年第 3 期,第 87—94 页。

② 常鹏翱:《物权法的展开与反思》第 2 版,北京:法律出版社,2017 年,第 192 页。

上位法不相适应的条款。

不动产登记法律规范价值取向还可以通过政策加以指引。法政策是在发生利益冲突时,对代表不同价值的群体进行的政策选择。[①] 在统一不动产抵押法律规范过程中,首先进行法政策层面的研究分析,使不动产抵押不管是在形式层面还是实质层面,能够真正消除价值取向分歧。法政策引领法律发展,逐渐成为我国未来法律变革的基本趋势,使不动产抵押法律规范最终得到协调与统一。

(二)司法裁判应当平衡各方利益

从司法保护利益层面而言,司法应当平衡当事人意思自治与抵押登记的利益,换句话说,就是平衡抵押合同约定与登记记载事项不一致的利益考量问题。抵押合同是当事人意思自治的权利,抵押登记是抵押权设立的原因。登记背后体现的是国家公权力提供的特殊强力保障,即物权公示公信力。当抵押合同约定与抵押登记记载事项不一致时,"示"和"信"就解决了第三人知悉和确信的问题。在司法裁判中,意思自治代表的私权和抵押登记代表的社会公共利益,权衡两者,应当折中选择,保护私权也考虑抵押权制度设计的社会利益。

司法还需平衡抵押当事人之间抵押关系利益,保障抵押权人债权的实现。但对于抵押人来说,在抵押法律关系中,其处于相对弱势地位,司法应当从抵押物物尽其用的基本点出发,把握《物权法》规定抵押权的立法思想,核定抵押权优先受偿的范围,平衡抵押权人实现债权和抵押人物权之合法权益。

(三)敦促行政机关修改不动产登记簿制式

从登记效力层面而言,维护物权公示公信力,坚持物权法定

---

① 汤文平:《法学实证主义:〈民法典〉物权编丛议》,《清华法学》2020年第3期,第63页。

基本原则，必然产生以登记事项确定优先受偿范围的观点，但该观点并未否定当事人的意思自由。为了防止当事人约定的内容自动产生不动产物权效力而违反物权法定的要求，应当修改不动产登记簿格式，增加债权栏目，使利息、违约金、损害赔偿金、实现债权的费用或者抵押权的费用等附随债权可以登记在其中，或者以备注栏的方式登记附随债权。在办理抵押登记时，登记机关应当具体列明当事人约定的担保范围，当事人未另行约定的，也应当具体写明法律规定的担保范围，而不能登记为"空"或者"未约定"，防止传递给第三人无抵押担保范围的错误信息。对于事先无法确定数额的债权，可以登记债权的计算方式。敦促行政机关修改不动产登记簿的制式，完善登记担保范围，是对实践操作提出要求。该措施既可以维护不动产登记簿宣示的权利外观，又尊重了当事人的意思自治，适应多元化的价值追求，增强交易结果的可预期性，从根本上解决不动产抵押权优先受偿范围的争议。

（四）变革被担保债权本金的登记限制

从登记限制层面而言，抵押合同约定的债权本金数额低于抵押登记的被担保债权数额，该现象往往是行政登记限制引起的。登记机关在办理抵押登记前根据抵押物的价值限定了被担保的债权数额，当抵押合同约定的主债权高于抵押物的价值时，超出价值部分则无法登记于不动产登记簿中，该部分的债权将不具有优先受偿的效力，最终影响抵押权人的债权实现。由于抵押登记至债权实现周期较长，不动产价值随市场变动而升值或者贬值，以抵押登记时抵押物价值限定最高额优先受偿本金不符合市场交易主体对担保制度的预期，也无法实现担保物的价值。登记机关应当变革登记制度，取消抵押登记评估，登记抵押合同约定的债权本金或者抵押当事人另行达成合意的登记债权本金为被担保的主债权，更符合维护物权公信力及尊重意思自治的需要。

我国违法建筑行政强拆法律问题

刘　凯[①]

摘　要:在全面依法治国、政府不断完善自身行政职能的时代大背景下,面对日益严峻的违法建筑问题,如何应对也将是行政机关面临的巨大考验。现实生活中违法建筑现象层出不穷,其背后存在特定利益,而正是不同利益之间的博弈使矛盾更加突出。基于此,本文旨在分析理论界对此执法方式的法律属性争议,通过对相关理论的浅析,可以分析出行政执法权背后的法理基础以及行政权与民权二者应该如何平衡,进而剖析现有的行政强制拆除执法方式存在哪些不足之处,进而提出变革建议,即完善立法、规范行政执法程序、探索多元化的渠道解决行政强拆问题,以及不断强化对于行政执法的监督等,从而更好地解决实践中违法建筑拆除问题,同时有利于法治政府的构建。

关键词:违法建筑;行政强制拆除;行政执法

随着城镇化进程的不断加快,土地资源的稀缺性与急剧增长的人口之间形成了巨大矛盾,为了满足生活所需或者因其他利益驱动,各地违法建筑现象层出不穷。由于违法建筑的建造成本低并且有十分可观的利益收入,背后情况十分复杂。在当今时代,老百姓渐渐增长的法治意识、权利意识以及不断提高的维权意识与规则意识,都使政府要面对日趋复杂、利益多元化、诉求丰富化

---

① 刘凯,陕西榆林人,2020级法律(法学)硕士研究生。

的社会群体①,如何平衡多方利益,从而切实解决城市违法建筑管理中遇到的一系列问题？毋庸置疑,地方政府在这一过程中发挥着关键作用。

孟子曰:"今有仁心仁闻,而民不被其泽,不可法于后世者,不行先王之道也。故曰:徒善不足以为政,徒法不能以自行。"②这正体现了地方政府在违法建筑治理活动中扮演的重要角色,即相关行政法规的精准制定与实施,只有成熟的配套制度以及科学的行政执法方式,才可以更好地开展治理工作。以我国目前违法建筑行政强制拆除为例,地方政府科学高效的执法方式不仅体现了行政机关的执政能力,而且其执法效果更是与当事人的切身利益息息相关。然而在现实实践中,为了追求经济利益,地方各政府部门在治理违法建筑的过程中仍存在粗暴简单、一拆了之的行为。③行政执法机关暴力执法不仅严重损害了当事人的合法财产权,而且容易引发暴力抗法、极端抗法等事件,从而给社会的稳定与和谐造成威胁;再者,行政机关暴力执法也违反了法治政府依法行政、权责一致的执法原则,不利于法治政府的构建。

笔者旨在从现如今违建拆除整治的执法行为入手,一是考虑到现今城镇化推进过程中违法建筑的行为十分突出,二是考虑到现实情况下行政执法部门实际面临的困境,实践中违法建筑数量多、规模大且较为分散,再加上行为人的法律意识普遍欠缺,致使执法困难。通过剖析现阶段违法建筑行政强制拆除存在的问题,进而提出解决措施,从而更好地实现执法方式的多元化、服务化、法治化、科学化等,提高执法效率,为一般违法建筑的合理解决提

---

①　吕志坡:《违法建筑治理法律问题研究》,硕士学位论文,郑州大学,2017年,第1页。

②　《孟子》上卷,北京:东方出版社,2013年,第18页。

③　李贻凤:《我国农村违法建筑行政强制拆除法律问题研究》,硕士学位论文,西南政法大学,2014年,第30页。

供一些思路,解决目前行政执法力度与违法建筑现状问题之间的博弈。

一、违法建筑行政强制拆除的现状与困境

(一)违法建筑的含义与认定混乱

实践中关于违法建筑的治理工作主要集中于行政法等公法领域,笔者经过研究发现,并没有明确规定违法建筑的相关单行法,而违法建筑的有关规定都是散落于不同的效力层级和适用范围的规范性文件中。据不完全统计,所涉及的法律法规与政府部门规范性文件大致有《土地管理法》《行政强制法》《土地管理法实施条例》等,正因如此,实践中对于违法建筑的概念认定比较模糊,而随着时代发展新型建筑形式不断涌现,但由于概念模糊,不能很好地确认某一建筑究竟是否合法。

我们可以看到,2008 年 1 月 1 日起施行的《城乡规划法》中,就没有违法建筑或违章建筑这一用语,而是仅在第六十五条中做了相关说明①。这是可以看到的最早关于"违法建筑"这一概念的规定,而目前学界对于违法建筑的具体认定,也是众说纷纭。关于其法律概念,笔者认为可定义为:涉事当事人在尚未按照法律程序领取建设工程规划许可证、临时建设工程规划许可证或乡村建设规划许可证等,擅自搭建或不按规划建设且未能补办合法手续的建筑物、构筑物和其他设施及超过批准期限不拆除的临时建筑。②

实践中除对概念认定尚存争议之外,对于违法建筑的认定因

---

① 《城乡规划法》第六十五条规定:"在乡、村庄规划区内未依法取得乡村建设规划许可证或者未按照乡村建设规划许可证的规定进行建设的,由乡、镇人民政府责令停止建设,限期改正;逾期不改正的,可以拆除。"

② 王克先:《违反城乡规划的违法建筑行政强制拆除之我见》,《法律与经济(上旬)》2013 年第 8 期,第 58—62 页。

素也有不同理论。主要有以下几种学说：

第一，三要素说主张认定违法建筑需要确认其符合"两实质一形式"的三要件。其中两实质要件，一个指违法建筑妨碍的是社会公共秩序或侵害社会公共利益，另一个指违法建筑不属于合法城乡规划；形式要件指违法建筑没有获得相关的行政许可。"两实质一形式"的认定标准已经在现实生活中广泛应用。例如在某些农村地区擅自加盖房屋楼层，擅自在农业用地上修建大棚，等等，都属于违法建筑。

第二，在主流学说之外，也有学者主张在此基础上增加一个程序要件，即需要经过行政机关的确认，主张"两实质一形式一程序"的四要素说。[①] 查阅相关资料之后，笔者认为新增专业机关的认定这一程序要件，更有利于违法建筑的认定，避免对行政相对人合法权益的侵害。

第三，学界还有部分学者主张五要素说，即在上述四要素的基础上将违法建筑的特征也纳入认定范围。在有违法建筑的前提下，还要保证当事人主观具有过错等，并且要求对违法建筑的认定结合具体情况进行分析，包括后续赔偿问题等，不可直接"一刀切"。

综上三种学界理论，笔者更倾向于"两实质一形式一程序"的四要件说，较之主流的三要素说更为准确，同时也是对于认定主体的一个规范性限制。无论是在城市区域的建设还是农村规划中，由于土地资源自身的稀缺性这种特征，各地擅自占用土地、乱搭乱建、扩建、加建、违建情况十分突出。违法建筑的治理问题也已成为各地行政部门治理社会的一大焦点问题。尤其是在各大城市的拆迁区、城中村等地，由于相关规范尚不健全，肆意乱搭乱

---

① 张子辛：《关于违法建筑的法律问题探讨》，硕士学位论文，复旦大学，2014年，第6页。

建的现象十分严峻。对违法建筑的概念与认定因素的分析,是相关部门执法工作展开的前提,只有对其含义进行确定,才可以较为严谨地认定执法对象,有利于科学合理地完成整治工作。

(二)行政强制拆除违法建筑主体模式之争

1. 我国为司法执行与行政执行两者并存

在世界行政法体系内,关于行政执行通常有两种模式。一是针对违法建筑的整治问题由行政机关单独执行,这种模式的代表国家为日本和德国;二是执行权归司法机关,由司法机关行使执行权,对于违法建筑进行拆除整治,代表国家为美国和英国。很难直接论断这两种模式的利弊,只能说更适合本国实际所需的模式才更合理,并且要充分考虑这两种执行方式各自的利弊,譬如我们国内则是司法执行和行政机关执行两种方式并存。①

实务中两者均不少见,司法执行即强制执行的主体为法院。在面对一些特殊的违法强拆案件时,相关行政机关会委托当地法院辅助执行,行使司法执行权。行政执行即主体为行政部门,在行政执行中也有配套的一系列法律法规,比如《行政强制法》《行政诉讼法》等都对行政机关执行案件做了相关的程序与实体规定。我国实践中这两者并存的执行方式,也是有着特定历史背景的。我国行政立法起步较晚,立法体制仍有许多欠缺之处。以针对农村违法建筑的行政强制拆除为例,仍存在主体尚不明确、执法机关"人治"色彩浓厚、执法人员执法水平有待提高、执法能力不强等情况。② 因此,司法执行的介入也可发挥监督作用,使政府的执法行为更加合法合理。

而从司法现状来看,由于司法资源极其有限,再加之实践中

① 胡建淼:《行政法学》第3版,北京:法律出版社,2010年,第343页。
② 莫鑫煜:《违法建筑行政强制拆除的法律问题研究》,硕士学位论文,大连海事大学,2016年,第1页。

违法建筑的问题处理较为棘手,沟通困难,因此大部分的违法建筑拆除活动都是行政机关在执行的。这种以行政机关为主的执行模式在提高行政效率、实现行政目的等方面都具有不可比拟的优越性。分析内在原因,我们不难发现主要有以下几点:首先,行政机关作为负责调查了解法律事实、作出行政决定的主要机关,会与涉案当事人有直接的沟通与交流,这就有利于下一步具体行为的展开;其次,行政机关基于对事实情况的了解,则可以在强制执行的具体条件和方式选择上作出适当的行政判断,从而有利于行政强制执行的实施。若将执行权全部交于法院,则无法避免申请程序的烦琐和费时,这无疑会加重基层法院的负担,造成司法资源的浪费,同时也不利于及时有效地对行政违法行为起到监管与事后救济作用。

2. 行政执法主体不明确

对于违法建筑的认定与治理主体仅《城乡规划法》第六十八条有规定[1],且实践中存在理解的误差,会出现行政执法部门互相推诿"踢皮球"的不良现象,严重损害社会公共利益,也使行政机关的公信力有所下降。

违法建筑的存在侵害的不仅仅是部分个体的财产利益、人身权益,更大程度上是对社会公共利益即社会公共秩序的破坏,因此国家公权力机关必须介入并予以相关规制,这也是行政强制执行可以存在的一个合理基础。[2] 在现有法律法规的制度之下,治理主体的限定不够清晰,比如《城乡规划法》中对此规定,"由法律

---

[1] 《城乡规划法》第六十八条规定:"城乡规划主管部门作出责令停止建设或者限期拆除的决定后,当事人不停止建设或者逾期不拆除的,建设工程所在地县级以上地方人民政府可以责成有关部门采取查封施工现场、强制拆除等措施。"

[2] 王治丰:《违法建筑行政强制执行的法律制度研究》,硕士学位论文,大连海事大学,2017年,第12页。

授权的相关行政机关可以进行违法建筑的确认与相关治理工作的展开",但是具体是哪些相关机关却并不清楚。实践中违法建筑的认定难度较大、取证困难,执法部门在与当事人沟通中也存在一定障碍,诸如此类的难题都使执法机关望而却步。除此之外,大多数违法建筑都有其存在的成本利益,牵涉众多,使得执法机关自身要承担些许压力与未知的不利后果。行政执法很容易出现困境,更有甚者易发生冲突从而引发暴力执法,因此行政机关主体的不明确给违法建筑的拆除治理工作带来很大困难。

行政执法主体牵涉众多,也通常是一个行政行为是否合法的认定因素之一,在农村实践中所遇到的强拆问题往往更为棘手复杂,然而法律法规对于相关主体规定较为欠缺,也使违法建筑现象不能得到很好的改善。

(三)行政强制拆除法律程序问题分析

实践中司法机关对于一个行政强制拆除案件是否严格遵循法定程序,已经成为认定其合法性的重要标准。若行政机关在执法过程中没有严格依程序执法,没有给予当事人合理的期限行使救济权利,或肆意剥夺或侵犯当事人的合法权利等,均有可能因为程序不合法被认定为行政行为违法。

在张江、张秀珍诉上海市松江区叶榭镇人民政府乡政府行政纠纷一审案①中,法院认定本案的争议焦点之一便是行政机关的执行程序是否合法妥当。法院认为:无论是《行政强制法》等法律,还是诸如《上海市拆除违法建筑若干规定》等行政规章,均对行政机关的执法程序做了明确规定。《行政强制法》第四章对行政强制程序做了如下规定:行政机关在认定事实的基础上作出行政决定——以书面形式催告当事人,将责令限期拆除决定送达当事人,当事人难以确定或者难以送达的可以采用通告形式告示,

---

① 上海市松江区人民法院行政判决书[(2018)沪 0117 行初 132 号]。

等等。因此法律条文中都已规定,实施强拆必须严格按照法定程序进行。而本案被告行政机关在尚未查明案件事实的情况下便首先以书面形式责令当事人自行拆除、作出强制拆除行政决定并予以强制拆除,严重违反相关法定程序。

上述程序是行政强制拆除的一般性规定。除此之外,对于强制拆除程序还有公告程序、催告程序等多重保障,但在司法实践中,多种程序如何并行总是行政机关容易忽视的地方,由于《行政强制法》本身较为笼统的规定,执法实践中更容易出现因混淆而违法的情形。笔者认为,在一般程序的基础上,执法机关更应该注重当事人的权益保护。

但随着执法成本的不断增加,在执法实践中所出现的另一个问题也十分严峻,且与严格依照法定程序进行执法的倡议恰恰相反。实践中,若行政执法机关严格遵守法定程序处理违建拆除问题,则当事人势必会在法定期限内提起行政复议、行政诉讼等救济方式,会使强制拆除耗费时间较长,效率极其低下,对于一些原本较为轻易解决的案件,行政执法的难度也会因此加大。

我们以一个一般性的违法建筑强制拆除案件为例,首先要委托有相关资质的机构进行勘察以确定违法建筑的类型与归属,然后经历一定的公告时间,并要求当事人在一定时间内自行拆除。根据《行政强制法》第三十五条①的规定可以得出当事人若拒不自行拆除,相关行政部门则作出强制拆除的决定。针对这一具体行政行为,当事人与行政机关之间有可能还会经历行政诉讼、行政复议等多个环节。除程序上耗时之久以外,就目前违法建筑的自身特征而言,行政强制拆除的难度也加大了,主要表现在建设施工的具体工艺与施工方式上,建设施工工艺已经发生改变。最

---

① 《行政强制法》第三十五条规定:"行政机关作出强制执行决定前,应当事先催告当事人履行义务,催告应当以书面形式作出。"

明显的一点就是以前用于建筑的混凝土是现场搅拌,必须使用电作为动力,所以拆除措施也较容易实现,只要停止供电即可。但现在建筑施工现场已较为现代化,不再像之前一样使用动力电,取而代之的是一些随来随走的混凝土罐车,因此给执法人员的强制措施增加了很大难度。尤其是随着时间的耗费,执法成本更是成倍增加。

综上所述,尽管《行政强制法》等法律法规中都对执法程序做了详尽规定,但是在实务操作中仍有许多问题,如何平衡程序公正与执法效率也是行政执法机关亟待解决的问题。

(四)执法方式单一且暴力执法现象严峻

从我国相关法律法规中可以看出,我国立法针对违法建筑的治理方式,一共规定了责令停止建设、限期改正、限期拆除、予以没收和并处罚款等五种不同的执法方式。尽管法律有五种规定,但纵观全国的执法实践情况不难发现,大多数执法机关总是忽视违法建筑的实际差异而粗暴采取一拆了之的方式,执法方式单一死板,并未考虑现实的复杂多样,而仅以达到行政执法效果为目的。[1]

实践中出现的违法建筑大多数情况下是当事人唯一的住房保障。一旦面临执法部门的强制拆除,当事人必定会有十分过激的行为予以抵抗。通常情况下,地方执法部门在处理农村违建的强拆问题时,为了拆迁进度与工作业绩,丝毫不顾及与相对人之间的沟通与协商,遂将协议不成的被拆迁人的建筑认定为违法建筑从而进行强制拆除。正因如此,一系列恶性暴力执法事件十分突出。实践中,有当事人集结多人进行人身围堵,以点火、跳楼等方式阻止执法部门强拆,更有甚者,以服毒自杀来威胁行政机关。

---

① 张子辛:《关于违法建筑的法律问题探讨》,硕士学位论文,复旦大学,2014年,第14页。

此等悲剧的发生,是执法机关与相对人都不愿看到的局面,同时也引发了社会各界的强烈关注,如此的执法也更易引发社会矛盾。

暴力执法现象的出现,究其根本是行政机关的执法方式存在不妥之处。单一暴力的执法方式只会导致民众更强的敌对之心,不仅损害行政相对人除违建等财产利益之外的人身权益,也对行政机关的执法公信力提出更大考验。事实上,对于违法建筑的解决,有许多远比强拆更为合理的方式,诸如事后督促补办建筑许可证、协商解决拆违后的补偿问题等,均可体现行政执法的合法合理原则,彰显政府公信力。

二、完善我国违法建筑行政强拆执法方式的建议

(一)完善违法建筑权力配置的相关立法

《行政强制法》已经对违法建筑强拆构建了一套完整的拆除机制,但是在实践操作中,仍然有许多问题。就笔者的不完全统计,仅规定执行主体的相关法律法规就多达 23 部,这些法律法规中都有对强拆主体进行授权,更易导致不同位阶的法律法规之间相互冲突,进而不利于实践的操作。此外,立法实践中根据违法建筑所牵涉的不同利益以及所侵犯的不同客体,进而将管辖资格归于不同的主管部门①,这极易导致立法的相互冲突。由于对于主体规定的复杂与多样,反而更易出现执法的空缺,因此目前立法在行政强拆主体的规定上仍有不足之处。

通常一个完整的行政强拆程序在不同阶段的权利主体不尽相同,因此加强关于违法建筑权力配置方面的立法完善,便是要

---

① 王青斌、赖普微:《违法建设强制拆除机制的困境与出路——兼论〈行政强制法〉第 44 条的修改》,《江苏行政学院学报》2018 年第 2 期,第121—128 页。

充分考虑执法不同阶段的权利配置。首先便是要规范行政强制过程中对于违法建筑的认定权。前述文中对违法建筑的法律属性以及法律概念已经有所分析,实践中纷繁复杂的违法建筑类型,通常涉及不同领域、不同专业,相关机构有交通、电力、港口、建设、规划、市政工程等多个行政部门。如何使认定权归属更为合法合理,立法也在不断探索。我们可以看到在政府机构的不断调整变革中,部分机构合并进行认定工作,更提高了工作的精细度与科学化,这样在确认违法建筑的类型与性质时必会更加科学与准确,也有利于后续强拆工作的展开。

关于权利配置,学界认为还需考虑的另一问题便是违法建筑的认定权与执行权,两者性质不同理应分开立法进行约束,而执行权的归属则通常是程序启动首要考虑的问题,也容易成为司法实践中认定行政行为是否合法的一个争议焦点。

在西安市长安区秦安房地产开发有限公司诉西安市长安区城市管理综合行政执法局行政处罚案①中,原告秦安房地产公司对被告城管执法局作出的行政处罚决定不服,故申请行政复议,而后又提起行政诉讼,但法院最终判定驳回秦安房地产公司的诉讼请求。本案的争议焦点正是被诉的具体行政行为性质究竟属于强制措施还是行政处罚。这也正是实践中,究竟哪些机关享有强制拆除执行权不够明晰、立法欠缺,导致了司法中认定案件事实时存在争议。事实上,由于本案中的秦安房地产公司并未取得合法的审批手续便擅自搭建违法建筑,行政机关对此作出的决定具有行政处罚的处罚性、终局性等特征,故可以认定是执行措施。因此从目前的实践与执法现状来看,城市管理综合执法部门也具有对违法建筑整治的相关执行权。但由于立法不完善,各相关部门配合尚有不足,对于违法建筑的行政强拆执行权主体归属存在

① 西安铁路运输中级法院行政判决决书[(2018)陕71行终100号]。

争议,因此应加快相关立法完善,加强执法部门相互配合与协作,提高执法效率。

加强立法对执行权主体的规定有利于完善执行权的归属,也只有以立法形式明确各机关分别具有的职权,才更有利于推进违法建筑问题的解决,提高行政效率,以及维护行政相对人的合法权益不受公权力机关侵犯。此外,地方立法也应该严格遵守地方立法原则。由于各地实际情况都不尽相同,因此地方立法要注重与实际相结合,既能体现地方立法特色适应实际所需,也要与国家法律相一致。①

(二)规范执行强制拆除的法定程序

1. 规范合理的行政强制执法期限

行政法中对于具体行政行为不仅要求追求效率,而且要求合法合理。只有公平正当的执法行为才可以更好地保护行政相对人的合法权益,彰显行政机关的公信力。在现有的《行政强制法》《城乡规划法》中对于相关期限的设置本意是保护私权,这是无可厚非的,也是笔者所认同的,但是在司法实践中肆意拖延期限的行为对强制拆除的执法工作造成阻碍,反而成为恶意规避执法的"保护伞"。

《行政强制法》所规定的执法程序体现为要求执法机关对当事人进行公告、责令限期拆除、书面催告、听取陈述和申辩等多种权利救济途径,但耗时之久严重影响了行政机关的执法效率,提高了行政机关的执法成本。这一利益之间的均衡势必要求行政机关更注重相关期限的把握,在执法过程中,除当事人必要的权利救济时间之外,执法机关要注重提高执法效率,保证执法工作的有序展开。

----

① 李蕊:《违法建筑拆除的地方立法问题研究》,《济南大学学报》(社会科学版)2018 年第 4 期,第 126—134、160 页。

2.完善听证程序的应用

在实践中,听证程序大多运用于行政处罚领域,在作出行政处罚决定之后行政机关明确当事人享有申请听证的权利。而在行政强制拆除案中,尚未有明确的规定要求行政执法部门将听证程序设为必要程序之一,当事人是否具有明确的听证权利也没有规定。基于听证程序的重要性,并且考虑强制拆除违法建筑的执法过程中,本身力量不对等的博弈本就有可能严重侵害当事人的利益,因此有必要在此对强制拆除违法建筑的程序是否应适用听证环节加以分析。①

听证程序,即当事人针对行政机关作出的行政行为享有的要求听取意见、进行陈述与申辩的私权利。听证程序的运用,有利于防止行政机关滥用行政职权从而保护当事人的合法利益。对于行政机关来说,听证能够加强执法部门与群众的联系,能够在平等协商中解决问题,而经过听证程序可以得出更合理的决定,从而提高行政决定的准确性。听证程序的运用,究其根本,也是在程序上对强制拆除作出进一步的约束与规范,避免如往日一般的暴力执法现象的出现。

因此,笔者认为,在现今违法建筑拆除问题层出不穷的情况下,听证程序的不断完善与应用,对于缓和当事人与行政机关之间的矛盾有着非常重要的意义。

(三)引入行政协议方式协调解决强拆矛盾

从日常执法实践中我们不难看到,听到行政强制几个字,普通民众就会紧张,正因如此,行政执法机关和当事人之间的关系可谓剑拔弩张,事实情况也证明,暴力执法现象时常上演。在面对执法机关执法时,许多当事人经常试图采取过激行为来保护自

---

① 高洁:《强制拆除违法建筑的法律问题研究》,硕士学位论文,郑州大学,2015 年,第 28 页。

身合法权益,但最后的结果通常是两败俱伤,激发更为严重的社会矛盾与冲突。除上述提到的常规执法方式之外,笔者提倡以更为多元化的执法方式来应对现如今的强制拆除案。

随着现代社会的发展,人们在面对矛盾与冲突时更倾向于低成本高效率的解决方式,比如引入行政协议的方式来解决强拆问题。

行政协议即双方当事人之间以协议的方式达成合意,对于要解决的问题形成统一的方法意见。行政协议成本低,并且更容易让当事人接受,也已经在很多行政执法领域被运用,因此在强制拆除案中,只要遵循合理的法定要求与规则,就应当提倡行政机关运用此种方式来进行行政管理,这也适应了行政机关变革执法方式的要求。在陈宏、陈叶诉南通市通州区张芝山镇人民政府不履行行政协议案[(2016)苏 06 行终 622 号]中,二人与张芝山镇政府经过一系列协商之后,对于违法建筑物强制拆除的残值回购事宜达成行政协议,以达到拆除违法建筑、完成行政管理的执法目的。审理法院认为,张芝山镇政府在处理这件违法强拆案时,并没有如以往一般直接采用强制暴力的方式,反而采用更低成本的、简便易行的行政协议方式,通过双方当事人之间达成合意的方式解决违法建筑的问题。这样一种不同于以往的、签订行政协议的执法方式,不仅有利于保护当事人的合法财产权益,也有效弥补了传统行政管理手段的不足。

针对一个违法强拆案,以往的程序大多是经过公告之后,若当事人仍然拒不履行,行政机关则作出执行决定,随即便直接对违法建筑实施强拆,而强拆带来的一系列赔偿事项则在这之后进行,更是加剧了双方之间的矛盾与冲突。行政协议方式的运用,即双方之间首先针对强制拆除的房屋进行科学的评估,针对赔偿问题预先达成合意,可妥帖处理强拆问题。这种方式不但降低了强制拆除的执法成本,而且有助于减少暴力执法现象,有利于合理解决违法建筑强拆问题。

(四)完善执法监督和制约机制

行政执法权作为一种国家公权力,本身具有强制性、扩张性等特点。在违法建筑强拆案件中,相对人也通常处于一个权利不对等的弱势地位,因此为了规范执行权的行使并能够更为妥善地处理违建强拆问题,有必要完善对执法的监督和制约机制。

对违建强拆执行权的监督,不仅仅包括事前或事中监督,也包括事后对相关部门的责任追究。只有在各个阶段都加强对执法权的监督与制约,才有利于及时发现存在的问题并督促纠正,以防损害后果的进一步扩大。行政强拆的事前与事中监督主要是指赋予被执行人执行异议权①,加强对违法建筑强制执行的监督,有权提出异议以审查执行行为的正当性。除相对人之外,也可加强某些司法机关的司法审查力度,充分发挥司法保护作用,通过立法以确定司法监督、救济的环节与职责。加强司法机关介入的事前审查,主要是考虑到违建拆除的事后不可恢复性这一特点,基于相关人的申请可进行司法审查,这样可加强执法正当性的保障。除此之外,可建立公众参与的违法建筑咨询、举报、查处平台,有利于行政机关及早发现违法建筑的存在进而及时制止;建立公众对行政机关执法工作的监督机制,提高执法的公开度与透明度,使得违法建筑的整治工作可以更加符合民众的期待、社会的需要。

对于执法行为的事后监督主要体现在责任的追究和相关的赔偿等方面。首先要确认的是由于违法强拆造成的损害赔偿问题,这也是当事人最关注的。根据《国家赔偿法》的相关规定,当事人有权在评估鉴定后就实际损失请求赔偿。为了不断完善行

---

① 陈贵福:《论我国违法建筑行政强制拆除制度的完善》,硕士学位论文,广西师范大学,2015年,第30页。

政强拆这一执法行为的合理性,应注重事后的赔偿,明确救济渠道,赋予当事人充分的救济权,这样也可最大限度地减少因违法强拆所带来的损失。事后监督的完善除保障当事人救济权的行使与必要的国家赔偿之外,也要对相关违法的机关和人员进行内部追责,这样才可维护法律权威。关于追责的具体行为方式,也要根据实际情况中违法的行为程度与后果进行确认。譬如对于执法人员的追责,我国《公务员法》也规定了警告、记过、降级等多种处分方式。

三、结　语

随着城镇化进程的加快,城市违建问题已然成为亟待解决的难题,行政机关执法方式的力度与深度直接决定了执法效果的好坏;对于违法建筑的治理也是城市管理的重要手段,其关系到整个城市的规划与建设。毫无疑问,违法建筑的治理效果是考验政府治理能力的衡量基准之一。[1]

面对实践中违法建筑认定标准混乱、行政主体模糊、执法期限冗长、执法效率低下、暴力执法现象层出不穷等问题,行政机关执法方式的变革已刻不容缓,也是适应政府职能改革大背景的有力举措。本文便是从目前违法建筑行政强制拆除行为面临的一系列问题入手,剖析其成因,进而提出完善的对策以促进长期以来执法方式不能得到很好改善的问题得到解决。事实上,以《行政强制法》为主要法律规范的一系列法律文件,都对强制拆除程序做了详尽规定,虽然尚有些许不足之处,但也为强拆问题的解决提供了法律上的保障。在此基础上,更应该充分考虑执法效率与执法公正的平衡问题,既要提高效率降低执法成本,也要注重

---

① 段玉刚:《论我国违法建筑的法律治理》,硕士学位论文,湘潭大学,2017年,第36页。

严格遵守法定程序,不能肆意侵害当事人权益。除此之外,行政执法方式的变革便是要求执法机关探索多元化的执法方式来应对目前的强拆问题。行政约谈、行政协议等低成本高效率的执法方式近年也已兴起,为完善执法方式、科学解决强拆问题提供了新思路新途径。

毋庸置疑,我国行政强制拆除所涉及的法律问题远不止文中所述这些,笔者也是基于自己对相关制度的理解以及相关案例的分析,提出一些针对性的完善建议。如有机会希望在日后的学习过程中能够有更深入的认识与理解,也希望随着时代的不断发展,我国违法建筑强拆问题的解决能得到更进一步的改善。

商号与商标的权利冲突

王倪颖①

摘　要：近年来，商号与商标作为商业价值的载体逐步受到重视。在知识产权领域，权利冲突案件频发，而这之中不乏商号权与商标权的权利冲突纠纷。两者冲突有愈演愈烈之势，成为困扰理论派与司法实践的一大难题。如若两者冲突不能得到合理解决，则市场的公平竞争环境将失衡，市场秩序将被破坏，消费者的权益将受到损害，社会的积极发展将受到阻扰。为了社会平稳有序地上升发展，本文有必要对该问题进行深入探讨，分析国内现状，找出内在的问题并给予一个合理的解决途径。文章共分为三个部分：第一部分通过典型案例引出商标与商号两者的权利冲突，并引申出冲突内涵及冲突类型；第二部分叙述我国国内商号商标权利冲突现状及成因，并通过国外相关立法机制分析国内的不足，汲取国外立法的精华，完成部分借鉴；第三部分提出部分解决两者权利冲突的原则和相关建议。

关键词：商标权；商号权；权利冲突；立法建议

一、商号和商标的权利冲突的概述

随着社会的日新月异、市场的繁荣发展，商品的流通性在不断增强，商号与商标的作用日渐凸显，在现代经济生活中起到了举足轻重的作用。商号与商标具有高度相似性，它们作为不同的

---

① 王倪颖，浙江湖州人，2020级国际法学硕士研究生。

商业标识用来区分不同商品的服务来源。同样地,企业在商业方面的声誉、服务大众的态度以及商品自身的质量也在它们身上体现出来。商标与商号对于企业来说已经渐渐成为隐形资本。消费者在购买产品的时候,一般会购买带有自己较为熟悉的或者较为知名的商标或商号的商品。商标与商号的价值在这个时候体现得淋漓尽致。因而,它们对于企业、商家以及大众的意义是不可小觑的。然而,相似度很高的两者也会有权利上的一些摩擦和碰撞。一些经营良好、具有一定商业荣誉的企业,其商号在被民众广泛熟悉的同时也被一些投机分子偷偷关注。这些投机分子通过"搭便车"的行为,注册与知名企业相同或者相似的商号,混淆产品的服务来源,误导消费者购买其产品,以获取大量利益,达到不正当的目的。投机分子的行为不仅损害了知名企业的商誉与利益,还极大地损害了消费者的权益。

(一)商号与商标权利冲突的引出

业之峰诺华家居装饰集团股份有限公司(以下简称为"业之峰诺华公司")与北海市业之峰装饰工程有限公司(以下简称"北海市业之峰公司")就"业之峰"商标专用权权属问题发生纠纷。经事实调查,业之峰诺华公司于 2002 年 2 月 7 日成功注册"业之峰"商标,商标注册人即享有该商标的专用权并且受到法律的保护。第 1711572 号"业之峰"商标的有效期自 2002 年 2 月 7 日至 2012 年 2 月 7 日,核准后续展有效期从 2012 年 2 月 7 日至 2022 年 2 月 6 日。该商标又于 2015 年 1 月被认定为第 37 类"室内装潢"类的驰名商标。北海市业之峰公司在其企业名称中使用"业之峰"作为字号,于 2015 年 2 月 2 日成功注册并成立,并且从事室内装修装饰行业。不仅如此,其在未经业之峰诺华公司任何许可之下,使用与业之峰诺华公司完全相同的宣传语。相似的商号、相同的标语使消费者存在混淆的可能,由此业之峰诺华公司和北海业之峰公司之间产生了纠纷。

北海市中级人民法院查明事实认定,北海市业之峰公司侵害了业之峰诺华公司的商标专用权。其一,根据《商标法》第五十七条的规定,北海市业之峰公司使用"业之峰"字样的行为被认定为与他人注册商标相同或类似的商品并突出使用,使相关公众产生误认,对第 1711572 号商标造成侵害。其二,根据《商标法》第五十八条规定,"将他人注册商标、未注册的驰名商标作为企业名称中的字号使用,误导公众,构成不正当竞争行为的,依照《中华人民共和国反不正当竞争法》处理"。北海市业之峰公司的行为违反了《中华人民共和国反不正当竞争法》第二条的规定,即违反了自愿、平等、公平、诚信的原则,未遵守公认的商业道德。北海市业之峰公司意图借助"业之峰"商标的高知名度以及业之峰诺华公司在装饰装潢行业的良好口碑和影响力来为自己的产品打通市场,获取巨大的利益。这种行为不仅严重侵害了商标的专用权,影响了企业的信誉,还误导了消费者,破坏了市场秩序,构成了市场不正当竞争行为。法院最终判定北海市业之峰公司立即停止侵权行为,并且承担相关的侵权赔偿责任,以及公开表明对原告的致歉。该判决结果对北海市业之峰公司以及其他企业具有一定的警戒作用。

(二)商号权和商标权冲突问题的类型

权利冲突并不是侵权行为,而是两个作用在同一客体上的主体的不同权利在行使的过程中,发生了抵触,在某些利益方面有重叠。权利冲突的前提是这两个主体的权利必然是通过正当程序获得的,是经过法律允许的,是合法的。之所以一个主体依据法律法规行使自己的权利时,妨碍到了另一个合法权利主体的行使,部分是因为法律对于两者的界限划分并不是很明确。

商号和商标两者间虽冲突不断,但其主要表现不外乎两种。一种是在之前就已经注册的商标被他人抢先登记了相同的或者相类似的企业商号。其中的在先商标也分为两种,分别是普通的商标和驰名商标。驰名商标又分未注册的和已经注册的。另一种是在之前就已经成功登记的企业商号被抢先注册了相同的或者相类似的商标。这种分为在后注册的商标使用在与在先登记的商号相类似的产品上，以及在后注册的商标使用在与在先登记的商号不相类似的产品上。不同的商标权人和商号权人使用了相同或者相似的商标或商号，使大众消费者对于其服务的来源产生了混淆，误会两者之间有一定的联系，并在这种错误的引导下，买下产品或者接受服务。这就使得两者产生了权利上的冲突。

二、国内外商号商标冲突现状分析及启示

近年来，我国社会经济发展呈稳步上升趋势，同时我国对知识产权的重视不断加强，也进行了更为全面的保护。商标权和商号权在国家法律的保护下，也在逐渐发展。但是商标和商号在来源和使用方面都具有高度的相似性，使得两者涉及的领域有相当大的重合性。其中有出于善意的举动，也有不少恶意为之的行为。一方面，有些企业在不知情的情况下登记的商号名称与某企业在先已注册的商标一致，即为一种善意重叠行为。这种情况比较普遍，表现为权利的积极冲突。而社会反映出来的更多则是一些不法投机分子借助当地一些具有良好商业信誉的企业，利用高知名度的商号去注册相同名称的商标，或者是利用具有品牌效应的商标，去登记相同名称的商号。这种所谓"傍名牌"行为大量存在。另一方面，企业自身也存在着自家商标与企业字号不相一致的问题。企业出于省时省力的目的或其他原因而使商标与商号未能达到统一，徒增诸多善意或恶意的侵权困扰。

(一)我国商号商标权利冲突的现状

近年来，法律开始愈加重视知识产权，对商标和商号的关注度持续上升，但是现存法律的漏洞也暴露无遗。我国对商标越来越重视，但对商号的待遇截然相反。目前我国只出台了《商标

法》,而对商号却没有一部统一的法律。相关法律文件也并未给商号一个明确的定义,这使得处理商号问题更加棘手。此外,我国相关法律,包括《商标法》并未明文规定商标与商号权利冲突的具体解决途径,这对于解决两者冲突问题十分不利。造成商标与商号之间摩擦的原因很多,外在的和内在的都有。

(二)商号与商标权利冲突原因分析

商标与商号自身本具有一定的社会价值,驰名商标及商号在商业领域中更是具有巨大的商誉价值,这也是两者权利冲突的诱因。商标与商号之间的权利冲突即利益冲突,涉及企业的商誉影响力。而商标与商号有着相似的外观和作用,且两者都属于知识产权范围,具有一定的抽象性,难以为实物所掌握。这也导致了两者时常发生权利冲突,并给冲突的解决提高了难度。

1. 商号和商标的相似性

商号与商标之间有一定的相似性,这是导致两者产生冲突的直接原因。两者的相似之处在于它们在功能作用上是相似的,即对消费者在区别产品或者服务上均有引导的作用。例如,商品、广告、包装产品以及一些营业地上都有生产商标识的带有自己企业的商号或者旗下管理的商标。对于一些相同或者相似类型的产品,消费者在难以区分的情况下,就会通过这些标识判断出不同企业的商品或者服务来源。这些标识也同样在某些时候引导消费者的选择。商号与商标在服务来源上的相似性体现得更加明显。服务类的商标是无实物载体的,一般依附于其所在的企业,并通过企业对消费者的服务体现出来。这也不难看出,企业的商号或者其所注册的商标在大多数情况下也是服务商标。由于两者均可作为服务商标,所以无形中的摩擦也更为普遍。社会日新月异,商标与商号也在不断扩展,不停地以迅猛的速度渗透进我们生活的方方面面。两者高度的相似性也在无形地推动着两者冲突的加剧。

2.客体的无形性

商标与商号是归属于知识产权一类的,和知识产权一样,是智力成果,同样也是无形物的一种。知识产权本身处于一种无实物的状态,很难被主体掌握。它不像有体物一样,有体物在《物权法》①中可以奉行"一物一权"的原则,使权利人能够对其所拥有的财产实现管理,也可以通过占有该物体来达到实际掌握的目的,防止他人的侵权,使得权利人的所有权能够实现,在一定程度上很好地避免了权利冲突。知识产权要求人们只能够通过其精神或者是外在表现的感知来得到一定的认识和占有。由于其特殊的个性,占有其客体的主体也不再是单一的,不同的主体都可进行共享。例如,商标和商号均使用同样的文字,分别进行注册和登记,均可以获得商号权和商标权。知识产权客体无形性的这一特点,也使得商标和商号之间的权利冲突加剧。不同主体在同一客体的使用过程中难免会因为一些摩擦而无法及时保护自己的权利,所以产生冲突是必然的。

3.权利核准机关的差异性

我国对于商标和商号管理是不统一的,是由两个部门分别主管的。管理商标申请和注册等事宜的部门机构是国家工商行政管理总局(现为国家市场监督管理总局)商标局,而管理商号登记的部门则是各县级以上的工商局。商标和商号主管部门的不同,使得两者在申请注册程序上也有很大的差异。国家对于商标的申请注册相当重视,商标申请步骤相当烦琐,注册程序也相当严格,可谓关卡重重。即使商标得到商标局的核准许可,或者注册资格,也需要公示一段时间。在这段时间内,他人认为该商标注册有不妥之处,仍可以向国家商标局申请要求撤销。商标局经过审查,认为情况属实的,可以进行撤销。如此严格的程序在一定

---

① 2021年1月1日,《物权法》被《民法典》替代。

程度上保持了已完成注册商标的唯一性。不同于商标申请的道道关卡,商号的核准登记程序就显得较为简单。一般情况下,各个工商局在审核时,只会在本地行政区域内进行一定范围的检索,如若没有与其他已登记的商号重合,则视为该商号符合申请要求,便可以核准其进行登记。商号与商标核准机关的不同,以及核准机关对于商标与商号审查程序的严苛性差异之大,使得两者在产生冲突时,很难用统一的标准去解决。况且,不同的行政区域,商标商号的核准审查制度以及权利许可上也有着一定的差异,这也加剧了在同一行政区域的商号和商标的权利冲突。

4.保护原则的缺失

我国在理论原则上缺乏对商号的重视和保护。在先保护权、禁止混淆商标、商标分开注册以及自愿注册等原则都是我国商标享有的保护原则。其中在先保护权原则是当在先权利遭到在后权利的侵犯时,应当恢复在先权利的原有状态或对在先权利人进行补偿①。我国将商标纳入在先保护范围,但是并未将商号也明确纳入。这就导致了商标与商号发生冲突时,商号处于弱势。商号所有权人在受到侵犯时,就很难受到同等的保护。此外,在禁止混淆商标的原则中也出现了这样的问题。禁止混淆原则顾名思义就是禁止在"相同或者类似商品"上注册相同或者近似商标。围绕商品特征对商品进行判断,将相同或者近似的商标使用在相关的商品上,纵然商品之间没有竞争关系,但是普通消费者认为使用相同或者近似商标的商品之间存在某种特定联系,也构成侵权②。普通商标如此,对于驰名商标更是重点保护。但是商号却不在禁止混淆原则的保护范围内,知名商号更是得不到像驰名商

---

① 徐艳芳:《商标权和商号权的冲突及其解决途径》,《商场现代化》2015年第12期,第44页。

② 王国浩:《老字号商标与商号"撞车"后如何处理?》,《中国知识产权报》2018年5月11日,第5版。

标那样特殊的保护。我国对于商标的重视和对商号的保护形成强烈的反差，商号没有像商标这般的保护待遇，致使两者在冲突时，也只能厚此薄彼。

5. 法律制度的模糊

我认为我国法律制度部分的缺失，是造成商标与商号冲突的法律原因。目前，我国调整商标的法律法规主要有《中华人民共和国商标法》《中华人民共和国商标法实施条例》《驰名商标认定和保护规定》等，而调整商号只有相关法律文件，如《企业名称登记管理条例》等行政法规。关系到商标与商号两者之间冲突问题解决办法的法律文件则主要有《中华人民共和国反不正当竞争法》和《国家工商行政管理局关于解决商标与企业名称中若干问题的意见》，并没有明确的法律来规定，其中的相关条款也较为模糊。《企业名称登记管理实施办法》第四十一条规定："已经登记注册的企业名称，在使用中对公众造成欺骗或者误解的，或者损害他人合法权益的，应当认定为不适宜的企业名称予以纠正。""在使用中对公众造成欺骗或者误解的，或者损害他人合法利益的"这一表述并未提及与在先注册的商标有相同或者相似的文字作为企业商号该如何定性的相关规定。这一概念，模糊了两者之间权利冲突的方式。某些商标因不具有高知名度，因而在后注册的商号可成功取得，并在使用中不会对公众造成欺骗或者误解，即并未违反相关规定。有些在后注册的商号即使损害了在先注册的商标的合法利益，但是由于商号在登记时并未与国家商标局已注册的商标进行核对联检，导致使用与他人在先注册的商标相同或相近的商号大量出现在公众视野。相较于在司法和行政双重庇护下的商标而言，商号所受到的保护较少，也较为模糊。随着与商号相关的侵权纠纷不断增多，由于立法的缺失，这类案件也给司法实践的公平裁量带来一定程度的困难。

(三)国外关于两者冲突的立法机制及启示

伴随世界经济全球化、一体化的趋势,知识产权保护已逐步上升至全球范围,日益受到各国的关注。相关国际公约的先后制定,以及各成员国的积极参与,促使知识产权在国际体系化进程中承担着越来越重要的角色。世界贸易组织《TRIPS 协定》中虽未对知识产权保护的范围作出明确规定,但是认可《保护工业产权巴黎公约》中所保护的对象。国际社会的重视,也使得各国越来越关注对商标权、商号权的保护。各个国家和地区对于解决商标商号之间的权利冲突也做了不同的规定。这些规定涉及商标与商号的定义范围、两者冲突所应当适用的法律条款以及在先权利的范围等。比较不同的规定,有利于找出适合我国国情的解决途径,以便制定有利于解决我国商标与商号权利冲突的相关条款。

1. 日本相关立法

在日本,对商标实行法定注册,并且统一注册,统一进行受理审查以及异议复审等程序,对商标的核准注册由专利厅负责。成功注册完毕的商标,该持有者也就是商标权人理应获得商标专有使用的权利,而未注册或者注册不成功的商标,是没有法律保护资格的。只有在发生冲突时商标已是驰名商标,才会对其进行特殊保护。日本的注册商标有两种类型,分别是使用注册商标和未使用注册商标。在日本,商标的注册均为自愿,换句话说,不管企业是否注册其商号,法律都会保护他们,并且商号权人都享有商号专有使用的权利以及商号禁止权利。当企业注册商号时,对于没有注册商号的企业使用商号不造成影响,但商号必须登记。日本采取地域等级制度,各个地方的法务局就是企业申请登记商号的地方。日本将商标与商号的权利冲突类型主要分为两种:一种是在先有商标权,后有商号权的情形;一种是在先有商号权,后有商标权的情形①。第一种类型,法院根据《商标法》第四条第三款规定,通过申请注册商标的日期和商号取得日期的早晚来进行调整,法律允许商号与他人的商标具有相同或者相类似的文字组合,并正常使用。第二种类型,也就是商标后于商号的情况,有两种解决方式:一种是向专利厅申请要求撤销在其后注册的商标;另一种是向法院上诉,申请撤销在后注册的商标。但是权利人必须先向专利厅申请,申请不成功或者对结果不太满意后才能向法院上诉。日本《商标法》第四条第一款第八项提供了在后注册的商标有无侵犯在先登记的商号权利的依据。日本在解决两者之间的权利冲突问题时不仅可以依据《商标法》,还可以依据《不正当竞争防止法》《日本商业登记法》等相关法律。

2. 德国相关立法

德国解决商标和商号权利冲突的法律是以《商标和其他标志保护法》为主,加以补充的有《反不正当竞争法》《德国商法典》等法律。这些法律法规十分严格,就像一张严密的网,时刻保护着商号权。1994年德国制定了《商标和其他标志保护法》,对于解决两者之间权利冲突有很大的作用。这部法律里面包含商标、商业标识等等,并且进行了统一的规范。商业标识指的是企业的标志和产品的标题,也等同于我国的商号。根据该法第五条,公司标志是指在商业过程中作为名称、商号或者工商业企业的特殊标志使用的标志。商号在这部法律中得到了不亚于商标的保护,二者在法律地位上持平。当两者产生一定冲突时,德国通过在先权以及优先权将冲突进行分类并且简化。倘若企业先于商标注册人完成商业标志的登记,并获得相关权利,那么在后注册商标的所有人很可能会被企业权利人请求撤销其商标的注册,并且在德

① 李小武:《商标反淡化研究》,博士学位论文,中国社会科学院研究生院,2010年,第22页。

国境内不能再使用该商标了。

德国 2004 年的《反不正当竞争法》正式将商号权与商标权纳入其保护的范围。当发生了不正当竞争行为时,除了有停止请求权和赔偿损失请求权,还有排除请求权和剥夺利润请求权[①]。《德国民法典》通过保护企业权利人的名称权以及姓名权来保护商号。《德国商法典》第三十七条规定了不法商号的情形:一种是权利人未经法律许可无权使用某一商号,否则,法院是以科处罚款惩处的;另一种是他人未经权利人允许就使用其商号,损害了权利人的权益,则权利人有请求行为人停用商号的权利。

3.国际公约等相关规定

《保护工业产权巴黎公约》将商号与商标纳入保护范围。其中第六条的规定说明了法律保护拥有在先权利的商标注册申请第三人,当遇到其他可能侵犯在先权利的商标,一律不得注册,即使已经完成注册了,也视为无效。

《TRIPS 协定》也就是《与贸易有关的知识产权协定》,其第十六条表明了当注册商标所有人已经进行了商标注册,当有不经法律允许就在产品或者服务上使用和其相似甚至相同的商标,就会视作有混淆的嫌疑。

4.国外立法对于我国的实践启示

综合以上国家制定的法律以及国际公约来看,对于商标和商号的规定,有以下共同点:第一,对商标和商号的重视度基本相同,并没有厚此薄彼。商标权和商号权拥有同等的权利。在法律上,有专门的法律分别管理,并且这些法律大多具有同一层次的效力,并没有说规定商号的法律层级会低于规定商标的法律层级。第二,立法完善,规定明确。对于商标与商号的管理,这些国

---

① 刘明江:《商标权效力及其限制研究》,北京:知识产权出版社,2010年,第91—93页。

家有着较为完备的立法体系和相对于我国来说较为成熟的立法技术。第三,对于两者权利交叉的部分法律规定较为明确,两者之间可以有协调的余地。部分法之间相互合作、相互协调,所以在处理冲突的时候能够更好地配合。第四,在反不正当竞争法方面,以上国家均将商号纳入保护范围,而在我国,只有商标受到法律保护,而商号暂时没有被纳入管理范围,这是对商号管理的缺失。

三、解决我国商号商标权利冲突的建议

(一)解决两者权利冲突的基本原则

我国目前出台了对商标的管理与保护的最高法,即《中华人民共和国商标法》,使得相关部门对商标不得不进行重视,且《商标法》中对于注册商标的申请、变更、续展以及侵犯商标的行为均有详细规定。《中华人民共和国商标法实施条例》更是涉及商标的国际注册。我国商号立法却存在不足,仅《企业登记管理规定》对商号的申请注册、使用作出相关规定,对其与商标或商业标识争议的行为认定以及争议解决办法并未提及,只是粗略表达可向人民法院上诉,此外并无过多阐述。从司法实践上看,《最高人民法院关于审理涉及驰名商标保护的民事纠纷案件应用法律若干问题的解释》为这类涉及驰名商标的案件提供了权威的案例参考。反观处理涉及商号(企业名称)权属纠纷案件,由于缺乏相关法律、条例以及典型案例参考,对法官的审理和判决会增加不小的难度。《最高人民法院关于审理注册商标、企业名称与在先权利冲突的民事纠纷案件若干问题的规定》对商标与商号的权利冲突解决办法以及具体何种冲突赔偿多少数额都未作出详尽规定。由于我国在商号立法上的内在缺陷,以及市场经济利益竞争的激烈化,商号在市场交易中的功能发挥越发多元和复杂。大量涉及商标与商号冲突的案件引起人们的普遍关注,已成为司法实践中

的热点。由此笔者认为,在对冲突解决提出相关建议时,会更倾向于重视商号方面的一些立法意见或司法意见。

1.将商号纳入在先保护权原则范围

在先保护权原则是指任何一项权利的合法取得,必须以不侵犯他人合法的在先权利为前提。以权力产生的时间先后为标准,是权利冲突解决的基本运行模式。由于在注册商标时割裂了商标的使用与商标的价值,在先保护原则的存在,缓解了在后商标注册人与在先权利人利益冲突的局面。我国商号实行的是地域行政管理制度,不同于商标管理所属的国家工商行政管理总局,地方管理部门因无法统一管理,所以发生冲突时,难免会发生以下两种情况:一种是恶意的投机行为,另一种是客观上发生了善意重叠的偶然行为。前一种情况就是侵犯了在先的权利。我国对商标的在先权利保护作出了明确的规定,但我国缺乏对商号在先权的保护,导致某些知名商号在被抢注为商标时,难以使用有效法律维护自己的利益。如若将商号纳入在先保护权原则范围内,认定其为解决权利冲突的基本原则,商标与商号之间的关系也未如之前一样紧张。一旦商号被在先保护原则所保护,即在先获得保护权的商号可以优先受到法律保护,在后的权利商标或商号不论取得还是使用都不允许与在先权利相冲突,不得侵犯或进行妨碍。将商号纳入在先保护权原则的范围内,可参照《保护工业产权巴黎公约》中对保护商号的规定,商号权所有人在先取得的合法权利,在后申请的商标注册人是不能与之相冲突的[①]。如果有矛盾产生,就会驳回其申请,不能再申请注册。这样一来,商号权人的利益可得到保护,商标与商号间的冲突也会有所改善。

2.将商号纳入禁止混淆原则对象

禁止混淆原则中的混淆是指,在后权利的表示形式与在先权

---

① 冯涛等:《商标法专题研究》,北京:知识产权出版社,2011年,第83—84页。

利的表现形式相同或相似,使社会上的相关公众对权利主体产生混淆误认,混淆误认在后权利主体和在先权利主体的产品或服务来源于一个主体或者是与两个主体间有一些特殊的联系[①]。禁止混淆原则同样也是解决商标与商号权利冲突间的基本原则。在活跃的市场上,很多商标与商号矛盾的产生都源自商号权利人登记相同或相似的字号以便搭蹭驰名商标的知名度,或者是商标注册人抢注相同或相似的商标来混淆大众,形成傍知名商号的趋势。商标和商号作为商业标识,都出现在产品上,相同或相似的标识会让消费者误以为两者之间有一定的联系,从而错误地判断其服务来源,并且错误地接受服务或者购买产品。这大大损害了消费者的利益。

我国工商行政管理总局商标局在《关于解决商标与企业名称中若干问题的意见》中规定,将他人企业名称中的字号相同或近似的文字注册为商标,或者将与他人注册商标相同或者相似的文字登记为企业名称中的字号,从而引起消费者对企业所有人和商标注册人产生混淆的,都是不正当竞争的行为,应当依法予以禁止。但是我国对于解决商号问题没有明确的规章规定;我国在《反不正当竞争法》中也对商标进行了保护,但目前对商号保护的规定也近乎没有[②]。将商号纳入禁止混淆原则的对象中,有利于商号的生存,也使得那些知名商号能够受到全面更好的保护。

3. 对驰名商号进行反淡化保护

目前我国对于商标淡化没有任何相关条款,而现出台的《商标法》在经历过两次修改后也未对商标淡化作出明确解释及规

[①] 杜颖:《社会进步与商标观念:商标法律制度的过去、现在和未来》,北京:北京大学出版社,2012年,第102—103页。

[②] 陈笑尘:《浅谈驰名商标保护中对在先权利的合理限制》,《人民司法(案例)》2015年第4期,第96—98页。

定。"淡化"一词的释义从 1992 年美国商标协会《州商标示范法》的反淡化条款中第一条款可明晰:淡化在此处的含义是指注册人的商标指示区分且区分商品或者货物的功能减弱,不论是否存在当事人之间的竞争或者混淆、错误或者欺骗的可能性①。也就是说,某一商品达到一定影响力,当出现与其相同或者相似的商标,并被用于不同类的具有竞争性产品时,消费者产生了相关性的联想,造成混淆。由此该商标的商誉与声望以及识别性都有一定程度的减弱。驰名商标在此方面将受到一定损害。美国是世界上第一个关注商标淡化并进行立法规范的国家,在其淡化理论蓬勃发展的影响下,各国对于商标淡化行为也开始关注与重视。我国也深受影响。在司法实践中,商标淡化理论已然被屡屡提及。而我国司法人员常将"淡化"一词与驰名商标保护紧密联系。通过相关商标专用权纠纷案,如谭建乐与乐山市龚式西霸饮食有限公司商标纠纷一案,可以看到在司法案例中,法官坚持只有驰名商标才有商标淡化损害的观点。这种对驰名商标的特殊保护同样适用于对驰名商号的保护。贬损企业商号的市场影响力、弱化知名企业的标识性,或者是不正当地利用企业商号造成商誉毁损的行为,都可视为"淡化"。将商标淡化理论用于对商号的保护,即从侧面对商誉进行保护,对于维护企业信誉、改善市场环境、顺应社会经济发展具有正向的效果,其也是对混淆理论原则的一个重要补充。

(二)解决两者冲突的立法建议

近年来,我国立法在不断地突破,不断地向着更全面的方向发展。在解决两者权利冲突时,我国虽然制定了《中华人民共和国商标法》《中华人民共和国商标法实施条例》《企业名称登记管

---

① 余俊:《商标法律进化论》,武汉:华中科技大学出版社,2011 年,第110—113 页。

理条例》等法律法规和条例,对商标进行了较为全面的保护,但是在商号保护方面却十分欠缺。

1. 制定《商号法》

制定一部属于商号的系统的法律,即《商号法》,是十分有必要的。作为一部法律,它比一般的条例、行政法规具有更高的效力,也有利于更全面更系统地管理商号。商号应该拥有一部属于自己的法律。商号不管从普及度还是使用功能上,与商标不相上下,对商号的重视也是对商标的重视,虽然两者具有高度的相似性,但是在实践过程中还是有不同之处,致使管理商标的法律并不适用于商号。所以生活中,对于商号的重视是远远不如商标的,这也致使商号与商标之间产生冲突时,商号权人不能很好地向法律寻求保护。所以制定一部《商号法》意义重大。《商号法》的制定不外乎考虑几个方面:第一,应当赋予商号与商标同等的法律地位,对商号权的重视度至少不得低于商标权[①]。第二,应当明确商号的性质和权利内容。商号权人应当享有和商标权人同等的权利,且权利内容需要明确具体,而不是模糊。第三,规范管理商号权的主管登记部门。由于商号的登记并不是全国统一的,而是地域之间分级管理的,所以在某种程度上,显得较为杂乱无章。适当改变当前的地域分级管理制度,有助于改善商号管理混乱的现状。第四,知名商号应该和驰名商标一样,享有同等的特殊保护。我国对驰名商标实行全面特殊的保护,而知名商号和驰名商标一样拥有着良好的商业信誉和名声,且是市场的活跃分子,却得不到像驰名商标那般的保护,一直被放在一个不平等的位置上。所以,为了公平起见,知名商号应当享有特殊保护,这也有利于稳定市场,加快社会发展。

---

① 刘伟、李笑梅:《商标权与商号权诉争中的问题思考》,《山东审判》2016 年第 1 期,第 87—89 页。

2. 完善《商标法》:规定企业商号与商标一体化

最新的《商标法》于 2014 年 5 月实施,虽然对商号和商标权利冲突的解决作出了一些规定,更好地维护了这个社会公平竞争的市场秩序,以及完善了对商标的专用权保护,但是《商标法》中仍然存在一些疏漏,需要进一步去完善。对于该法的修改,有以下建议:增加规定企业商号与商标一体化的相关条款,包括惩罚措施。一体化的举措,使企业免于名下商标被注册的困扰,有利于市场正常运行,缓解两者权利冲突。

将企业商号和商标合为一体,是企业能够稳稳立足于市场、不被投机分子有机可乘的自我保护机制。有了法律相关条款的规定,企业在成立初期,可尽快注册自己的商标,或者企业的某一商标在行业内具有知名度时,可将商号与商标相统一,将商号变更为与商标相一致的文字组合。在此种情况下,极大程度避免了被他人抢注的风险。法律法规对商号与商标一体化的制定,有利于企业在整个市场竞争中树立自我意识,也更好地树立一个统一的对外形象,给予消费者统一的认同感。统一企业商号与商标的规定,对于市场竞争更具公平性,也更能够顺应市场经济的发展。

《中欧地理标志保护协定》背景下的
中国地理标志保护路径

蔚 萌[①]

摘 要:《中欧地理标志保护协定》主要针对产地造假和地理标志"搭便车"行为,在处理商标与地理标志关系上,采取除在先商标具有显著性外,对地理标志持绝对保护态度,同时将地理标志保护的"相关利益方"扩展至消费者协会及销售者;我国对地理标志保护存在法规双重调整、商标和地理标志冲突的问题规定不明、"新大陆"与"旧大陆"的冲突等问题。本文在条约义务履行的基础上提出在地理标志保护过程中建立专门法保护、商标有限制性续展以及基于国内消费者普遍认知确定是否认定为通用名称等建议,以期为地理标志保护制度的改进提供一定的理论基础。

关键词:地理标志;《中欧地理标志保护协定》;专门法保护;案例研究法

2020 年 9 月 14 日,商务部部长钟山与德国驻华大使葛策、欧盟驻华大使郁白签署了《中华人民共和国政府与欧洲联盟地理标志保护与合作协定》(以下简称《中欧地理标志保护协定》),该协定主要规定了地理标志保护规则和地理标志互认清单等内容。由于欧盟对地理标志采用的是专门法保护方式,与我国当前的"商标法调整为主,兼备专门法"的保护方式存在一定的差异,为了避免在履行双边协定过程中出现误区,对《中欧地理标志保护

---

① 蔚萌,河北承德人,2020 级国际法学硕士研究生。

协定》主要条款的研究具有必要性。同时,欧盟在地理标志保护方面的制度更为成熟和先进,对我国地理标志保护制度的改革具有一定的借鉴意义。

一、《中欧地理标志保护协定》的保护范围

《中欧地理标志保护协定》有关保护范围的规定在正文第四条,其中对本协定打击的行为主要包括产地造假和地理标志"搭便车"行为。

产地造假是指在产品名称和描述中使用非真实产地,导致消费者产生错误的产品产地定位,以至于将不符合该地理标志的高标准、高质量的产品误认为来源于该地理标志的指向地,因此对该地理标志产品的商誉造成损害的行为。例如,在"北京鼎城兴隆商贸有限公司与五常市大米协会侵害商标权纠纷"[(2020)京73 民终 43 号]案中,"五常 WUCHANG"及图和"五常大米"商标为地理标志证明商标,且被用于粮食商品大米上,鼎城兴隆公司(被告)销售的大米产品外包装上突出使用了"五常""稻花香"字样,该使用方式足以起到标示商品来源的作用,属于商标性使用行为。且经查证,被告所销售的大米并非产自"五常大米"地理标志证明商标所划定的五常市指定区域并具有特定品质,故上述行为属于产地造假,是侵犯地理标志证明商标的行为。

地理标志"搭便车"行为包括三种:

一是虽然表明了产品的真正产地,但是将某一地理标志用在非来自该地理标志指向地的同类产品或者相类似产品上。例如在"济南茶叶批发市场绿谷松阳茶叶经销部、杭州市西湖区龙井茶产业协会侵害商标权纠纷案"[(2018)鲁民终 130 号]中,济南茶叶批发市场绿谷松阳茶叶经销部浙江松阳绿茶的铁盒及外面的包装盒上均印有"西湖龙井"字样,导致消费者产生误认。根据龙井茶协会制定的《"西湖龙井"地理标志证明商标使用管理规

则》,浙江松阳绿茶由于不具备"特定条件"(品质、生产工艺等)和"授权条件"(龙井茶协会许可使用),因此使用"西湖龙井"地理标志构成侵权。上述案件中被告行为属于在同类产品(茶叶)上使用地理标志,且虽在茶叶内包装上写明了该茶叶的真正产地浙江松阳,但是仍构成地理标志侵权行为。这种做法会扰乱市场竞争秩序,属于变相欺骗消费者的行为,在一定程度上损害了"西湖龙井"地理标志背后所代表的产品品质和商誉。

二是地理标志指示并非来自该地理标志所指示产地的某一相同或近似产品,同时使用了"种类""品种""风格""仿制"等字样。例如,在"嵊州市鸿渐茶叶专业合作社、杭州市西湖区龙井茶产业协会侵害商标权纠纷案"[(2019)浙民终1792号]中,嵊州市鸿渐茶叶专业合作社将"越乡龙井"(产地为浙江嵊州,已经在商品内包装注明)用"赛西湖龙井"字样进行产品宣传,且商品标题中"西湖龙井"与"赛"换行隔离,更容易使消费者混淆误认。最终法院认定嵊州市鸿渐茶叶专业合作社的行为构成商标侵权,属于侵害"西湖龙井"地理标志的行为。鸿渐茶叶专业合作社在网店平台和广告宣传中突出使用"赛西湖龙井"字样,主观上有利用"西湖龙井"声誉进行搜索引流、"搭便车"的故意,使其不正当获得相对较多的交易机会和竞争优势。上述行为造成有权使用"西湖龙井"证明商标的市场主体的巨大经济损失,损害了"西湖龙井"在普通消费者心目中的形象,严重侵害了消费者的合法权益,同时破坏了社会正常经济秩序,构成不正当竞争。

三是使用地理标志指示并非来自该地理标志所指示产地的某一相同或近似产品的行为,在使用上述地理标志时运用了意译、音译或字译的方式。随着世界各国经济贸易的不断往来,语言文字的相互交流与转化不断增加,在不同语言文字相互转换的环境下,应当承认和尊重地理标志的不同表现形式。例如,在"法国国家产品原产地与质量管理局与国家工商行政管理总局(现为

国家市场监督管理总局）商标评审委员会案"〔（2018）京 73 行初
398 号〕中，法国国家产品原产地与质量管理局（原告）认为
"Romanee-Conti"属于法国被公众知晓的地名，且由于该地区独
有的自然特征和人文特征，该标志已经被作为代表当地葡萄酒品
质和商誉的地理标志予以保护。国家工商行政管理总局商标评
审委员会（被告）批准第三人抢注了多个商标"罗曼尼·康帝"，同
时用于烧酒、苹果酒、葡萄酒、利口酒、白兰地、威士忌酒、含水果
的酒精饮料、米酒、伏特加酒、黄酒等多类商品，而根据《中华人民
共和国国内贸易行业标准 SB/T11122—2015 进口葡萄酒相关术
语翻译规范》的相关规定，"罗曼尼·康帝"属于"Romanee-Conti"
中文音译。在本案中，将"罗曼尼·康帝"商标用在葡萄酒商品
上，属于用与"Romanee-Conti"相同的商品。而除葡萄酒以外的
饮品，虽然不属于相同产品，但是由于都属于含有酒精成分的饮
料，可以认定与"葡萄酒"商品存在较为密切的关联，属于近似产
品。因此，本案原告批准第三人注册"罗曼尼·康帝"商标，属于
侵害地理标志"Romanee-Conti"的行为。上述行为容易导致公众
误认为"罗曼尼·康帝"商标下的产品来源于"Romanee-Conti"地
区并因此具有特定的质量、信誉或者其他特征，违反了地理标志
保护的相关规定。

二、《中欧地理标志保护协定》规定的地理标志与商标的关系

《中欧地理标志保护协定》中有关地理标志与商标关系的具
体规定在正文第六条，其中地理标志与在后商标关系的主要规定
在第六条的前两款，第六条第一款所涉及的商标应该满足 3 个条
件：一是外观条件，即商标与某一地理标志或其意译或音译相同
或相似；二是内在条件，即商标所代表或者涉及的产品并非来自
该地理标志指向地，会使消费者产生误认的可能性；三是时间条
件，即该商标的申请注册时间在地理标志受保护日期之后。在这

种情况下，对该地理标志的保护既可以由主管部门依职权发起，也可以依某一利益相关方的申请发起，这表明《中欧地理标志协定》对此种类型的商标采取了较为严格的管理，表现出对地理标志保护的倾斜力度更大，这是与欧盟对地理标志保护的高理念相一致的。因为商标与地理标志或者其意译或音译相同或相似，表现出的侵害地理标志的主观意图更加明显，所以损害商标是地理标志保护的首要打击对象。

《中欧地理标志保护协定》第六条第二款是后商标的另一种表现形式，即商标所涉及的产品产地与真实的相同或者相似产品产地不同。如申请注册商标"房县香菇"（本协定附录一中的被保护地理标志），而其所代表的产品香菇来自其他行政区域，如果该商标注册申请时间在该地理标志注册时间或者本协定生效时间之后，中欧双方应在某一利益相关方的要求下在相应领土范围内拒绝注册该商标或使该商标的注册无效。这一条款其实阐明了一个利益冲突问题，因为该商标所涉及的产品与真实产地不符，那么消费者极有可能将其误认成具有该地理标志所代表的品质、特性的产品，而由于产品自身不具备该优良属性，那么将会在一定程度上损害地理标志产品的商誉。因此，这种申请注册行为本身就存在一种利益损害的危险，故应当在利益相关方的申请下进行保护。[①]

而对本条款中的"利益相关方"并未做明确规定，那我们可以从地理标志的权利归属上进行推测。首先，这是在商标申请过程中提出的要求，而不是在诉讼过程当中，那么"利益相关方"就不限于在诉讼法上可以成为诉讼主体的主体。此外，由于地理标志没有明确的权利归属者，根据我国当前所使用的《集体商标、证明

[①] 金多才：《地理标志权的特征、法律属性及其归属辨析》，《公民与法》（法学版）2009 年第 11 期，第 6—10 页。

商标注册和管理办法》《地理标志产品保护规定》和《农产品地理标志管理办法》,地理标志集体商标权、地理标志证明商标权分别由地理标志集体商标、证明商标的注册人享有,地理标志产品专用标志权由该地理标志的持有人享有,农产品地理标志权由该地理标志的登记注册人享有。其中,《地理标志产品保护规定》第八条规定,"地理标志产品保护申请,由当地县级以上人民政府指定的地理标志产品保护申请机构或人民政府认定的协会和企业提出";《农产品地理标志管理办法》第八条规定,"农产品地理标志登记申请人为县级以上地方人民政府根据下列条件择优确定的农民专业合作经济组织、行业协会等组织"。综合以上规定,具备相关资质的协会、合作经济组织以及企业可以被认定为"相关利益方"。而消费者作为产品的购买者,是产品质量好坏的直接承受者,应当与此存在相关利益。消费者个人是否能作为"相关利益方"是一个值得商榷的问题。首先,从证明能力上看,消费者个人虽然是产品的直接体验方,但是商标侵权问题是一个较为复杂的论证问题,消费者个人往往难以胜任,且消费者个人往往无心力进行这种复杂申请,因此将符合资质的消费者协会作为相关利益方是合理的。销售商作为合作方在侵权法上有相关法律的关系,也可以作为利益相关方。

《中欧地理标志保护协定》第六条第三款与第四款规定的是在先商标与在后地理标志关系的处理。本协定认为在先商标与地理标志是可以共存的,即使在商标存在的前提下,地理标志还是能够被允许核准注册的;如果在先商标由于显著性和知名度容易导致消费者产地误认,那么中欧任何一方都不能要求对方保护该地理标志。例如,在"黑龙江省富裕老窖酒业有限公司与黑龙江农垦富裕宁丰酒业有限公司侵害商标权纠纷案"[(2019)黑02民初272号]中,原告富裕老窖公司于1991年8月30日在国家工商行政管理总局注册了第562989号"富裕"及图、第5332611

号"富裕"商标、第 6502786 号富裕老窖酒业"龙"形图案注册商标。2014 年国家工商行政管理总局商标评审委员会下发了商评驰字(2014)6 号文件,第 562989 号"富裕"及图商标被国家工商行政管理总局认定为中国驰名商标。"富裕老窖酒"于 2010 年被国家质检总局批准为地理标志产品,保护范围为黑龙江省××县富裕镇、二道湾镇等 10 个乡镇现辖行政区域。被告宁丰酒业公司生产的白酒,均在瓶身及外包装箱的显著位置突出使用了"富裕"二字。另外,宁丰酒业公司生产的多款白酒外包装箱及防伪贴上所印制的龙形印章图案与富裕老窖公司享有的第 6502786 号注册商标中主体龙形印章图案相同或相似。法院认为被告对"富裕"的使用已超出标明产地来源和企业名称的合理使用范畴,因此判定被告的行为构成商标侵权行为。该案传达出中国当前对驰名商标的保护力度在一定程度上是优于地理标志保护的,除非该地理标志产品符合该地理标志所指向的产品标准或者质量标准,才有可能被认定为合理使用范畴,从而加以保护。

关于在先商标能否续展的问题,如果在地理标志注册之前已经被善意注册的,可以被续展或者继续使用。这一规定与《商标法》第十六条第一款相契合①,其中的例外规定是为维护社会经济关系的稳定,但是这一规定也同样会导致地名商标和地理标志在实际使用过程中的冲突问题。正如上文所说,由于驰名商标对产品质量的反映力度和对消费者选购决策的影响力度更大,在裁判过程中往往会更倾向于保护驰名商标。但是如果与地理标志发生冲突的不是驰名商标,而是普通的地名商标,那将为纠纷解决和司法裁判带来极大的难题。首先,我国是不禁止将县级以下

---

① 《商标法》第十六条第一款规定:"商标中有商品的地理标志,而该商品并非来源于该标志所标示的地区,误导公众的,不予注册并禁止使用;但是,已经善意取得注册的继续有效。"

行政区域的地名作为商标进行注册的①,也就意味着乡镇级别的地名是可以注册成为地名商标的。在"沁县吴阁老土特产有限公司、山西沁州黄小米(集团)有限公司侵害商标权纠纷案"〔(2020)最高法民 997 号〕中,"沁州"为县级以下的地名,本案经历了一审、二审和复审,可见该案件的复杂程度。沁州黄小米是产于山西省长治市沁县檀山村,其"沁州黄"的美誉源于清朝康熙皇帝在品尝过后的赐封。其外形呈金黄色,口感佳且营养价值丰富,成为当地难以复制的特色产品。20 世纪末,原告沁州黄小米(集团)有限公司申请注册了"沁州"商标,在其生产的产品外包装上使用"沁州黄小米"字样②。随着其知名度的提高,被告沁县吴阁老土特产有限公司在其销售的小米外包装上使用了"沁州黄"字样,从而引发纠纷。一审法院认为被告方使用的商标几乎与原告的注册商标相同,因此构成商标侵权。二审法院认为"沁州黄"属于地理标志,且原被告的公司所在地均在该地理标志保护的地域范围内,被告使用"沁州黄"地理标志属于合理使用,不构成商标侵权。再审法院维持了二审判决,同时表明地理标志不能为自然人和法人所专有,凡是符合该地理标志条件的均可获得使用。通过上述案件我们可以得出:当在先的普通地名商标与地理标志发生冲突时,是优先保护地理标志的。这与以往按照时间确定权利先后是不同的,体现出对地理标志的优先保护原则。

三、当前中国国内法对地理标志保护的现状和原因

当前中国国内法对地理标志保护主要是由三部法规共同调整的,也就是俗称的"三驾马车"。国家工商行政管理总局 2003

----

①　《商标法》第十条第二款规定:县级以上的行政区域地名不可以作为商标申请注册。

②　卢学丽、李小菲、张今:《从"沁州黄"之争看商标、通用名称、地理标志》,《中华商标》2011 年第 5 期,第 48 页。

年颁布的《集体商标、证明商标注册和管理办法》,将地理标志作为集体商标和证明商标进行保护,且申请的前提是经过该地理标志所标示地区的人民政府或者行业主管部门的批准;国家质量监督检验检疫总局于 2005 年颁布了《地理标志产品保护规定》,但是该规定保护的客体是地理标志产品,申请人是当地县级以上人民政府指定的地理标志产品保护申请机构或人民政府认定的协会和企业。农业部 2007 年颁布的《农产品地理标志管理办法》规定,申请人为县级以上地方人民政府根据条件择优确定的农民专业合作经济组织、行业协会等组织。2018 年 3 月 13 日,第十三届全国人大第四次会议,对国家机构进行了改革,将国家知识产权局的职责、国家工商行政管理总局的商标管理职责、国家质量监督检验检疫总局的原产地地理标志管理全部纳入国家知识产权局,由国家市场监督管理总局管理。在本次机构改革之后,关于地理标志的管理职责全部归属于国家知识产权局,解决了以往多个机构共同管理而导致的职责混乱、多头管理的乱象。但是机构改革的完成并不意味着我国关于地理标志的管理已经形成了统一、完备的制度,只是暂时在行政管理和审核方面进行了统一,避免了管理机构之间的利益冲突引发诉讼争议等问题。但是在具体制度实施和个案认定过程中,我国当前的地理标志保护制度还处于初级阶段,还存在以下多方面的问题亟待解决。

(一)法规之间存在双重调整

国家工商行政管理总局 2003 年颁布的《集体商标、证明商标注册和管理办法》将地理标志作为集体商标或者证明商标进行保护,这是在中国加入 TRIPS 之后,对于地理标志保护条款的并入;2007 年农业部颁布的《农产品地理标志管理办法》,是我国在国际交往过程中,逐步意识到地理标志的重要作用后置顶的。我国地大物博、自然资源丰富,具备得天独厚的农业生产环境,我国出于对本国特色农产品的保护,颁布了《农产品地理标志管理办法》,对农产品进行推广,与此同时实施了大量振兴乡村的计划,国民对地理标志有了一定的认知,同时国内学者对地理标志保护的研究也逐步深入。但是两者由于存在立法时间等因素的差异,在条款的设定和部门职责的划分上存在一定的重合。首先,涉及农产品作为集体商标和证明商标存在的地理标志,与《农产品地理标志管理办法》规定的客体存在重合。其次,国家工商行政管理总局和农业部都属于国务院下属的部门,因此两个规定的效力等级相同,都属于部门规章,不存在效力上的优先关系。最后,两者虽然存在时间上的先后,但是规定的内容并不能相互替代,因此无法运用"新法优于旧法"的效力规则进行取舍。

尽管在机构整合之后,申请人对申请机构不会难以区分了,但是由于法规的双重调整问题,哪些主体可以作为申请人、应当申报哪些条件、应当提供哪些证明材料等实际操作问题将会在实践中让相关人员产生困惑,不利于管理活动的进行,同时也会使申请人因为要求不明确进而放弃申请对某些产品的地理标志保护。

(二)商标和地理标志冲突的问题规定不明

《集体商标、证明商标注册和管理办法》将地理标志作为集体商标和证明商标进行保护,但是在规定中并未明确地名商标和地理标志名称冲突时的解决办法。《中欧地理标志保护协定》的正文部分,尤其是第六条传达出两点信息:一是地理标志可以在在先商标存在的情况下进行注册,主张两者可以并存;而在地理标志存在的前提下,地名商标应当被拒绝注册,体现了对地理标志的绝对优先保护。二是在地名商标与地理标志发生冲突时,如果该商标是驰名商标,基于其知名性,往往无法认定地理标志的使用是否合理,此时优先保护驰名商标;而当该商标是普通地名商标时,其显著性和标识作用远不如地理标志,那么则更倾向保护地理标志。但是目前这种思想仅在该双边协定中有所体现,国内法并未加以规定,导致了地理标志保护的模糊地带的存在。

(三)"新大陆"与"旧大陆"的冲突问题

从世界范围来看,根据地理标志保护传统和取向,可分为以法国等欧洲国家为代表的专门立法保护和以美国等新世界国家为代表的商标法保护两大模式①。欧盟因为具有较为深远的地理标志保护传统,所以目前对地理标志的保护水平较高,而我国缺乏相关历史背景,所以在保护制度和保护措施上都相对落后。《中欧地理标志保护协定》的签订代表着我国向地理标志保护的更高水平迈进,这属于中国地理标志保护迈向"新大陆"的一大举措。但是在 2020 年 1 月 15 日,我国与美国签订了《中美贸易协定》,在该协定中 F 节规定了地理标志保护的相关条款②,表达了对通用名称的保护。这一规定和美国的历史也存在相关性,因为美国的建国时间较短,且物产资源相对匮乏,无法满足产品原产地要求。但是美国作为贸易大国,又希望自己的相关货物贸易得到保障,所以在政策上更倾向通用名称的保护,这就是所谓"旧大陆"。由此我们不难看出,美国对于地理标志保护的思想和欧盟是相左的,在中国与两大经济体分别签订了双边协定的情况下,原本的"新大陆"和"旧大陆"之争出现在了中国,这也会使中国在地理标志保护方面需要去面对利益权衡的问题。

---

① Albrecht Conrad, "The Protection of Geographical Indications in the TRIPS Agreement", *Trademark Reporter*, Vol. 6(1996), pp. 17-19, 20-21.

② 中国应确保针对任何其他贸易伙伴根据国际协议承认或保护地理标志而针对未决或将来的请求而采取的任何措施,不得损害美国向中国出口使用商标和通用商标的商品和服务的市场准入条款。

四、对地理标志保护的建议

(一)建立专门法保护

我国经过机构改革之后,管理机构得到了统一,但是在法规的管理上仍然存在多头管理的混乱现状,且规定的客体之间存在重合,导致在实践过程中,申请人会面临诸多困惑。法规一旦实施性变差,就会逐渐丧失实效性,那也就毫无意义了。当前国内立法主要还是用《商标法》对地理标志进行保护,这种保护模式与美国是相一致的,但实际上与我国并不相称。首先,我国虽然同样是贸易大国,但是历史悠久,物产资源丰富,具有其他国家难以复制和代替的自然环境和气候环境,所以地理标志保护可以极大程度地加强我国地理标志产品的国际竞争力。另外,我国地理标志保护起步较晚且制度不成熟,如果依旧将相关保护规定散见于几个规定之中,势必会造成地理标志申请人的困惑,同时使许多本该成为地理标志的优秀产品被排除在地理标志保护范围之外。建立专门法保护的方法,一是可以增强公众对地理标志保护的了解,二是便于监管机构的审查和监管,三是可以使审判工作有法可依,在一定程度上减少司法案件数量,减轻司法压力。关于地理标志的专门法制定问题,可以借鉴欧盟相关法律法规,将申请人资格、使用人资格、认定程序以及保护措施等进行详细规定,避免管理程序混乱。除此之外,专门法制定应当依据我国的现状,例如当前欧盟主要集中在葡萄酒等食品类产品的地理标志保护上,而对手工艺品等几乎没有体现。《中欧地理标志保护协定》规定了后续可能将手工艺品纳入保护范围①,手工艺品作为我国地

---

① 《中欧地理标志保护协定》第一条第二款规定:"双方同意在考虑双方立法发展的情况下,在本协定生效后,考虑将本协定覆盖的地理标志范围延伸至第二条所列各项法律规定的范围并未覆盖的地理标志类别,特别是手工艺品。"

理标志保护的一大优势存在,可以先行纳入国内法的保护范围。《地理标志产品保护规定》和《农产品地理标志管理办法》均未对外国地理标志来华注册事宜作出具体规定①,在专门立法中可以对此类问题进行具体规定,可以起到促进贸易活动的作用。

(二)妥善处理商标与地理标志的冲突问题

关于商标与地理标志保护冲突产生的原因,前述文章已有提及。由于当前在地理标志既存的情况下已经无法对此相关商标进行注册,所以此类冲突问题主要集中在在先商标与在后地理标志之间。当在先商标与地理标志发生冲突时,审判机关通常需要权衡该地理标志是否属于合理使用,有没有借助商标之名进行商业"搭便车"的行为。这种行为的判断往往要借助在先商标的知名度以及行政认证文件。尽管《中欧地理标志保护协定》中已经总结出解决这种问题的一般性规则,但是如果在先商标具备知名度和显著性,而其产品实际上与该商标所涉及的地理标志关联不大,只是因为时间的在先性以及宣传手段等取得显著性,这种行为应当如何处理呢? 因此,我认为在地理标志保护过程中,关于涉及地理标志的地名商标应当进行重新审查,如果该商标在证明产品品质或者来源上与真实情况不符,那么该商标即使具备显著性,也应当在使用权限到期后被禁止续展。这种做法将极大减少地名商标与地理标志同时存在的情况,同时减少纠纷。而在商标使用权限尚未到期之前,采用《中欧地理标志保护协定》第六条第二款的处理原则进行处理也是具备合理性的。

(三)在利益最大化基础上取舍"新大陆"与"旧大陆"

尽管中美贸易关系存在一定的摩擦,但是美国作为贸易强国

---

① 王笑冰、林秀芹:《中国与欧盟地理标志保护比较研究——以中欧地理标志合作协定谈判为视角》,《厦门大学学报》(哲学社会科学版)2012年第3期,第125—132页。

也是中国在国际贸易活动中不可缺少的贸易伙伴。与欧盟签订《中欧地理标志保护协定》，势必会对美国的相关利益造成一定程度的减损，这是美国所不愿见到的，同时也意味着我国容易在此过程中违反《中美贸易协定》。因此，进行利益最大化衡量以及寻求地理标志保护的合理合法性，是十分必要的。根据《中美贸易协定》1.16条（b）项规定①，美国主张地理标志可因时间原因变成通用名称而被取消，这一点与《中欧地理标志保护协定》中的绝对保护相悖。但是我国在考虑该地理名称是否已经成为通用名称时，是由中国的行政主管机关进行判断的。那也就意味着，当该地理标志具有明显地域来源证明性，尤其是登记在册予以发布的，是无法被论证成为通用名称的。而美国一旦认为其销售的产品构成通用名称时，应当提供其在中国取得的相关证据，承担相应的证明责任，这一点无疑是十分艰难的。此外，该证据是否应当被采纳，也是由中国的审判机关进行裁定的。由此可见，我国目前只要遵守《中欧地理标志保护协定》附录承诺保护的欧盟地理标志不得转化成通用名称与美国进行贸易往来，就不会违反与欧盟的双边协定。同时在双边协定的透明性制度中，我国也将与美国进行信息交换，以保证美国具有相关申辩权，但是如果美国没有在此期间进行申辩和提出异议，那中国与其他贸易伙伴所达成的地理标志互通和保护协定就具备合理性和不可干涉性。总而言之，面对地理标志保护的"新旧大陆"之争，中国应该立足于自身利益最大化基础上寻求合理利益权衡。

---

① 《中美贸易协定》1.16条（b）项规定："任何地理标志，无论是根据国际协议还是以其他方式授予或认可，都可能随着时间的流逝而变得通用，并可能因此而被取消。"

我国对 WTO《贸易便利化协定》B 类条款的实现

丁雅洁①

摘　要:2017 年《贸易便利化协定》正式实施。我国在 2017 年 6 月 6 日递交的 B 类条款承诺告知单中表明"预计在 2020 年 2 月 22 日实施 B 类条款"。虽然截止 2020 年底 B 类条款内容已开始在我国实施,但实际实施不等同于达到承诺实施的水平,根据最新数据中国在贸易便利化方面仍有较大的可提升空间。着眼于我国现状,参照《全球贸易促进报告》《营商环境报告》所发布的数据分析,以及海关总署官方公布的相关信息等,我国 B 类条款的实施仍存在诸多问题。其包括但不限于公布的放行时间涵盖范围狭窄,单一窗口制度的法律空白,暂准进口和出境加工缺乏配套制度及监管难以实现,以及落实海关合作将带来行政负担且相关信息保密立法的空白等。要达到《贸易便利化协定》的实施标准,切实履行条约规定的义务,还需针对现存问题对症下药,提升放行时间的统计质量,进一步改善通关流程,设立透明度标准并定期进行评估,加快相关立法和体制建设。

关键词:WTO;贸易便利化协定;B 类条款;法律分析

一、关于我国 B 类条款制度的现状及问题探析

Agreement on Trade Facilitation(TFA)即《贸易便利化协定》,是 WTO"多哈回合谈判"的成果之一,其性质显然属于多边

---

①　丁雅洁,江苏徐州人,2020 级法律(法学)硕士研究生。

协定。这意味着所有成员方都必须成为缔约方,而且对于条文的内容不得保留,必须全盘接受。①而多边贸易协定的本质即为各缔约国相互之间都遵守协议所规定的权利义务,势必会给发展中和最不发达的成员国以极大的改革难度和压力。

2015年9月4日,我国常驻世界贸易组织特命全权大使俞建华向世界贸易组织总干事罗伯特·阿泽维多递交接受书,标志着我国已完成接受《贸易便利化协定》议定书的国内核准程序,成为第13个接受议定书的成员。2017年2月22日,卢旺达、阿曼、乍得和约旦等4个世贸成员国向世贸组织递交了《贸易便利化协定》的批准文件。至此,批准《贸易便利化协定》的成员已达112个,超过协定生效所需达到的世贸成员总数2/3的法定门槛,协定正式生效并对已批准协定的成员正式实施。

依据《贸易便利化协定》第16条第1款的规定,我国在向WTO通报的《贸易便利化协定》实施计划中除在确定和公布平均放行时间、单一窗口、出境加工货物免税复进口、海关合作等少量措施设定了过渡期外,包括简化单证手续、规范进出口费用等方面的措施将立即付诸实施。②

虽然我国仅有4项被递交为B类条款,但我国单一窗口、确定和公布平均放行时间、出境加工货物免税复进口、海关合作的制度现状,与《贸易便利化协定》的标准还有很大差距,要在2020年(我国递交接受书中B类条款的截止日期)以协定标准落实,找到合适的途径尤为重要。下文将结合我国制度现状和国外优秀实践,对B类条款的落实或改革提出建议。

①　何力:《国际条约法视角下WTO〈贸易便利化协定〉生效问题探析》,《海关与经贸研究》2017年第4期,第1—8页。
②　商务部新闻办公室:《世贸组织〈贸易便利化协定〉正式生效 助力全球贸易与经济增长》,2017年2月24日,http://www.mofcom.gov.cn/article/ae/ai/201702/20170202521961.shtml,2021年8月20日。

(一)确定和公布平均放行时间条款

确定和公布平均放行时间规定在《贸易便利化协定》第 7 条第 6 款,要求成员方定期以一致的方式测算并公布放行时间。

1. 确定和公布平均放行时间制度现状

中国海关自 2007 年以来使用执法评估系统每月统计并发布全国和各级海关的"海关通关时间"和"海关作业时间"等相关指标,并在 2014 年根据《贸易便利化协定》推荐的世界海关组织放行时间研究(TRS)方法调整了通关时间口径,更加客观、准确地反映了海关整体通关情况,对于提升海关整体通关效率、评估各项通关业务改革成效发挥了重要作用。[①]

最新的贸易全球报告——世界贸易组织发布的世界经济论坛与全球贸易便利化联盟的《2016 年全球贸易促进报告》(The Global Enabling Trade Report 2016)所公布的贸易促进一项的指数中,我国的各项指数如下:

海关的透明指数 (Customs transparency index)排名第 40 位。进口时间:跟单合规(Time to import:documentary compliance)为 65. 7。进口时间:边境合规(Time to import:border compliance)为 92. 3。出口时间:跟单合规(Time to export:documentary compliance)为 21. 2。出口时间:边境合规(Time to export:border compliance)为 15. 9。其中进口通关时间在评估的 136 个国家中,排名分别为第 88 和 101 位;出口通关时间排名分别为第 66 和 56 位。[②]

根据海关总署 2020 年 1 月 13 日发布的数据,2019 年我国整体通关时间比 2017 年压缩超过一半,提前 2 年完成国务院相关

① 海关总署国际合作司:《WTO〈贸易便利化协定〉解读》,北京:中国海关出版社,2017 年,第 135 页。

② 《2016 年全球贸易促进报告》,2016 年 11 月 30 日,https://www.weforum. org/reports/the-global-enabling-trade-report-2016,2021 年 8 月 20 日。

要求。2019 年 12 月,全国进口整体通关时间 36.7 小时,较 2017 年压缩 62.3%;出口整体通关时间 2.6 小时,较 2017 年压缩 78.6%。国务院于 2018 年 10 月对外发布的《优化口岸营商环境 促进跨境贸易便利化工作方案》要求,到 2021 年底,整体通关时 间比 2017 年压缩一半。①

对比 2019 年至 2020 年通关数据的变化,我国通关效率有一 定提升。但在《营商环境报告 2020》中,跨境贸易一项距离前沿仍 有很大进步空间。

2. 确定和公布平均放行时间现存问题

首先,与发达国家差距较大。对比 2018 年至 2020 年的数 据,中国海关的各项措施虽然有效提升了口岸通关效率,但是与 表现最佳国家的平均放行时间还有较大差距。

其次,海关信息透明化尚有欠缺。当前我国缺少相关用于评 测海关信息公开化程度的标准,与此同时,也仅有部分数据单独 统计与公开,缺少对各项数据及海关整体透明化程度的公开信 息。而在国际统计数据中,我国在《营商环境报告》此类报告中提 交的数据对标是上海,但上海是国际化水平包括跨境通关各方面 都处于全国前列甚至是首位的城市,基于此,大部分国际统计数 据中我国的数据亦不准确。

最后,目前公布的数据非完整货物放行时间。我国目前确定 和公布的平均放行时间仅是货物通关时间,即着力点是海关通关 时间,是从货物到港起算至货物放行的时间,而口岸总计通关时 间仍不可计,即未包括商检等程序需要的时间。

（二）单一窗口条款

单一窗口规定在《贸易便利化协定》第 10 条第 4 款,要求成

---

① 《我国口岸整体通关时间压缩过半》,2020 年 1 月 14 日,http:// www.gov.cn/xinwen/2020-01/14/content_5468796.htm,2021 年 8 月 20 日。

员方设立单一窗口,以便贸易商通过单一接入点提交相关单证,并在审查后通过该窗口及时通知通关申请人。

1. 单一窗口制度现状

近两年我国大力推进单一窗口制度,我国的单一窗口已见雏形。根据海关总署的统计信息,我国单一窗口的覆盖地区和已有功能的情况如下:

首先,覆盖地区。

截至2018年底,国际贸易"单一窗口"标准版实现了与25个部委的系统对接和共享,累计注册用户已达220多万家,日申报业务量500多万票。国际贸易"单一窗口"已建设12项基本服务功能,开发应用系统60个,对外提供服务495项,覆盖全国所有口岸和特殊监管区、自贸试验区、跨境电商综合试验区。此外,全国海关通过开展机检设备集中审像和智能判图实用化攻关,由机器学习分析非侵入检查设备产生的海量图像,实现对目标物更为精确、快速的智能判断。目前,已采图714万幅、标图79.4万幅,形成算法训练的宝贵样本库。①

其次,已有功能。

从海关总署官网于2017年11月29日发布的《以"单一窗口"建设提高贸易便利化水平——访海关总署党组成员、国家口岸管理办公室主任张广志》新闻稿中得知,我国"单一窗口"标准版已完成进出口货物申报、舱单申报、运输工具申报、许可证件申领、原产地证书申领、企业资质办理、查询统计、出口退税和税费支付等九大基本功能建设,实现了与公安部、人民银行、海关总署、工商总局等11个部委系统"总对总"对接,覆盖全国31个省

---

① 《人民日报:国际贸易"单一窗口"注册用户逾220万》,2019年4月19日,http://www.customs.gov.cn/customs/xwfb34/mtjj35/2388284/index.html,2021年8月20日。

(市、区)所有口岸范围。① 为进一步提升跨境贸易便利化水平，改善口岸营商环境，海关总署、交通运输部、国家移民管理局决定自 2019 年 12 月 16 日起，进出口货物申报、舱单申报和运输工具申报业务统一通过国际贸易"单一窗口"办理，其他申报通道仅作为应急保障使用。②

2. 单一窗口现存问题

第一，缺乏与单一窗口制度配套的法制建设。

我国单一窗口目前还在推广和发展的过程中，但在建立单一窗口的过程中，相关的法制建设未得到重视。当下关于单一窗口制度，我国仅有与之相关的政策文件，缺少针对单一窗口的立法，这种状况将会导致单一窗口制度无法可依，成为单一窗口的隐患。

第二，单一窗口还需进一步完善。

一方面，我国属于单一窗口建设起步较晚的国家，与具有较为完善单一窗口制度的发达国家的建设水平有一定差距；另一方面，单一窗口建设需要多个部门之间的信息整合、系统设置，工作量较大，推广和完善都还有很长的路要走。

(三)货物暂准进口及进境和出境加工条款

货物暂准进口及进境和出境加工规定在《贸易便利化协定》第 10 条第 9 款，要求成员方提供货物暂准进境的便利并部分或全部减免关税，以及依成员方法律规定进境和出境加工并部分或

---

① 顾阳：《以"单一窗口"建设提高贸易便利化水平——访海关总署党组成员、国家口岸管理办公室主任张广志》，2017 年 12 月 29 日，http://www. gov. cn/xinwen/2017-12/29/content_5251415. htm，2021 年 8 月 20 日。

② 《海关总署 交通运输部 国家移民管理局公告 2019 年第 197 号(关于统一通过国际贸易"单一窗口"办理主要申报业务的公告)》，2019 年 12 月 16 日，http://www. customs. gov. cn/customs/302249/302266/302267/2786229/index. html，2021 年 8 月 20 日。

全部减免关税。9.1款(货物暂准进口)为我国的 A 类措施,不在本文讨论范围内。9.2款(进境和出境加工)中定义"出口加工",指在一关税区内自由流通的货物据以暂时出口至国外制造、加工或修理并随后复进口的海关程序,也即本文中讨论的出境加工定义。①

1.货物进境和出境加工制度现状

首先,出境加工相关文件的规范。

我国的《海关法》缺少对出境加工的规定,关于出口的规定也仅有 4 条。2016 年 11 月 28 日,海关总署发布公告 2016 年第 69 号(关于出境加工业务有关问题的公告);2017 年 11 月 20 日,海关总署通过第 233 号令(关于公布《中华人民共和国海关暂时进出境货物管理办法》的令),并于 2018 年 2 月 1 日起施行。海关通过相关文件对出境加工货物进一步规范,但该种贸易形式的监管配套措施并不完善,依然存在较大的监管风险。

其次,出境加工信息化管理处于初期。

出境加工不仅缺少相关的全面规范,而且海关对"出境加工"贸易的信息化系统刚刚上线。关于出境加工电子账册,自 2019 年 4 月 1 日起,海关总署正式启用出境加工电子账册,企业可通过国际贸易"单一窗口"办理出境加工电子账册设立等各项手续。启用出境加工电子账册的企业在办理账册项下货物进出口时,不再强制按照《海关总署关于出境加工业务有关问题的公告》(海关总署公告 2016 年第 69 号)第 8 条"出境加工货物的出口和复进口应在同一口岸"办理,企业可根据实际业务需要选择进出口口岸。企业原已设立的出境加工纸质手册可在有效期内继续执行

---

① 海关总署国际合作司编著:《WTO〈贸易便利化协定〉解读》,北京:中国海关出版社,2017 年,第 3 页。

完毕。[①]

再次，出境加工产业尚处初期。

海关总署除选择厦门、南京、大连等部分海关开展出境加工业务试点外，还将其作为自贸区第二批在全部范围内复制退关的制度创新之一。2019 年 11 月 24 日，总量 1000 公斤、总值 52 万元人民币的出境加工原材料顺利从西藏吉隆口岸报关出口，西藏出境加工贸易业务实现零突破。[②] 据此，我国出境加工业务尚在初期，相关政策法规都需完善。

2. 货物暂准进口及进境和出境加工现存问题

第一，出境加工相关机制有待完善。

我国的出境加工业务还处于起步阶段，其根本原因是我国还未从制造大国转型为创造大国，出境加工业务量较少。但着眼于海关层面，缺少与货物出境加工配套的有效机制，且未建立起对出境加工的监管体系，而现有的监管模式也存在漏洞。

第二，出境加工监管信息获取和执法困难。

我国现有的出境加工贸易原材料或零部件等，在加工过程中实际脱离了我国海关的监管，加之缺少与其他国家海关关于出境加工方面的合作，导致我国在货物出境后产生监管难和执法难的问题。

（四）海关合作条款

海关合作规定在《贸易便利化协定》第 12 条，包括促进守法和合作，核实、请求及拒绝，对信息的提供和保护机密性、行政负

---

① 《海关总署公告 2019 年第 57 号（关于启用出境加工电子账册的公告）》，2019 年 3 月 25 日，http://www. gov. cn/zhengce/zhengceku/2019-11/05/content_5448783. htm，2021 年 8 月 20 日。

② 海关总署：《扩大产能降低成本 西藏有了出境加工贸易》，2019 年 11 月 26 日，http://www. customs. gov. cn/customs/xwfb34/mtjj35/2710964/index. html，2021 年 8 月 20 日。

担等多项内容。

1.海关合作制度现状

我国目前已与境外海关签订互助合作协议文件 100 多个,其中行政互助协定适用于 70 多个国家。[①] 近期的海关合作,不仅有和单一国家签订的,如 2017 年 3 月 27 日,中国和新西兰海关签署《中华人民共和国海关总署和新西兰海关署关于中华人民共和国海关企业信用制度管理制度与新西兰海关安全出口计划互认的安排》;还有多国多经济体的合作,如我国海关积极拓展"一带一路"沿线海关合作,签订包含多国数个协定。我国与境外海关合作日益紧密与完善。

2.海关合作现存问题

首先,有行政负担和缺少相关立法。

《贸易便利化协定》生效后,无论是否签有行政互助协定,WTO 成员都可以依照协定第 12 条海关合作的规定,向其他成员提出要求,要求其提供相关货物的信息。由于我国在国际贸易中占有较大的贸易量,与此相对的,在 B 类条款到期时,也将面对大量的信息请求。不仅大量信息请求将会引起行政负担,而且我国还缺乏在信息提供过程中对信息保护和保密的相关立法。

其次,我国的国际海关合作尚不全面。

我国 B 类条款实现后,还有其他发展中国家和最不发达国家尚不能达到《贸易便利化协定》规定的标准,所以,我国仍需与其他国家或地区在《贸易便利化协定》标准平台外建立更多的合作。

二、对我国实行 B 类条款的建议

本文分别选取国内权威研究成果、外国优秀实践以及相关国

---

① 海关总署国际合作司编著:《WTO〈贸易便利化协定〉解读》,北京:中国海关出版社,2017 年,第 3 页。

际协定标准作为研究依据,结合 4 个 B 类条款各自特点及要求,为我国 B 类条款实施现状提出合理化建议。

(一)确定和公布平均放行时间

确认海关平均放行时间主要用到世界海关组织放行时间研究方法,即 TRS 方法。如前文所述,自 2007 年以来我国海关使用执法评估系统统计并发布每月全国和各级海关的通关和作业时间等相关指标,并于 2014 年根据 TRS 方法调整了通关时间的口径。国外确定和公布放行时间的优秀实践如日本、韩国等亦是结合本国国情用 TRS 方法统计并公布的,故本文在该 B 类条款的探析和建议中着眼于我国国情。

1.我国对于放行时间的实践研究

我国关于不同港口货物通行时间的数据研究清晰地表明了我国放行时间的现状。[①]

表 1　我国通关时间研究数据对比

研究标本	港务及申报准备/小时	通检阶段/小时	通关阶段/小时
上海外高桥、洋山	54.1	18.9	60.7
广州黄埔	58.1	3.3	32.1
深圳盐田	83.1	14.6	51.7

图表来源:上海外高桥/洋山、广州黄埔、深圳盐田进口集装箱货物放行时效对比研究。

表 1 除表明我国通关时间较长外,还呈现出申报通关通检流程不统一的问题。另外,还存在着以海关发出放行指令而非检验检疫完成并准予企业提货/处置为放行流程终止点的局限性,侧面反映出我国通关流程存在优化的需求。

---

① 江小平、周卓见:《上海外高桥/洋山、广州黄埔、深圳盐田进口集装箱货物放行时效对比研究》,《海关与经贸研究》2016 年第 5 期,第 47 页。

2. 对我国的建议

第一,提高放行时间统计质量。

统计数据对科学管理和有效决策有着重大影响,故提高统计质量有助于提高确认放行时间数据的质量。提高放行时间的统计质量可以从改进统计方式、提升统计人员业务水平等角度入手,统一检验检疫的核准流程也有利于从源头提高统计质量。

第二,改善通关流程。

检验检疫并入海关,不但可以在通关程序上有效整合海关和检验检疫,有效缩短放行时间,而且有利于世界海关组织的 TRS 数据模型使用,进而确认和公布更为合理的放行时间。

第三,建立评估透明度标准。

确定和公布放行时间需要有评估标准,即对透明度进行评估。建议我国在国际评估以外,设立自己的评估标准,将各地海关、不同区域进行分别评估和数据对比。对透明度进行定期评估(最好为年度)有利于我国确定和公布平均放行时间。

(二)单一窗口

1. 美国关于单一窗口的法律体系

学界对我国单一窗口的各项研究较为丰富,但大多集中于技术以及行政研究,法律环境的缺失是我国单一窗口的一大缺陷。本文对于单一窗口的国际优秀实践仅着重于法律环境的套系。因美国单一窗口使用的是"自动化商业环境/国际贸易数据系统"(Automated Commercial Environment / International Trade Data System,简称 ACE / ITDS),其在推行和落实单一窗口的进程中一直处于法制先行的状态,故选取美国单一窗口法律体系予以探析。

表 2　美国单一窗口与其法律体系时间对比表

类型	启动时间	法律规定	立法时间
ACE（自动化商业环境）	2001 年	《北美自由贸易协定实施法案》第六编"海关现代化"	1993 年
ITDS（国际贸易数据系统）	2006 年	《港口安全法案》	2006 年

依表 2 信息，美国单一窗口制度始终处于立法先行或法律与制度并行状态。美国的单一窗口制度已处于全面实行且较为完善的状态，这与《北美自由贸易协定实施法案》和《港口安全法案》中的相关法律规定密不可分，有法可依和法制环境的完善进一步保障了美国单一窗口的全面实施。

2. 对我国的建议

要加快单一窗口树状法制建设。

我国单一窗口法律体系的缺失始终是单一窗口发展过程中的缺憾，亦是其日后的隐患。目前我国关于单一窗口的规定散落分布于各种规范性文件中，而缺少统一明确的法律法规。因此，极有必要进行相关的法律研究，并尽快出台相关的法律法规，结合我国国情建议建立树状法制体系。首先，在《海关法》中增补关于单一窗口的基本规定；其次，在《海关法》基础上制定关于单一窗口的实施条例；最后，将现有政策，如"自由贸易试验区新一批改革试点经验复制推广工作的通知"等统一在单一窗口的法律法规下，形成体系格局。

（三）货物暂准进口及进境和出境加工

1. 欧盟对于出境加工的实践

首先，《欧盟海关法典》中的立法规定。

《欧盟海关法典》中对于出境加工进行了立法性规定，除在第七编第五章进行了主要规定外，其他章节也有包含出境加工的相关规定,详细情况如表3所示。

表3 《欧盟海关法典》中关于出境加工的规定

章节	主要内容
第三编第一章第二节	出口及出境加工海关债
第三编第二至四章	(同进口及出口问题一起统一规定)关税税款的征收、缴纳、免征等以及海关债担保
第五编第二章第一节	出境加工的监管
第七编第一章	(同其他特殊程序统一规定)范围、记录、特殊程序的办结、替代货物以及各项规定的授权
第七编第五章第一节	成品率
第七编第五章第三节	出境加工的范围、免费维修的货物、标准替换制度以及替换产品提前进口
第八编第一至二章	货物出境前提交起运前申报、风险分析、出境地海关监管与手续以及各项的授权
第八编第四章	出境概要申报及其修改与失效
第八编第六章	暂时出口的欧盟货物其出口关税免除

其次,《欧盟海关法典实施条例》和《欧盟海关法典授权条例》中的规定。

《欧盟海关法典》之下又有其实施条例和授权条例,其中对应法典中的条款,又有进一步的详细规定。

《欧盟海关法典实施条例》的规定:未设专门条例对出境加工进行详细规定,涉及出境加工的其他规定如海关债、监管等均延续法典的条款与进出口一并规定。

《欧盟海关法典授权条例》的规定:第七编(特殊程序)第五章(加工)第240条规定了授权,第242条规定了出境加工进口(出口前)的期限和关税税额的担保,第243条规定了出境加工下维修。

2.对我国的建议

建议参考《欧盟海关法》对出境加工进行立法规定。

我国当下的出境加工与《欧盟海关法典》第259条第1款①所规定的出境加工相似。建议我国参照《欧盟海关法典》对于出境加工的规定,在《海关法》中补充关于货物出境加工的基本规定,如出境加工的定义、范围、关税、时限、监管等,继而以实施条例和总署令等进行细化,进一步明确出境加工的货物范围及例外、出境前后的监管及各项手续等,以稳定的《海关法》与相对灵活的规章制度构建出境加工的法律体系。

(四)海关合作

1.《贸易便利化协定》的标准

海关合作是当下经济全球化的形势所需,有效推进海关合作不仅有利于我国海关的监管执法,同时也有利于我国企业的便利和保护。而海关合作最主要也最行之有效的方法即签订双边或多边协议,通过在协议中确定双方权利义务、互助模式,包括AEO互认、信息交换、联合打击违法犯罪等内容,以双边或多边协议的国际法效力确认相对固定的海关合作模式来完善我国国际海关合作。对于未签订海关互助协议的国家和地区可以通过世界海关组织"全球海关网络"在货物监管、风险评估等方面进行信息交换,以非国际条约的形式展开更广泛的国际合作。但无论采用何种合作形式,国内的相关规定和机制都需要完善。WTO即有基于此项的标准。

(1)国家的政策、法规之规定:本国法律是否允许本国海关向外国海关提供相关信息;本国法律对于所持有商业信息是否有保密及保护规定。

(2)相关行政部门的管理程序:是否建立与第12条所述相关的内部程序或流程。

---

① 海关总署国际合作司编译:《欧盟海关法典》,北京:中国海关出版社,2016年,第101页。

(3)相关机制框架:是否具有执行与本条相关的各项职能的部门。

(4)通信与信息技术:是否为请求或提供信息以及其他 12 条规定内容配备相应的设备及技术支持。

2. 对我国的建议

第一,完善涉及海关合作的法律法规。

随着我国与世界的联系日益紧密,签订的海关合作协议不断增加。2020 年我国 B 类条款实行后,会面临大量的信息交换需求。故此有必要在涉外法律中对信息交换进行立法性规定,具体应当结合国际海关合作的可能性需求,在信息交换程序方面设立包括信息交换流程、部门、授权、监管等法规,以及在信息保护方面对信息提供、企业信息保护、商业信息保密和信息授予授权等予以规定。

第二,加强与海关合作相关的体制建设。

设立或指定负责各项合作的部门或机构,并配置与其相符的程序,如海关合作中最重要的信息提供甚至交换,需要指定提供或接收信息的部门,明确信息交换的申请、审核、监管以及保护等流程。

三、结 论

我国的 B 类条款在实现过程中都有各自的问题,同时也存在一些可以共同改进的方面。具体可以分为以下两点:

在立法方面,因为《贸易便利化协定》属于国际法的范畴,加之其特殊性,将其转化为国内法,有助于我国稳定推进 B 类条款的实现进而充分提高贸易便利化水平。我国可以参考欧盟的立法方式,建立一部独立的海关法典或修正现有《海关法》。以基本法的方式对《海关法》涉及的各个方面作出规定。在此基础上,现行海关行政及执法方面(主要是与 B 类条款实施相关)出台实施条例等细则对其进行详细规定,使各项措施的实行有法可依。除此之外,还需要在其他法律如民法、经济法中对于涉及 B 类条款实施的方面予以法律规定,如海关在信息交换中涉及企业信息的保密与保护等都需要立法的规定。

在行政方面,每一个 B 类条款的切实推行都需要其他部门与海关之间的协同合作,建议出台相关规定明确各部门合作与分工,或建立用于相关部门包括海关、财政、检验检疫等的合作研究与信息交换的专门机构,在确立各部门机构的职能基础上,进一步明确相关事务的流程,强化行政不仅有助于 B 类条款的切实推行,也有利于营造更好的对外贸易环境。

B 类条款的实行仍有诸多难题尚待解决。本文通过对《贸易便利化协定》、国内 B 类条款现状、存在的问题、相关研究及国际优秀实践的研究,对我国 B 类条款的实行提出了建议,法制的缺乏和体制的尚待完善都是 B 类条款实行必须攻克的难关。

民族院校法律硕士(非法学)培养方案调查研究①

刘一鸣②

摘　要：党和国家历来重视民族教育的发展,民族院校的法律硕士(非法学)研究生教育担负着为民族地区的经济发展和法制建设培养高层次、复合型、应用型法治人才,以及解决民族地区基层法律人才相对缺乏的重任。本文经过对6所民族院校法律硕士(非法学)培养方案的调查研究后发现,法律硕士(非法学)的培养存在培养目标同质化严重、课程设置泛化、实践培养不足、培养内容缺乏民族特色等情况。面对上述问题,应当首先树立正确的培养目标,坚持理论与实务并重的培养方式,优化课程结构,增加具有当地民族地方特征的培养内容,进一步探索民族院校法律硕士(非法学)培养的完善路径,培养符合民族地方实际需要、具有民族地方特色的高水平法治人才。

关键词：法律硕士;培养方案;民族院校

一、引　言

法律专业硕士学位是具有特定法律职业背景的职业性学位,法律硕士(非法学)主要培养立法、司法、行政执法、法律服务与法律监督以及经济管理、社会管理等方面需要的高层次法律专业人

---

①　本文系浙江财经大学田野调查"国内法律硕士(非法学)培养方案调查研究"(21TYDC057)的阶段性成果。
②　刘一鸣,山西长治人,2020级法律(非法学)硕士研究生。

才和管理人才。① 目前我国民族地区法制人才缺口较大，人们对高质量法律服务的需要与法治人才的培养不平衡不充分的矛盾仍然突出。民族院校以解决中国民族问题，为民族地区经济社会文化建设培养高层次人才为己任，是为民族地区培养法治人才的主力军，因此有必要对民族院校法律硕士培养状况进行研究，总结民族院校在法律硕士培养过程中出现的问题与不足，探索民族院校法律硕士培养的合理路径。

法律硕士教育是我国专业学位研究生教育的重要组成部分。1995年4月，国务院学位委员会第十三次会议批准设立法律硕士专业学位，鼓励具有不同学科、专业背景（主要是财经、外语、理工类本科毕业生）的生源报考法律专业硕士。自2009年开始法律硕士分为法律硕士（法学）和法律硕士（非法学），采用不同的培养方案进行区别化培养。法律硕士专业学位的设立是为了适应我国现代化建设和改革开放，特别是建立社会主义市场经济体制的需要，进一步改变法律高层次人才培养规格比较单一的状况，加快培养国家急需的高层次法律专业人才。就法律硕士专业培养宽口径、复合型人才的目标导向而言，无疑法律硕士（非法学）更符合法律硕士专业学位设立的初衷，但法律硕士（非法学）的培养质量一直饱受争议，其中不乏负面评价，尤其对于民族院校而言，法学专业起步相对较晚，发展过程中的不平衡问题在法律硕士（非法学）的培养过程中更为突出。

培养方案是一个专业培养研究生的总体规划与基本要求。它是制订每个研究生的培养计划、进行培养工作的主要依据。为确保各院校更好地开展法律硕士的培养工作，全国法律专业学位研究生教育指导委员会于2017年出台了新修订的《法律硕士专

---

① 参见教育部《关于设置法律专业硕士学位的报告》（1995年4月国务院学位委员会第十三次会议通过）。

业学位研究生指导性培养方案》(以下简称《指导方案》),明确了法律硕士的培养目标、培养对象、培养年限与方式、培养内容与学分等要求,划定了法律硕士的培养基调,为各单位指明了法律硕士培养的一般标准。在此基础上,结合自身院校特色和实际情况,各民族院校制(修)订了本校的培养方案。通过对民族院校法律硕士培养方案进行调研分析,有助于从宏观和微观两个层次全面了解该院校法律硕士的培养情况。截至 2021 年,共有 10 所民族院校设置了法律硕士专业学位点。课题组选取并收集了中央民族大学、青海民族大学、云南民族大学、北方民族大学、广西民族大学、西藏民族大学等 6 所高校情况,对法律硕士(非法学)的培养方案进行了相应的研究。

二、民族院校法律硕士(非法学)培养的普遍规律

(一)宽口径、复合型、应用型的培养目标

培养目标是培养方案的总纲领,培养方式、培养内容等都是为了培养目标的实现而服务的。6 所民族院校法律硕士(非法学)的培养目标,都强调了法律硕士宽口径、复合型、应用型的特征。《指导方案》将法律硕士(非法学)的培养目标确定为"培养立法、司法、执法和法律服务以及各行业领域德才兼备的高层次的复合型、应用型法治人才"。宽口径,即法律硕士(非法学)培养的是社会主义法治体系各个方面的人才,面向立法、司法、执法和法律服务等各个环节。复合型主要强调法律硕士(非法学)的培养目标是在知识构成、职业素养和职业能力上培养综合性强的高层次法律人才。[①] 复合既包括跨学科的复合,也包括法学一级学科内跨二级学科的复合。法律硕士(非法学)的复合型特征在课程

---

① 霍宪丹、孙笑侠:《中国法律硕士教育研究——JM 教育培养目标、要求、课程与论文改革研究报告》,《清华法学》2006 年第 3 期,第 55—94 页。

设置中体现得最为明显。应用型,部分院校也称作"实践型"或"实务型",体现了法律硕士(非法学)培养的实务化导向,即法律硕士(非法学)培养的主要目标是面向法律实践部门而非法学硕士的面向教学、科研领域等部门。

除青海民族大学将法律硕士定位为"法律人才"外,其余5所学校都将法律硕士定位为"法治人才"。"法治人才"与"法律人才"并不相同,"法律人才"强调对法律的适用,而"法治人才"对法律有更为深入的理解和思考,强调对公平、正义等法律价值有更好的把握。"法治人才"要求具备的不仅仅是对法律的刻板适用,而是在发挥个人主观能动性的基础上对法律更好的实践。[①] 全面推进依法治国,建设社会主义法治国家,需要一支高素质的法治工作队伍。党的十八届四中全会通过的《中共中央关于全面推进依法治国若干重大问题的决定》强调要建设高素质法治工作队伍,"创新法治人才培养机制"。习近平总书记2017年到中国政法大学考察时也指出"法治人才培养上不去,法治领域不能人才辈出,全面依法治国就不可能做好"[②]。因此,民族院校的培养方案也应当以新时代中国特色社会主义法治思想为指导,彰显推动法学教育高质量发展、培养符合时代要求的法治人才的决心。

(二)加强思想政治建设与职业伦理教育

建设高素质法治专门队伍,必须把思想政治建设摆在首位,加强理想信念教育和法律职业伦理道德教育,深入开展社会主义核心价值观和社会主义法治理念教育。法律硕士毕业生是社会主义法治社会的建设者和维护者,肩负着传播和实现公平、正义等价值追求的使命。如果作为未来法治工作队伍主力军的法律

[①] 董娟、赵威:《从法律人才到法治人才:法律硕士培养目标的新转变》,《学位与研究生教育》2019年第5期,第21—27页。

[②] 《习近平在中国政法大学考察》,2017年5月4日,http://jhsjk.people.cn/article/29252496,2021年7月2日。

硕士毕业生都缺乏社会主义法治信仰和职业伦理道德,则法治社会的建设也将会成为泡影。6 所民族院校也都要求法律硕士研究生掌握中国特色社会主义法治理论体系,具有良好的政治素质和道德品质,严格遵循法律职业伦理和法律职业道德规范,这体现了对法律硕士(非法学)思想政治建设的重视程度。

(三)采用理论与实践并重的培养方式

法律硕士与法学硕士最大的区别便在于前者侧重实践而后者侧重科学研究。6 所民族院校的培养方式都注重培养学生理论联系实际解决法律问题的能力。其中 4 所院校明确采用了"双导师制",即以具有指导硕士研究生资格的教师为主,并吸收法律实务部门的专业人员参加培养工作,校内导师负责研究生的理论课程教学工作,校外实务导师负责研究生的实践教学培养。另外 2 所院校也明确要求聘请具有法律实务经验的专家参与教学及培养工作,加强法律硕士研究生的实践能力培养。通过这种方式,缓解了校内教师可能存在的实践经验不足的问题。①

(四)理论课程为主、实践课程为辅的培养内容

6 所民族院校的培养方案都采取学分制,包括课程设置、实践教学与学位论文 3 个部分。6 所民族院校法律硕士的课程设置都在 73 学分以上,中央民族大学和北方民族大学分别达到了 75 学分和 76 学分。其中学位论文的学分都为 5 分,理论课程与实践教学的比例都约为 3∶1。由于法律(非法学)硕士研究生在本科没有接受系统的法学教育,法学理论基础薄弱,各民族院校都适当增加了法律硕士(非法学)基础学科的课程。6 所民族院校的课程设置分为必修课和选修课(包括专业选修课和特色方向选修课),学分比例都约为 3∶2。理论课程与实践教学的比例、必

---

① 卢明威、李图仁:《法律硕士研究生实践教学现存不足及解决措施》,《学位与研究生教育》2017 年第 3 期,第 50—54 页。

修课与选修课的比例基本保持一致。

1. 必修课程

在必修课的设置上,英语和中国特色社会主义理论课程不仅是 6 所民族院校,也是国内所有院校研究生的公共必修课程。中国特色社会主义理论课程是响应国家"用马克思主义法学思想和中国特色社会主义法治理论全方位占领高校"的要求,是加强法律硕士思想政治建设的题中应有之义。英语对高层次法律人才而言是十分必要的技能,通过学习英语课程可以提升研究生听说读写的能力。加强法律硕士研读英文法律条文、判例、论文等学术资料的专业技能,为涉外法律人才的培养打下良好的基础。

法律职业伦理也是 6 所民族院校法律硕士共同的必修课程。法律职业伦理是独属于法律职业人的、不同于其他一般社会职业的特殊职业道德,彰显了法律人特殊的职业信仰。如果没有法律职业伦理,那么法律家纯粹技术性的功能也会受到威胁,甚至更为可怕。[①] 德才兼备、德法兼修不仅是法律硕士,也是所有法律人才培养的总目标,可见法律职业伦理对法律职业的重要性。法律硕士是法治社会的坚定捍卫者,只有拥有良好职业品格的法律人才能维护法律权威,使得民众发自内心地信仰法律、尊重法律,达到真正的"良法善治"。

宪法学、中国法制史、刑法学、民法学、刑事诉讼法学、民事诉讼法学、行政法与行政诉讼法学、经济法学、国际法学等 9 门课程是 6 所民族院校的专业必修课程。这些课程基本上覆盖了法学一级学科的所有核心和主干课程,充分体现了法律硕士"复合型"的特点。作为以法律实务工作为培养目标的法律硕士,实际生活中的法律案件往往并不只是某一个法学二级学科内的知识便可

---

① 孙笑侠:《法律家的技能与伦理》,《法学研究》2001 年第 4 期,第 3—18 页。

以解决的,这些法律问题的复杂性与综合性要求法律硕士必须具有更广阔的知识面,了解刑法、民法等多个二级学科的知识。因此将法律硕士的课程与法学硕士区分开来,开设多个法学二级学科的核心课程,有利于法律硕士复合型、应用型培养目标的实现。

除上述课程外,中央民族大学、云南民族大学、北方民族大学3所院校将论文写作指导加入法律硕士(非法学)的必修课程中。法律硕士(非法学)研究生拥有不同专业的本科背景,涵盖文科、理科、工科多个领域,本科阶段论文的形式与规范和法学学科的可能大相径庭,因此有必要开展法学学术论文的指导课程,为法律硕士(非法学)研究生的学位论文写作打好基础。再者,法律硕士的学位论文同法学硕士单纯学术性的论文不同,选题应当体现出法律硕士"实践型"的特点,形式也不拘泥于论文的形式,可以采用案例分析、调查报告等多种形式。[1] 对法律硕士及早开展论文指导,可以避免最后学位论文中可能出现结构不合理、行文不规范、缺乏论证,甚至语法错误、用词不当等现象。[2]

2. 选修课

6所民族院校的选修课都分为专业选修课和特色方向选修课。在专业选修课方面,教育部《指导方案》规定的外国法制史、商法学、国际经济法学、国际私法学、知识产权法学、环境资源法学、劳动与社会保障法学、法律方法、证据法学等9门课程是6所民族院校共同的专业选修课程。这些课程是在上述法学一级学科核心课程的基础上进行的进一步深化,可以有效地扩大法律硕士的知识面,加深法律硕士对法学理论的理解,夯实法律硕士的法学基础,将法律硕士培养成真正意义上的高水平法治人才。除

---

① 王利明:《我国法律专业学位研究生教育的发展与改革》,《中国大学教学》2015年第1期,第31—35页。

② 张曼、王思锋:《法律硕士专业学位人才培养机制改革》,《教育评论》2012年第4期,第30—32页。

上述 9 门课程外,中央民族大学也在此基础上增加了刑事诉讼实务、民事诉讼实务、行政诉讼实务、国际贸易法实务、公司与证券法实务、合同法实务等 6 门实务类课程,进一步培养了法律硕士处理法律实务问题的能力;开设了法律社会学、法律经济学等课程,提升了法律硕士交叉学科的理论知识;再加上物权法、侵权行为法、竞争法等课程,使得该校的专业选修课达到了 19 门之多,极大丰富了课程种类,使得学生有更大的选择空间。其余 5 所民族院校的专业选修课与《指导方案》完全相同,但特色方向选修课略有不同。

特色方向选修课是各院校在综合考虑培养目标及本校特色的基础上,自行设置的特色专业方向板块,对于民族院校来说最应当开设的便是民族法学类课程。6 所民族院校中除中央民族大学外都开设了民族法学类课程,包括民族法学、民族区域自治法、少数民族法律史等课程。依据院校所处相应少数民族区域,青海民族大学开设了藏族法律史等课程,将法律硕士的培养与当地民族地区的发展紧密结合起来。除民族法学类课程以外,处于国家边界、地方上毒品犯罪多发的云南民族大学,也开设了毒品犯罪问题的司法适用等课程,紧贴地方实际,也更方便与地方司法机关合作培养适应民族地区需要的法治人才。

3. 实践教学与训练

6 所院校中,中央民族大学、云南民族大学、广西民族大学、西藏民族大学 4 所院校实践与教学训练部分的学分要求为 15 分,北方民族大学与青海民族大学为 18 分。其中,法律写作、法律检索、法律谈判各占 2 学分,模拟法庭(或模拟仲裁、模拟调解等)为 3 学分,专业实践为 6 学分,以上 5 项与《指导方案》规定相同。法律职业人的职业素养最直接的体现便在于各类法律文书的运用,包括各类合同、公司章程、起诉书(状)、答辩书(状)、仲裁申请书、公诉意见书、判决书等。法律文书的运用是法律硕士综合能力的重要体现,从撰写的法律文书中可以看出法律硕士是否具有缜密的逻辑思维,能否熟练、准确地使用法律术语。法律检索可以指导法律硕士使用相关的检索工具查阅国内外相关法律法规和文献,了解研究动态,为开展调查研究提供广泛素材。法律谈判则可以为学生提供民商事法律实务、刑事法律实务、行政法实务和相关案例的模拟谈判以及法律辩论活动,提升学生非诉业务能力。注重培养学生实务能力的模拟法庭、模拟仲裁、模拟调解等课程最受各院校的重视,在经过实体法和程序法系统的理论学习之后,学生可以通过模拟法庭等方式,熟悉法律实务运作的流程,对法律实务的运作有更好的把握。青海民族大学和北方民族大学增加了一项 3 个学分的"创新能力"课程,鼓励研究生进行专业创新活动,主要依据标准有:主持完成研究生创新项目、以独立或第一作者公开在核心期刊发表学术论文、参与完成横向项目、作为主持人获得校级及以上项目、调研报告获得省部级及以上政府部门主要领导批示、论文或调研报告获得省部级及以上奖励等。但此环节多考查学生的论文写作和学术水平,与近年来提倡的破除唯论文、唯帽子倾向有背道而驰之嫌。

4. 学位论文

6 所院校中除青海民族大学外,对于法律硕士(非法学)学位论文的要求都与《指导方案》相同,秉持"理论联系实际"原则,鼓励学生着眼实际问题、面向法律实务。选题方面不同于法学硕士偏重的纯粹理论性研究,要求以法律实务中出现的问题为主,形式也不拘泥于学术论文,提倡采用案例分析、研究报告、专项调查等多种形式。近年来无论是法学硕士还是法律硕士,都越来越重视将法学理论与现实案例相结合的能力,提倡学以致用,将论文与时事热点紧密联系起来。法律硕士一直采用实务化倾向的培养方式,其课程内容与授课方式本就与法学硕士不同,因此法律硕士的学位论文更应当区别于法学硕士的,注重考查学生解决实务问题的能力。

但即使采用多样化的形式,法律硕士的学位论文仍应当遵循一定的学术规范。依照《指导方案》,法律硕士的学位论文应当遵循 4 个要求:第一,论题应当具有理论和实践意义,题目设计合理;第二,应当梳理和归纳同类问题的研究或实践现状;第三,论据充分,论证合理,资料完整;第四,作者具有研究方法意识,能够采取多样的研究方法,如社会调查与统计方法、规范实证方法等。

三、民族院校法律硕士培养方案的完善路径

(一)以习近平法治思想为总指导

习近平法治思想是继习近平强军思想、习近平新时代中国特色社会主义经济思想、习近平生态文明思想、习近平外交思想之后,明确提出的第五个分领域的重要思想。它系统阐述了新时代中国特色社会主义法治思想,深刻回答了新时代为什么实行全面依法治国、怎样实行全面依法治国等一系列重大问题,是习近平新时代中国特色社会主义思想的重要组成部分,是全面依法治国的根本遵循和行动指南,也为推动法学教育高质量发展、培养德才兼备的高素质法治人才指明了前进方向,提供了根本遵循。[①]教育部于 2021 年印发的《关于推进习近平法治思想纳入高校法治理论教学体系的通知》也要求将习近平法治思想贯彻落实到法治人才培养的全过程和各方面。因此,民族院校法律硕士(非法学)的培养方案应当严格以习近平法治思想为根本指导,加强法律硕士(非法学)研究生的政治建设。

(二)树立培养服务民族地区发展的法治人才的目标

党和国家历来高度重视民族教育工作。新中国成立以后,民

---

① 吴岩:《培养卓越法治师资 推进习近平法治思想纳入高校法治理论教学体系》,《中国大学教学》2021 年第 6 期,第 4—5 页。

族自治地区急需大批民族干部,民族院校应运而生。① 民族院校的建立是为了培养服务民族地区建设和发展的高层次人才,民族院校法律硕士的培养方案也应当体现为当地民族地区培养法治人才的目标。6 所院校中只有北方民族大学的培养目标体现了这一点。北方民族大学培养目标明确指出:"本专业学位教育旨在为立法机构、政府机构、司法机关以及法律服务领域培养具有现代法治理念、法律职业技能和法律职业道德,能系统掌握法律专业知识、思维方法和实践技能,善于运用所学知识和技能应对和处理民族地区法律问题和社会问题的复合型、应用型法治人才。"西藏民族大学虽没有在培养目标中明确标明,但在招收对象中也指出:"主要招收政治立场坚定,愿为西藏和西部地区经济发展和法治建设服务,品德良好,身心健康,遵纪守法,具有国民教育序列大学本科学历(或本科同等学力)的法学专业或非法学专业的毕业生。"民族院校的培养目标应当与普通高校不同,立足于本土实际需要,体现服务于民族地区建设和发展的特色。

(三)完善校内校外"双导师"培养方式

法律硕士的培养要求理论与实务并重,甚至更加偏向实务方向。传统的研究生教育主要依靠校内导师的指导,但高校教师大多缺少实务经验,多是直接从高校毕业后便参加了教学工作,难以承担起对法律硕士实务课程的教学和指导工作。② 因此,教育部在 2012 年出台的《全面提高高等教育质量的若干意见》中明确指出要"改革研究生培养机制","实行双导师制"。通过聘请具有丰富法律实务经验的专家担任校外导师,指导法律硕士的实践课程,可以有效弥补具有实务经验的师资不足的问题。但就"双导

---

① 赵安君:《论创办民族学院的重要意义——兼谈东北民族学院筹建历程》,《辽宁高等教育研究》1994 年第 1 期,第 113—118 页。

② 陈麟:《全日制法律硕士生培养模式改革的思考——基于学徒制的分析》,《中国高教研究》2012 年第 6 期,第 50—53 页。

师制"培养方式的实施情况而言,仍有诸多需要改善的地方。例如校外导师的资质良莠不齐,需要进一步规范;校外导师由于不在学校工作难以与研究生建立密切联系,难以开展教学指导;校外导师的培养质量缺乏严格的考查标准,难以保证教学质量。这些问题都需要进一步加以解决。①

(四)立法、司法、执法的培养应当齐头并进

法律硕士学位培养的是社会主义法治体系各个方面的人才,面向立法、司法、执法和法律服务等各个环节。但就实际结果而言,首先,法律硕士毕业后多进入法律服务岗位,鲜有进入法院、检察院等司法、执法岗位,进入立法岗位的更是凤毛麟角。② 在各地公务员的招考简章中,经常可以看到法院、检察院招录法官助理、检察官助理时将法律硕士(非法学)排除在外。例如,从《2021年浙江省各级机关单位考试录用公务员公告》中便可看到,除了西湖区、萧山区、临安区、江干区外,其余的区县法院及检察院公务员招录的专业要求中都不允许法律硕士(非法学)报考。③ 从有关法律硕士就业状况的调研中也可以发现,法律硕士毕业后去民营企业工作的比例较大。④ 其次,高校对法律硕士的培养也多着眼于司法方面,6所民族院校中只有中央民族大学和云南民族大学2所院校开设了立法学课程,且属于选修课程,不

---

① 孙宏哲:《民族地区高校专业学位硕士研究生双导师制的保障机制探析》,《黑龙江民族丛刊》2018年第6期,第165—169页。

② 郑春燕、王友健:《非法本法律硕士培养模式的体系性再造》,《研究生教育研究》2020年第5期,第38—45页。

③ 浙江人事考试网:《2021年浙江省各级机关单位考试录用公务员公告》,2020年12月7日,http://www.zjks.com/showInfo/Info.aspx?id=7009,2021年7月2日。

④ 于苗苗、马永红、包艳华:《多重视角下的专业硕士就业质量状况——基于"2015年全国专业硕士调研"数据》,《中国高教研究》2017年第2期,第69—74页。

在必修课程中。至于实践课程,更是没有立法方面的内容,法律写作、模拟法庭、模拟仲裁、模拟调解、法律谈判等环节培养的都是学生司法、法律服务等方面的实践能力,极少涉及立法问题。虽然传统观念都认为立法需要扎实的法学理论基础,一般都由专门的法学专家进行,但立法工作需要多方面的参与,不仅仅是法条起草质量的好坏。立法工作的顺利开展,离不开大量法治人才的参与,而法律硕士培养的目标也包括立法人才的培养,因此高校在实际培养中也不应当对立法能力有所忽视。

(五)课程设置应当更多体现民族院校特色

要实现为民族地区培养法治人才的目标,课程设置至关重要。民族地区与一般地方不同,具有特殊性,因此民族地区需要的法治人才不仅要学习民法、刑法等基础课程,更应当深入学习民族区域自治法等课程,这样才能更好地解决民族地区可能出现的法律实务问题。在所调研的6所民族院校中,除中央民族大学外都开设了民族法方面的课程,青海民族大学还额外开设了藏族法律史课程。但总体来说,民族法学课程的比例仍然较小,应该适当增加一些选修课程,让学生对当地民族地区法律有更深入的学习,对当地的风土人情有更深入的了解,方便开展法律实践工作。

四、总 结

总体而言,6所民族院校法律硕士(非法学)的培养方案大致与《指导方案》相同,符合指导方案要求,并在《指导方案》基础上进一步细化了各项标准,结合自身院校特色开设了相关课程,但多数培养方案仍然存在着许多不足,有进一步完善的空间。再者,2010年教育部下发了《关于批准有关高等学校开展专业学位研究生教育综合改革试点工作的通知》(教研〔2010〕2号),提出要"转变教育理念,创新培养模式,改革管理体制,提高培养质量"。在此背景下试点高校都进行了一系列的尝试,包括分类制订培养方案、改革课程教学、创新实践培养方式等。① 2021 年 2 月教育部又下发了《关于实施法律硕士专业学位(涉外律师)研究生培养项目的通知》(教研司〔2021〕1 号),决定选取部分高校实施法律硕士专业学位(涉外律师)研究生培养项目,"培养一批政治立场坚定、专业素质过硬、跨学科领域、善于破解实践难题的高层次复合型、应用型、国际型法治人才"。这些都充分说明我国目前法律硕士(非法学)的培养仍在不断探索之中。民族院校也应当立足于民族地方的实际需要,结合自身院校特色,不断完善法律硕士(非法学)的培养方案,为民族地方的法治建设培养更多高水平法治人才。

---

① 郭雳:《中美一流法律专业学位研究生培养模式比较——以北京大学和哈佛大学为例》,《学位与研究生教育》2018 年第 11 期,第 71—77 页。